Milosz Matuschek

Wenn's keiner sagt, sag ich's

Verengte Räume — Absurde Zeiten

FIFTYFIFTY

ISBN: 978-3-946778-36-3
© Verlag fifty-fifty, Frankfurt / Main 2022
Satz: Publikationsatelier, Dreieich
Umschlaggestaltung: Buchgut, Berlin
Druck und Bindung: CPI – Clausen & Bosse, Leck
Printed in Germany

Inhalt

Vorwort

Der Titel dieses Buches, *Wenn's keiner sagt, sag ich's*, ist zugleich so etwas wie mein publizistisches Credo. Es drängte mich überhaupt erst zum Schreiben, weil ich so manchen Text, den ich mir gewünscht habe, nicht finden konnte und irgendwann damit angefangen habe, ihn selbst zu schreiben und Zeitungen anzubieten, mit anfangs sehr überschaubarem Erfolg. Meine Perspektive ist dabei immer die des Lesers geblieben, der sich einen Reim auf die Welt machen will.

Natürlich bin ich nicht der Einzige, der kritisch schreibt. Doch die wenigen kritischen Stimmen sind heutzutage im Vergleich zum offiziellen Meinungsorchester eine verschwindende Minderheit. Zudem befiel mich schon immer ein kaltes Grauen vor Situationen, in denen Probleme unausgesprochen im Raum stehen und im Grunde jeder darauf wartet, dass die Lage sich dadurch klärt, dass jemand das Kind mal beim Namen nennt. Diese Situation gibt es nicht nur im Kleinen, Privaten, sondern auch auf dem Feld der öffentlichen Meinung – im Grunde überall, wo eine Gruppendynamik am Werk ist, denn Gruppen lieben Konformität. Ich bin überzeugt, dass eine reife Demokratie nur unter Menschen möglich ist, die eine gewisse Sehnsucht nach Offenheit, Schonungslosigkeit und Leidensfähigkeit haben: Denn entweder wir verhandeln die Themen auf der Höhe der Zeit und im Lichte der Realität – oder wir sind ein Kollektiv von Traumtänzern in einer Wohlfühlblase.

Die Aufgabe des freien Publizisten im Meinungssektor, sei es als Buchautor, Kolumnist oder Kommentator des Zeitgeschehens, liegt für mich nicht darin, einen Beliebtheitswettbewerb zu gewinnen, sondern Verkrustungen aufzubrechen und auf faule Stellen hinzudeuten. Manchmal sehe ich die Schreibtätigkeit wie die Tätigkeit eines Arztes, der Wunden verarzten, Pusteln und Vereiterungen ausschaben, so manchen faulen Zahn ziehen oder auch mal ein unrettbares Bein amputieren muss – stets im Wissen, dass es nur schlimmer wird, wenn er nichts tut. Der Anspruch, genau dies zu tun, ist im Laufe der Jahre immer stärker zu meinem inneren Kompass beim Schreiben geworden. Ich schreibe seit zwei Jahren mehr oder weniger das, was ich als drängendstes Thema des Moments empfinde.

Nach meiner Überzeugung taugt der Publizist nicht zum Herdentier oder Stammeskrieger. Wer mit der Herde blökt, ist Teil von ihr. Der Journalist ist im Kern seiner Berufsethik kein Auftragsschreiber oder eine Maulhure, sondern ein Filter der Realität, wie er sie wahrnimmt und von der er ein möglichst genaues Bild vermitteln soll. Um das Bild schärfer zu zeichnen, muss er sich von seinem Objekt, der Gesellschaft, ruhig auch etwas entfernen. Er kann nur schwer Teilnehmer und Beobachter zugleich sein.

Hin und wieder gegen den Strich oder Zeitgeist zu agieren, ist deshalb keine Pose oder ein Akt heroischen Immerdagegenseins, sondern eine notwendige Grundpositionierung und damit Existenzbedingung. Schon Thomas Mann fand, dass der Schriftsteller ein Gegengewicht sein soll, ein ausbalancierender Faktor. Auch politisch. Je nachdem ob das Schiff der öffentlichen Meinung eine Schlagseite nach links oder rechts hat, ist es zudem intellektuell reizvoller, sich entgegen der Gravität der Masse zu positionieren. »Man muss dahin gehen, wo ein Widerstand ist«, sagte Thomas Bernhard sinngemäß, diesen Satz habe ich beim Schreiben oft im Ohr.

Schon während meines Jurastudiums und später als Dozent fand ich die Position der Mindermeinung in der Lehre oft nicht nur überzeugender, sondern auch besser durchdacht als den einfachen, breiten und komfortablen Weg der herrschenden Meinung.

Wer sich einer skeptischen Tradition verpflichtet fühlt, findet seine Themen überall dort, wo ein Denkverbotsschild steht und wo jedes Weitergehen mit Konsequenzen geahndet werden kann. Heute ist das publizistische Handwerk eine Tätigkeit der Rückwärtsverteidigung ehemals hoch gehandelter westlicher Werte geworden. Cancel Culture, Zensur und Debattenverengung sind zu alltäglichen Phänomenen geworden. Statt in eine freie, demokratische und transparente Zukunft blicken wir in den Abgrund einer Dystopie, in der sich Themen wie globalistische Machtkonzentration, Pandemie-Panik, Massenimpfungen mit experimentellen Gentherapeutika, Transhumanismus, Überwachung und eine allgemeine Freiheitsdekadenz die Klinke in die Hand geben.

Die meisten meiner Texte der letzten zwei Jahre betreffen Corona. Doch diese Textsammlung ist kein weiteres Pandemietagebuch, auch wenn man es durchaus auch als persönliche Chronik lesen kann. Corona hat sich vielmehr als Durchlauferhitzer für ein Sammelsurium an Freiheitsbedrohungen herausgestellt. Viele Themen, die in den letzten Jahren mehr oder weniger unbeachtet vor sich hin schwelten – von Inflation über Machtkonzentration, Polarisierung bis hin zu Überwachung – wurden jetzt virulent. Der punktuelle Ausnahmezustand droht zum permanenten zu werden. Sicher geglaubte Errungenschaften werden gerade abgewickelt. Mich erschüttert bis heute, wie aufgeklärte Gesellschaften das haben mit sich machen lassen und es immer noch tun. Wir erleben eine Verengung der Welt.

Die Aufgabe des freien Publizisten in dieser Zeit kann für mich nur bedeuten, sich dieser Entwicklung mit der Kraft des Wortes entgegenzuwerfen. Wer auch immer die Umgestaltung der freien Welt in ein technokratisch geführtes Biosecurity-Krankenhaus vorantreibt, darf gerne jeden meiner Texte als einen kleinen Akt publizistischer Sabotage verstehen. Über das

Versagen quasi aller Institutionen (Politik, Rechtssystem, Wissenschaft, Medien, Kirchen et cetera) in dieser selbst verschuldeten Krise kann ich bis heute nur den Kopf schütteln. Aber es war und ist jedem selbst überlassen, sich zu positionieren.

Publizistisch bin ich rückblickend immer gerne Grenzgänger gewesen. Letztlich ein heimatloser Schlesier mit Stift. Meine Texte erschienen dort, wo man mich ließ: über sechs Jahre als Kolumnen und Kommentare in der *Neuen Zürcher Zeitung*, bis es im September 2020 wegen der Verwertung einer covidkritischen Kolumne zum Bruch kam. Danach auf meiner eigenen, notgedrungen schnell aus dem Boden gestampften Publikation Freischwebende Intelligenz, dazwischen immer wieder als Originale oder Zweitverwertungen im Schweizer Satiremagazin *Nebelspalter*, in der *Berliner Zeitung*, der *Weltwoche*, auf der Achse des Guten, im *Demokratischen Widerstand*, bei der Hayek-Feder, auf Apolut, im Rubikon, bei *eigentümlich frei*, bei Gunnar Kaiser, bei Radio München, Transition News und vielen anderen, teils kleinen Blogs.

Auch diese Textsammlung ist eine Art Dokumentation. Jeder Text ist eine Momentaufnahme und allenfalls um der Lesbarkeit willen etwas angepasst sowie manchmal mit einem kleinen Kommentar versehen, wenn etwas mehr Kontext hilfreich ist.

Ich danke vor allem all den vielen Lesern meiner Publikationen für ihren vielfältigen Zuspruch und die Unterstützung, sei es durch ein Abonnement meines Newsletters www.freischwebende-intelligenz.org, sei es als Teilnehmer des www.symposium.ws oder als Spender.

Sie sind mein Publikum, für Sie schreibe ich. Dies ist eine Auswahl meiner Texte, die ich ab September 2020 geschrieben habe.

Last but not least: Meiner lieben Freundin Lilly Gebert danke ich für die Unterstützung bei der Erstellung des Manuskripts.

Tessin, im Mai 2022

Einleitung: Was, wenn die Covidioten Recht haben? Oder: Schreiben in Zeiten der kollabierten Kommunikation

Am 1. September veröffentlichte ich in der *Neuen Zürcher Zeitung* (*NZZ*) die Kolumne »Was, wenn die Covidioten Recht haben?«.[1] Ich hatte bis dahin hunderte Texte geschrieben. Sechs Jahre davon für die *NZZ*. Doch diesmal war etwas anders. Denn dieser Text sollte mein letzter sein.

Es schien mir, als wenn der rosa Elefant im Raum plötzlich für einen kurzen Moment sichtbar geworden wäre. Und ich richtete den Lichtkegel auf ihn. Die Gefährlichkeit von Covid und die Maßnahmen dagegen standen in scharfer Diskrepanz! Was für freie Medien schon einige Monate Thema war, las man jetzt plötzlich in aller Deutlichkeit auch in der *NZZ*. Die Kolumne sammelte über 500 Kommentare und wurde auf Social Media mit etwa 300 000 Shares der meistgeteilte Meinungstext des Jahres. Kurze Zeit später wurde ich von der *NZZ* entlassen – als wohl zugkräftigster Kolumnist. Dazu gibt es eine Vorgeschichte.

Vor acht Jahren schickte ich neben meiner Arbeit als Universitätsdozent an der Sorbonne immer mal wieder Artikel an Zeitungen, quasi als Handübung, um im Training zu bleiben für das Schreiben von Büchern. Ich sah mich bis dahin eher als Sachbuchautor, weniger als Journalist. Ich bekam damals bei weitem nicht jeden Text unter, den ich schrieb. Doch diesmal klappte es. Ein scharfer Kommentar über Millennials war mir gerade vom Magazin *brandeins* gecancelt worden und weil ich dann oft ein »jetzt erst Recht« Gefühl habe, schickte ich den Text an die von mir bis dato ehrfürchtig gemiedene, gediegene *NZZ*. Für eine Ausgabe der *NZZ* fuhr Thomas Bernhard hunderte Kilometer mit dem Auto durch Europa. Adenauer las aus ihr wegen ihres guten Deutsch und Helmut Schmidt informierte sich aus ihr verlässlicher über internationale Politik als aus dem Bundesnachrichtendienst. Die *NZZ* hielt ich für »out of my league«. Doch es ergab sich eine glückliche Fügung. Der Millennial-Text wurde akzeptiert[2], ging durch die Decke und ich hatte ein Kolumnenangebot in der Mailbox, das ich gerne annahm. Der ehemalige österreichische Bundeskanzler Wolfgang Schüssel dankte auf seinem Kolumnenplatz ab und ich machte mich erstmals ans Kolumnistenhandwerk. Ohne überhaupt genau zu wissen, was das ist.

Die Verbindung zur *NZZ* wurde zu einem Turning Point für mich und meine publizistische Biographie. Ich bekam plötzlich ein großes, gebildetes und anspruchsvolles Publikum, und ich hätte auch ohne Dozentenstelle erstmals vom Schreiben leben können. Die Texte trafen oft den Zeitgeist oder dienten zumindest als Aufreger für das eher bürgerliche Publikum: Ich schrieb zu Meinungsfreiheit und Charlie Hebdo, ich forderte die Abschaffung von Religionen, ich schrieb gegen Böhmermann an, gegen Nudging, Big Data, Überwachung, die Ökonomisierung aller Lebensbereiche, für Bitcoin, für Dezentralität, für Assange, für die Pressefreiheit und die Freiheit allgemein; am Ende war meine Kolumne für mich jedes Mal wie eine kleine Tiefenbohrung. Ich sah es als meine Aufgabe als Kolumnist an, ein Thema aus der Vogelperspektive und im Querschnitt zu anderen Themen auf ihre Essenz einzudampfen und dem Leser eine Art engagiert vorgetragene sowie dichte Analyse zu präsentieren. Bei vielen Themen lag ich womöglich nah auf Redaktionslinie, bei einigen war ich mehr oder weniger weit entfernt, vermute ich. Genau vermessen habe ich das nie.

Doch die Linien wurden irgendwann sichtbar. In einer Kolumne fragte ich, ob es die westliche Wertegemeinschaft noch gibt, wenn mit Assange ein Aufdeckungsjournalist in britischen

Gefängnissen vor sich hin schmort[3]; aus *NZZ*-Sicht ist das eher die Praxis autoritärer Regime.

Es war die erste Kolumne, die nicht so recht durchgehen wollte, es mit Änderungen aber noch ans Tageslicht schaffte, wir schreiben das Jahr 2019. Weitere Verweise auf das Thema Assange geschahen etwas verdeckter. Als ich erneut in einer Kolumne zum Thema Assange unmissverständlich wurde, fiel diese ein einziges Mal in sechs Jahren aus. Im Feuilleton der *NZZ* bekam ich trotzdem noch einmal die Möglichkeit mit einer Analyse der Person Assange als Freiheitsheld.[4] Kurz: Meine drängenden Appelle in Bezug auf das Schicksal des Wikileaks-Gründers begann in der Außenwahrnehmung die Linie der *NZZ* zu gefährden, vermute ich. Ich verstehe das aus redaktioneller Sicht. Was ich nicht verstehe, ist die Linie.

Gleichwohl sehe ich die Funktion des Kolumnisten nicht darin, permanent der Nestwärme des redaktionellen Konsenses nachzueifern, denn über diesen wusste ich ohnehin nur wenig und er war mir auch egal. Ich wollte einfach die Dinge schonungslos auf den Punkt bringen. Auch darin liegt für mich eine legitime Aufgabe eines Kolumnisten: Missstände benennen, sich selbst zum Anwalt einer Sache oder eines Themas machen und sie auf einer etwas größeren Tribüne präsentieren. Ich sehe mich vielleicht nicht als aktivistischen Publizisten, wohl aber als engagierten.

Der Kolumnist atmet die Gegenwart ein, er ist direkt an ihrer Entstehung beteiligt, er kann einem Thema Leben einhauchen und die Luft aus anderen Themen herauslassen. Plötzlich war ich Teil der meinungsbildenden Infosphäre des Mainstreams mit latentem »Nichtzugehörensdrang«. Wieder mal Grenzgänger, so wie ich es am liebsten mag. Relative Narrenfreiheit, und – da ohne Vertrag – eben ständig kündbar. Man ließ mich gewähren als wohl etwas bunten Hund. Es war eine insgesamt vertrauensvolle Zusammenarbeit.

Dann kam Corona. Und mit Corona kamen Maßnahmen, kamen Demonstrationen dagegen, kam Ken Jebsen als Joker, Bill

Gates und die Frage nach Sinn und Unsinn der ganzen Corona-Politik. Meine Texte wurden deutlicher, sie wurden kritischer und anti-mainstreamiger. Für die *NZZ* begann wohl spätestens jetzt ein kleiner Seiltanz. Sie hat in Deutschland den Ruf als »Westfernsehen«, weil sie etwas differenzierter auf die Alternative für Deutschland (AfD) blickt oder mit Hans-Georg Maaßen spricht.[5] Sie schaltete sogar Anzeigen auf Facebook, wo sie sich als Plattform für kritisches Denken beim Covidioten-Publikum anbot. Doch während meine Klicks immer stärker durch die Decke gingen, sank mein Stern bei der Redaktion. Irgendwann kam die Nachricht, dass alle externen Kolumnen beendet werden sollten. Ich hätte weiter in der *NZZ* veröffentlichen können. Mit nur einem Unterschied: jetzt nicht mehr als Kolumnist, dem man nicht reinredet, sondern als Gast, dem man die Texte leichter zuschneiden kann.

Die Wände wurden enger, wir sind im Sommer 2020, es gab die ersten Lockdowns, das Thema Cancel Culture und Demos gegen Corona-Maßnahmen und Black Lives Matter. Corona beschleunigte mein Leben, machte mir Beine, brachte alles durcheinander. Je mehr Lockdown, desto mehr wollte ich raus in die Welt. Je mehr Enge, desto eher strebte ich in die Weite. Sternzeichen Fische. Wenn man zudrückt, entglitscht er. So wie viele andere in der Schweiz schwang ich mich erstmals seit 20 Jahren wieder auf ein »Töff«, wie man hier Motorräder nennt, und fuhr 20 000 km auf einer kofferbeladenen, schweren »Honda Pan European« quer durch Europa, offiziell im Homeoffice, aber eben nicht immer Home. Beruflich hätte es an dieser Stelle nicht besser laufen können. Die Kolumne brummte, ich hatte einen guten Job als Stellvertretender Chefredakteur des Magazins *Schweizer Monat*. Ich konnte in einer der teuersten Städte der Welt vom Schreiben gut leben. Was wollte ich mehr?

Doch es war Corona und damit stellte sich für mich die Frage, ob ich lieber komfortabel in einer Lüge leben oder eher unkomfortabel auf der Suche nach Wahrheit bleiben will. Ich entschied mich für Letzteres. Aber in einer besonderen nicht selbst bestimmten Konstellation. Es war einer dieser Scharniermomente im Leben, wo man sich entweder weiter in die Augen schauen kann oder sich selbst ein Stück weit verrät. Im September 2020 kam alles zusammen, ich wurde vor meine persönliche Prüfung gestellt. Das Thema Cancel Culture wurde immer drängender. Zeitgleich mit der Kolumne »Was wenn die Covidioten Recht haben«, die wie eine Supernova abging, veröffentlichte ich mit Gunnar Kaiser den »Appell für freie Debattenräume«, der ebenfalls größere Wellen schlug.

Im Appell spreche ich mich deutlich gegen jegliche Kontaktschuld, gegen den Boykott von Plattformen aus. Der Appell ist aus dem Herzen geschrieben, aus vollster Überzeugung. Jetzt geht der *NZZ*-Text durch die Decke, es scheint etwas aufzubrechen, und es kommt eine Anfrage von Ken FM. Können wir den Text als Podcast haben? Ich zögere. Die *NZZ* wäre wohl nicht begeistert, denke ich mir. Ich scherze, dass ich dann wohl meinen Job los wäre. Doch ich hatte seit Beginn der Kolumne zwei Regeln. Erstens, nicht so zu schreiben, wie die Leute, die gerne mal in der *NZZ* erscheinen wollen und sich erst noch eine Krawatte umbinden, bevor sie den Füllfederhalter aufziehen. Sondern immer nur mir treu zu bleiben. Und zweitens, dass eine Kolumne immer erst dann wirklich interessant ist, wenn sie normalerweise nicht erschienen wäre. Ich wollte nicht klingen wie jemand, der sich mit jeder Kolumne bei der Redaktion darum bewirbt, dass er sie behalten kann, sondern wie jemand, der jederzeit damit rechnet, herausgeschmissen zu werden.

Kurz: Ich konnte mich im Moment der Anfrage von KenFM nur für die Freigabe der Kolumne entscheiden. Mir war's den Ärger mit der *NZZ* wert, wenn ich dafür mit mir im Reinen darüber war, dass ich nicht gegen Kontaktschuld appellieren und sie gleichzeitig als Feigenblatt hervorholen kann, wenn es mir passt. Entweder ich glaubte an das, was ich forderte oder eben nicht. Am Ende spricht der Autor und nicht die Plattform. Etwas, was bei der *NZZ* wahr ist, ist woanders nicht weniger wahr. Zweitverwertungen waren bisher kein Thema und das Urheberrecht lag mangels Vertrages bei mir.

Die Kolumne schoss hoch, die Ken-FM-Geschichte befeuerte das Ganze noch zusätzlich, die *NZZ* drohte Ken mit rechtlichen Schritten und er löschte den Podcast wieder. Mich setzte man vor die Tür. Bei der *NZZ* flatterten Leserbriefe und Abokündigungen ein. Zugleich warb ich für meinen Appell ohne mich als Cancel-Opfer darzustellen, während die Leute fragten, was denn da bei der *NZZ* los sei.

Erdrutsche. Überall. Jetzt bei mir. Rauswurf! Immer mehr Leute beim Appell, wir gingen in die Tausende. Am Tag des Rauswurfs klingelt ab 8 Uhr das Telefon. Ich bekomme an diesem Tag sieben Kolumnenangebote, am hartnäckigsten ist *Die Welt* aus Berlin. Doch ich konzentriere mich lieber auf den Appell. Zusage von John Cleese! Ich wollte auch nicht gleich in einem anderen Stall das nächste Schreibpferdchen machen. Ich fuhr nach Dubrovnik, nach Nizza, durchpflügte Europa, fühlte immer mehr, dass ich aus der Enge des Alten nur noch herauswill. Lieber gar nichts mehr publizieren, als so schreiben zu müssen wie die, die man jetzt liest.

Im Grunde müsste man den Journalismus völlig reformieren, vom Kopf auf die Füße stellen. Er ist völlig dysfunktional. Der Bruch mit der *NZZ* war nur Symptom für eine größere Entfremdung, die viele Intellektuelle seit Jahren wahrnehmen; der Eindruck, dass man in zwei Realitäten lebt, die nicht mehr kongruent sind, und der sich zwangsläufig irgendwann zu der Frage verdichtet: Wer von uns beiden lebt in der Wahrheit, wer in der Lüge? Nichts entzweit Menschen stärker als die Ferne im Denken.

Den dritten Erdrutsch löste ich selbst aus und kündigte beim *Schweizer Monat* meine 100-Prozent-Stelle. Wenn schon, dann gleich richtig. Ich wollte mir grundsätzlich darüber Gedanken machen, woran der Journalismus krankt und entweder direkt für meine Leser schreiben oder gar nicht. Dieser Versuch war mir ein gutes Monatsgehalt wert, um bei null wieder anzufangen. Ich hatte einen Substack-Newsletter angelegt, um die Unterzeichner des Appells auf dem Laufenden zu halten. Zahlreiche Anmeldungen kamen auch von erbosten Ex-*NZZ*-Abonnenten.

Dann kam der Oktober 2020. Vielleicht erstmalig befiel mich das Gefühl, dass das ganze Corona-Thema extrem faul ist und dass das Ganze auch nicht so schnell aufhören würde. Der nächste Lockdown kündigte sich durch Dementis an. Im Grunde war man immer auf der sicheren Seite, wenn man das Gegenteil von dem glaubte, was offiziell gesagt wurde. Ich war jetzt Beschreiber in einer Welt, die auf dem Kopf stand. Ich wollte weiter weg. Ich buchte blind nach Fuerteventura, wurde ordnungsgemäßes Mitglied im lokalen Social Club, surfte und fing an, meine erste kleine virtuelle Druckerpresse anzuwerfen: die »Freischwebende Intelligenz«. Wenn schon über den ganzen Wahnsinn schreiben, dann dort, wo der Wahnsinn weniger stark ist, wo sich vielleicht am ehesten noch freiheitsliebende Menschen (Surfer?) tummeln, wo alles einfach nicht so streng ist. Ich fing an zu segeln, ich erforschte die Kanaren, ich tourte durch Mittelamerika, Panama, Costa Rica sowie Kolumbien, Mexiko. Ich suchte nach Freiheitsinseln. Nach Refugien. Umsonst. Denn irgendwie war das Thema überall. Reisen war durchaus möglich. Doch gleichzeitig nützte es wenig: Letztlich war man nirgends davor sicher.

In einem meiner Assange-Texte schrieb ich, dass Freiheit unteilbar ist. Und ich denke immer noch so. Freiheit ist wie ein Lichtschalter, der umgelegt werden kann. Assange ist als Beispiel physisch in das Gefängnis vorausgegangen, in dem wir alle zumindest geistig ebenfalls schon sitzen. Die Vorzeichen der Freiheit sind in ihr Gegenteil umgeschlagen.

Doch gerade in einem solchen Moment gilt es zu sagen: Jetzt erst Recht. Ich weiß, dass es viele Menschen gibt, die ähnlich erschrocken über die Lage sind wie ich und ähnlich denken. Ich bin dankbar, dass ich als Publizist gerade in einer solchen Situation direkt mit meinem eigenen Publikum sprechen kann. Heute bekomme ich statt zehn Briefe jährlich plötzlich hunderte Mails pro Woche.

Lesen Sie meine Texte, nunmehr aus der Feder des freischwebenden Autors, als Warnschilder; in der Gegenwart errichtet, um in die Zukunft zu weisen.

I. Verengtes Denken

Im August 2020 sprach ganz Deutschland über Lisa Eckhart und Dieter Nuhr. In Amerika machte ein Appell gegen Cancel Culture die Runde. Gab es das auch bei uns? Ich rief Gunnar Kaiser an, damals noch ein Youtuber mit ca. 80 000 Followern, der mit philosophischen Lehrvideos eine eher pädagogische als politische Lücke auf YouTube bediente. Ob er Lust hätte, bei einem Appell mitzumachen? Er hatte.

Ich schrieb eine erste Version, Gunnar ergänzte. Dann ging der Text durch viele Hände, die alle einen zusätzlichen Schliff hinterließen: Alexander Grau vom Cicero, die Schriftstellerin Cora Stephan, der Statistik-Professor Walter Krämer, vermutlich noch einige mehr. Das Thema lag auf der Straße, wir hoben es auf. Der Appell traf den Nerv der Zeit. Gut 200 prominente Erstunterzeichner konnten wir gewinnen, darunter Dieter Nuhr, Götz Aly, Necla Kelek, Mathias Bröckers, Harald Martenstein, Peter Singer, John Cleese, Günter Wallraff und Rüdiger Safranski. Noam Chomsky sagte uns ab, er hatte seit dem letzten Appell schon zu viel Stress an der Backe. Doch was noch wichtiger ist: 20 000 Unterschriften aufmerksamer Bürger. Wir bekamen ein Rauschen und Abwatschen im Blätterwald, in Feuilletons und Radios.

Das Meiste war negativ: Zu alarmistisch sei das Ganze, wir seien Rechtsradikale und Cancel Culture sei ein Hirngespinst. Was man halt so hört. Gunnar durchbrach die Grenze von 100 000 Followern. Während der Appell viral ging, flog ich bei der NZZ raus und ich hatte einige Mühe, das objektive Anliegen des Appells nicht mit meiner persönlichen Cancel-Geschichte zu mischen. Rückblickend war die Cancel-Culture-Debatte nur die Ouvertüre für eine Corona-Säu-

berungswelle, die letztlich alle betreffen konnte, die sich auch nur an-
satzweise kritisch äußerten.

Dies ist die Langversion des Appells, der bis heute online steht.

01.09.2020

Appell: Befreien wir das freie Denken
aus dem Würgegriff[1]

Von Veranstaltern ausgeladene Kabarettisten; zensierte Karikaturis-
ten; pauschal verbotene Demonstrationen; Schriftsteller, deren Bü-
cher aus dem Sortiment genommen werden oder von Bestsellerlisten
getilgt werden; verfolgte und eingesperrte Whistleblower und Enthül-
ler; Opernaufführungen, die abgesagt werden. Seminare oder Vor-
lesungen, die nicht stattfinden können, weil sie gestört werden. Ver-
lage, die gedrängt werden, bestimmte Bücher nicht herauszubringen.

Absagen, löschen, zensieren: Seit einigen Jahren macht sich
ein Ungeist breit, der das freie Denken und Sprechen in den
Würgegriff nimmt und die Grundlage des freien Austauschs
von Ideen und Argumenten untergräbt. Der Meinungskorri-
dor wird verengt, Informationsinseln versinken, Personen des
öffentlichen und kulturellen Lebens werden stummgeschaltet
und stigmatisiert. Es ist keine zulässige gesellschaftliche »Kritik« mehr, wenn zur Durchsetzung der eigenen Weltsicht Mittel
angewendet werden, die das Fundament der offenen liberalen
Gesellschaft zerstören.

Wir erleben gerade einen Sieg der Gesinnung über rationale
Urteilsfähigkeit. Nicht die besseren Argumente zählen, sondern
zunehmend zur Schau gestellte Haltung und richtige Moral.
Stammes- und Herdendenken machen sich breit. Das Denken
in Identitäten und Gruppenzugehörigkeiten bestimmt die Debatten – und verhindert dadurch nicht selten eine echte Dis-

kussion, Austausch und Erkenntnisgewinn. Lautstarke Minderheiten von Aktivisten legen immer häufiger fest, was wie gesagt oder überhaupt zum Thema werden darf. Was an Universitäten und Bildungsanstalten begann, ist inzwischen in Kunst und Kultur, bei Kabarettisten und Leitartiklern angekommen.

Die Grenze des Erträglichen ist längst überschritten. Inzwischen sind die demokratischen Prozesse selbst bedroht. Der freie Zugang zum öffentlichen Debattenraum ist die Wesensgrundlage eines jeden künstlerischen, wissenschaftlichen oder journalistischen Schaffens sowie die Basis für die Urteilskraft eines jeden Bürgers. Ohne unverstellten Zugang zu Informationen keine unverzerrte Urteilsfindung, keine wohlbegründete Entscheidung und keine funktionierende Demokratie. Wie wollen wir in Zukunft Sachfragen von öffentlichem Interesse behandeln? Kuratiert und eingehegt – oder frei?

In einer freien Gesellschaft ist das gezielte Ausüben von Druck auf Intellektuelle, Künstler und Autoren und auf jeden, der eine Meinung äußert, die dem aktuell Akzeptierten widerspricht, sowie auf Veranstalter, Verleger oder Arbeitgeber eine inakzeptable Anmaßung. Weder der Staat noch andere, seien es Einzelne oder eine Gruppe »Betroffener«, dürfen den Zugang zum Debattenraum reglementieren. In der Demokratie gehört die Macht entweder dem Einzelnen oder der Einzelne gehört der Macht.

Das Recht auf freie Rede und Informationsgewinnung sowie auf freie wissenschaftliche oder künstlerische Betätigung ist ein Recht und kein Privileg, das von dominierenden Gesinnungsgemeinschaften an Gesinnungsgleiche verliehen und missliebigen Personen entzogen werden kann. Es ist dabei unerheblich, auf welcher politischen Seite die Gruppierung steht, ob sie religiös, weltanschaulich oder moralisch motiviert ist – ein Angriff auf die Demokratie bleibt ein Angriff auf die Demokratie. Zuerst verarmt die öffentliche Debatte, dann kollabiert die vernunftgeleitete, öffentliche Entscheidungsfindung.

Die erste »Spielregel« für einen offenen Diskurs muss deshalb lauten: Das Spiel findet statt! Doch das Problem ist größer.

Wir brauchen eine generelle Ent-Politisierung und Ent-Ideologisierung der öffentlichen Debatte. Sonst öffnen wir der Willkür des Zeitgeistes Tür und Tor. Politische Sprache ist ein Machtinstrument. Sie ist, wie schon George Orwell wusste, dazu geschaffen, »Lügen wahrhaftig und Mord respektabel klingen zu lassen und dem bloßen Wind einen Anschein von Festigkeit zu verleihen.« Besinnen wir uns stattdessen auf die Standards und die bewährten methodischen Werkzeuge des demokratischen Prozesses. Fördern wir, was der Wahrheitssuche und dem Erkenntnisinteresse dient und das Wissen aller vermehrt.

Gerade in unübersichtlichen Zeiten braucht es nicht weniger, sondern mehr unkonventionelles Denken. Noch nie in der Geschichte der Menschheit haben Zensur und Zurückhaltung von Informationen den Fortschritt befördert. Meinungsfreiheit gilt im Rahmen der grundgesetzlichen Ordnungen prinzipiell für alle Meinungen, und besonders für solche, die als anstößig, provokant oder verstörend eingestuft werden. Sonst bräuchte es die Meinungsfreiheit nicht.

Kein Thema von öffentlichem Interesse darf prinzipiell aus dem Debattenraum ausgeschlossen sein. Demokratie wird unter Schmerzen der Beteiligten geboren. Sie stirbt durch Monotonie und Konformismus oder wenn der Mut, eine unkonventionelle Ansicht zu vertreten, eine Art Berufsverbot zur Folge haben kann – und die Öffentlichkeit dazu schweigt. »Freiheit ist ein Gut, dessen Dasein weniger Vergnügen bringt als seine Abwesenheit Schmerzen.« (Jean Paul)

Seien wir generell skeptisch gegenüber Reinheitsfanatikern, die uns vor gefährlichen Ideen und Meinungen bewahren wollen. Stärken wir das Vertrauen in das intellektuelle Immunsystem unserer Gesellschaft – wir schwächen es, wenn wir es abschotten und quasi vor »Erregern« unkonventioneller Ideen bewahren wollen. Werden wir immun gegenüber Herdenmentalität und Konformismus: Beide führen letztlich in die Unfreiheit, gleich unter welchem Etikett.

Entziehen wir dem öffentlichen Debattenraum die Angst und bringen wir den Mut zurück! Entgiften wir das Meinungsklima und schaffen wir ein Klima der anregenden, redlich geführten Auseinandersetzung sowie von kultureller Vielfalt, intellektueller Neugier, Gedankenfrische und Spaß am geistigen Schaffen.

Wir fordern sämtliche Veranstalter, Multiplikatoren oder Plattformbetreiber auf, dem Druck auf sie standzuhalten und nicht die Lautstarken darüber entscheiden zu lassen, ob eine Veranstaltung stattfindet oder nicht.

Wir solidarisieren uns mit den Ausgeladenen, Zensierten, Stummgeschalteten oder unsichtbar Gewordenen. Nicht, weil wir ihre Meinung teilen. Vielleicht lehnen wir diese sogar strikt ab. Sondern weil wir sie hören wollen, um uns selbst eine Meinung bilden zu können. Wir senden ein Signal des Mutes an alle Personen des öffentlichen Lebens, sich mit betroffenen Kolleginnen und Kollegen zu solidarisieren. Erhöhen wir gemeinsam den Preis für Feigheit und senken wir den Preis für Mut.

Wir beenden hiermit das unselige Phänomen der Kontaktschuld. Ohne sie wäre die Absageunkultur nicht möglich. Kontakt ist nicht geistige Komplizenschaft. Die Nutzung einer gemeinsamen Plattform oder Bühne ändert nichts daran, dass jeder für sich spricht und auch nur dafür verantwortlich ist, was er oder sie sagt.

Auch die Unterzeichner dieses Appells sprechen jeweils nur für sich selbst. Uns eint vielleicht nichts, außer die Sehnsucht nach einer aufregenden, für beide Seiten erhellenden Konversation und nach einem vielfältigen Kulturangebot, was auch immer jede und jeder darunter verstehen mag.

Milosz Matuschek und Gunnar Kaiser
Initiatoren und Erstunterzeichner

Der Fall Assange: Unser Schweigen, unsere Komplizenschaft[2]

Der Fall Julian Assange ist kein Prozess. Es ist ein Fuck-up. Wenn Assange ausgeliefert wird, ist der investigative Journalismus tot. Ein Unfallbericht.

Dies sollte einmal ein Prozessbericht werden. Es ging nicht. Einmal wegen Corona und auch weil letztlich aus London nie eine Akkreditierung kam. Der Prozess gegen Julian Assange ist ein Unfall mit Ansage. Ein vorsätzlich herbeigeführter Unfall. Und deshalb ist dies ein Unfallbericht.

Gerade läuft in London ein Jahrhundertprozess. Gut, es ist wenigen aufgefallen, denn viel berichtet wird nicht. Es passiert nicht häufig, dass in der westlichen Welt ein Journalist vor Gericht steht, der seit Jahren Informationen über Kriegsverbrechen, Verbrechen gegen die Menschlichkeit, Massenüberwachung, Korruption und sonstige Missstände von öffentlichem Interesse veröffentlicht – und dafür angeklagt ist. Das sind Dinge, die eigentlich in Zeitungen enthüllt gehören.

Es sind Dinge, die hin und wieder auch mal in Zeitungen standen oder stehen, so wie die Enthüllungen von Daniel Ellsberg über die Pentagon-Papers, die Missstände des Vietnam-Krieges oder die Snowden-Enthüllungen. Doch das könnte bald Geschichte sein, sollte Assange verurteilt werden. Der Preis für die Veröffentlichung von wahren Informationen – Wikileaks hat nachweislich noch nie eine Falschinformation veröffentlicht – wird zu hoch sein. Momentan beläuft sich der Preis auf 175 Jahre Haft. Assange soll in die USA ausgeliefert werden, wo er wegen Spionage angeklagt ist, gestützt auf ein Gesetz von 1917. Es wäre ein Präzedenzfall, eine Überschreitung sämtlicher Grenzen.

Julian Assange ist eine Person, in der auf besondere Weise die Zeitläufte zusammenlaufen. Er ist Herz und Kopf einer Organisation, die Informationen von öffentlichem Interesse veröffentlicht, er ist Verantwortlicher eines Geheimdiensts der Bürger. Assange ist schon als vieles bezeichnet worden, aber am ehesten ist er ein nomadischer Transparenzphilosoph und Maschinenstürmer, der mit einem selbstgebauten Programm Licht auf unangenehme Wahrheiten wirft und damit auch das Selbstverständnis der westlichen Welt in Frage stellt. Er ist ein anarcho-libertärer Denker, ein Aktivist, der mit technologischen und journalistischen Mitteln Wahrheiten in den öffentlichen Raum befördert.

Herrschaft braucht aus seiner Sicht Verschwörung. Es gibt keine Herrschaft weniger über viele ohne Absprachen. Julian Assange hasst die Verschwörung der Mächtigen gegen die Vielen. Sie ist ein Verrat an der Demokratie. Und er hat sich vorgenommen, die Verschwörung zu zerschlagen. Wenn die Informationen zwischen Verschwörern nicht mehr fließen, weil ihre Kanäle zerstört sind, werden Absprachen zwangsläufig weniger, da sie zu einem Risiko werden, bis sie schließlich (so die Hoffnung) gegen null gehen. Verschwörung lässt sich laut Assange durch Transparenzdrohung eindämmen.[3]

Assange brauchte für seine Revolution kein lautstarkes Manifest. Wikileaks war sein Manifest. Wikileaks ist ein Asyl für geheime Informationen. Es funktioniert wie eine Babyklappe im Internet. Ein unzensierbares, nicht zurückverfolgbares System zur massenhaften Weitergabe von Geheimdokumenten und zu ihrer Analyse. Eine virtuelle Fabrik der Wahrheit. Jeder Leak zeigte den Mächtigen: Ich sehe das, was ihr nicht wusstet, dass ich es sehe. Sonst hättet ihr es vielleicht nicht gewagt. Und ich zeige es allen. Ihr könnt euch nie mehr sicher sein, wenn ihr etwas Kriminelles tut, egal ob es Kriegsverbrechen von Staaten, Steuerhinterziehung von Banken oder die Methoden von Scientology sind.

Das ist für Mächtige ein Affront. Eine Beleidigung. Die ultimative Kampfansage. »Eine soziale Bewegung zum Aufdecken von Geheimnissen«, so Assange, »könne viele Regierungen stürzen, die sich darauf stützen, dass sie die Realität verschleiern – einschließlich der US-Regierung.«[4] Die USA sehen Julian Assange und Wikileaks schon seit 2008 als eine Art Public Enemy No. 1, den Bin Laden des Informationszeitalters.[5]

Wie verhindert man also den Verrat Mächtiger an der Demokratie? Leaks sind ein brutales, aber letztlich einzig mögliches, und daher notwendiges Mittel. Die Ultima Ratio. Die Snowden-Enthüllungen sind ein gutes Beispiel: Snowden hatte keine andere Möglichkeit, als das Datenmaterial über die Massenüberwachung der National Security Agency (NSA) und Co. zu entwenden. Er musste die Beweisstücke veröffentlichen und Geheimnisverrat begehen, um die illegale Massenüberwachung von Bürgern in aller Welt durch ihre Regierungen offenzulegen. Hätte er darüber nur einem Journalisten berichtet, hätte dieser Bericht von den Geheimdiensten mit Verweis auf Geheimnisverrat unterbunden werden können, und das Ganze wäre erneut mit Verweis auf Geheimhaltung in einem ebenso geheimen Gerichtsverfahren versteckt worden. Geheim, geheim, weg. Niemand hat's gesehen. Es ist, wie es ist: Je heikler die Information, desto brutaler muss sie ans Tageslicht befördert werden, sonst wird sie nicht lange überleben.

Assange veröffentlichte ab 2006 zuerst Dokumente über Wahlfälschung in Kenia, über die Praktiken von Scientology und die Steuerhinterziehungstaktiken von Banken. Er wurde gefeiert und mit Preisen überhäuft. Wikileaks landete seit seiner Gründung im Jahr 2006 mehr journalistische Coups als die *New York Times* und *Washington Post* in 30 Jahren. Das Blatt wendete sich ab dem Jahr 2010, als Assange begann, sich verstärkt durch Veröffentlichungen mit den USA anzulegen. »Collateral Murder«, das bekannte Video von dem Hubschrauberangriff auf Zivilisten im Irakkrieg, bei dem auch zwei Reuters-Journalisten ums Leben kamen, ging um die Welt.

Die US-Militärs legten dem Reuters-Verantwortlichen im Irak, Dean Yates, damals Fotos vor, auf denen Kalaschnikows und Raketenwerfer zu sehen waren, um zu zeigen, dass die Getöteten bewaffnet waren.[6] Lügen in Zeiten des Krieges, wie wir heute wissen. Julian Assange war tatsächlich der einzige Mensch der Welt, der die Wahrheit ans Licht brachte. Dann das »Afghan War Diary« und die »Iraq War Logs«, unzensierte Frontberichte, die »Gitmo-Files« über Folter in Guantánamo, schließlich die Veröffentlichung diplomatischer Depeschen der letzten Jahrzehnte (»Cablegate«).

Was seitdem passieren sollte, konnte man grob schon 2012 nachlesen, wieder auf Wikileaks, und zwar in privaten Mails der als Schatten-Central Intelligence Agency (CIA) bekannten Firma Stratfor.[7] »Lasst ihn uns die nächsten 25 Jahre von einem Land ins nächste verlegen und ihn mit Klagen überziehen. Zieht alles ein, was er und seine Familie besitzt, um jede Person in Verbindung mit Wikileaks einzubeziehen.« Assange hatte allen Grund, misstrauisch zu sein, auch auf jegliches Vertrauen selbst gegenüber seinen besten Freunden zu verzichten. Er las seine Zukunft schlicht aus den Unmengen von geheimen Daten, die ihm sein System Wikileaks anspülte. Misstrauen war seine Lebensversicherung. Dabei hätte das Verfolgen der Nachrichten auch schon genügt. Journalisten und Politiker fabulierten öffentlich darüber, warum man »den Hurensohn nicht einfach abknalle«.[8]

Seine Computer wurden konfisziert, Wikileaks mit Leuten des Federal Bureau of Investigation (FBI) infiltriert, Misstrauen gesät. Der seit 2012 in der ecuadorianischen Botschaft in London im politischen Asyl sitzende Assange wurde seit 2015 rund um die Uhr durch die Firma UC Global überwacht, sogar seine Vergiftung wurde erwogen.[9] Stoff aus einem Spionagethriller. Sowas kann man sich fast gar nicht ausdenken.

Der zynische Höhepunkt des Spektakels ist nun der juristische und öffentliche Umgang mit Assange. Dass dieser Prozess überhaupt stattfindet, ist eine Farce. Erst das Hochsicherheitsgefängnis Belmarsh in London und die Höchststrafe von fast 50 Wochen für die Verletzung von Kautionsauflagen. Dazu Einzelhaft, psychologische Folter, wie Experten, Ärzte und der UN-Sonderberichterstatter für Folter, Nils Melzer, letztes Jahr aufdeckten.[10] Es gibt keinen Zweifel: Julian Assange ist ein politischer Gefangener. Er wird gedemütigt, muss sich täglich entkleiden, wird geröntgt. Was glaubt man zu finden: einen Mikrofilm mit noch ein paar diplomatischen Depeschen im Enddarm?

Assange wurde in ein Hochsicherheitsgefängnis gesteckt, Einzelhaft wurde verordnet. Für ein Auslieferungsverfahren ist das nicht normal. Man türmt Verfahrensfehler auf Verfahrensfehler (Überwachung, eine befangene Richterin, Verletzung des Rechts auf »Waffengleichheit« im Prozess, kein Zugang zu Anwälten und Dokumenten).[11] Allein die Tatsache, dass Gespräche Assanges mit Ärzten, Anwälten, Vertrauten in der Botschaft ausspioniert wurden, dürfte genügen, um den Prozess zum Platzen zu bringen.[12] Wem nützt dieses unwürdige Spektakel? Warum gibt sich der britische Staat diese unglaubliche Blöße? Ärzte, Anwälte, Künstler, Journalisten, Politiker protestieren, signieren Petition um Petition. Der Druck auf die britische Regierung wächst.

Im Prozess sitzt Assange in einem Glaskasten, wie ein Terrorist. Die Kommunikation mit seinen Anwälten: stark eingeschränkt. Schon in den letzten Monaten hatte er kaum Möglichkeit, sich mit seinen Anwälten zu besprechen. Seine Verlobte Stella Moris und viele andere kämpfen um sein Überleben. Das Verfahren, das ihn in den USA erwartet, würde vor einem unrühmlichen Spionagegericht des Eastern District of Virginia geführt, dessen Jurys überwiegend mit regierungsnahen Mitgliedern besetzt sind. Einen Freispruch gab es dort noch nie. Er würde eine lebenslange Haft aufgrund der zu erwartenden scharfen Haftbedingungen und seines angeschlagenen Gesundheitszustands vermutlich nicht überleben.

Offiziell klagt man ihn an wegen Unterstützung Chelsea (damals Bradley) Mannings beim Knacken eines Passworts, er habe zudem Menschenleben durch Veröffentlichung unredigierter Informationen in Gefahr gebracht. Der Beweis, dass jemals jemand durch Assange zu Schaden gekommen ist, wurde jedoch nie erbracht. Da die Auslieferung auf tönernen Füßen steht, wird die Anklage erweitert, erst im Mai 2019, zuletzt im Juni 2020. Man sucht nach Dreck, den man noch auf ihn werfen könnte, aber man findet nichts. Dieser Prozess muss platzen. Assange muss auf freien Fuß kommen. Alles andere würde das britische Justizsystem der Lächerlichkeit preisgeben. Eine Auslieferung aus politischen Gründen ist nicht möglich; zudem verbietet die Europäische Menschenrechtskonvention eine Auslieferung unter anderem dann, wenn eine Person Folter oder unmenschliche Behandlung zu erwarten hat sowie eine Versagung basaler prozessualer Rechte, wie das Recht auf sachgemäße Verteidigung, zu erwarten ist. Wie lange Assange überhaupt noch prozessfähig ist, steht auf einem anderen Blatt.

Julian Assange, er ist jetzt schon zu einem Symbol der Pressefreiheit geworden. Erneut verdichten sich die Zeitläufte in seiner Person. An seinem Beispiel wird gerade der aktuelle westliche Stand der Pressefreiheit verhandelt. Er ist jetzt das Fieberthermometer der freien Welt. Ganz konkret: Daran, wie man Assange jetzt behandelt, kann man ablesen, wie viel an Informationen man als Bürger morgen noch bekommt. Heikle Informationen, geheime Informationen, aber Informationen, die man braucht, um als Bürger Entscheidungen zu treffen.

In der Demokratie ist dieser unverstellte Zugang zentral. Der Bürger ist der Souverän. Wenn Regierende oder Staatsbedienstete Verbrechen begehen und sich unter den Schutz des Staatsgeheimnisses flüchten, ist das Band zwischen Regierten und Regierenden durchschnitten. In einer Demokratie kann es keinen legitimen Geheimnisschutz für Verbrechen Einzelner geben. Eine Regierung, die das vor der Öffentlichkeit vertritt, putscht von oben nach unten. Ein Justizsystem, welches das mitmacht, wird zum Komplizen. Und eine Öffentlichkeit, die dazu schweigt, hat Demokratie nicht verstanden und letztlich auch nicht verdient.

Assange wird nicht primär dafür bestraft, was er getan hat. Man versucht ihn davon abzuhalten, je wieder etwas zu veröffentlichen. Für Menschen, die die Wahrheit fürchten, ist Assange eine tickende Zeitbombe. In einer Welt volle Lügen ist jemand, der eine Wahrheitsmaschine betreibt gefährlich – und einer der mächtigsten Menschen der Welt. »Bestrafe einen, erziehe hundert«, hieß es bei Mao Tse-Tung. Das ist das pädagogische Spektakel und Signal an alle Journalisten in der Welt. Ihr seid als Nächste dran.

Als in den USA im Jahre 1690 die erste Zeitung auf den Markt kam, wurde sie tags drauf verboten. Die Gründung von Wikileaks 2006 war die Geburtsstunde einer neuen Form des Journalismus. So wie der Wissenschaftler einen Beweis mitliefern muss, wenn er ernst genommen werden will, sollte es auch der Journalist tun müssen. Solange das nicht geschieht, besteht ein direktes Machtungleichgewicht. Leser sind nicht in der Lage, zu verifizieren, was man ihnen erzählt. Damit ist dem Machtmissbrauch jede Tür geöffnet. Im 21. Jahrhundert, nach Renaissance, Humanismus und Aufklärung und in Zeiten des Internets, ist der Bürger des Westens immer noch nur ein Glaubender, der sich viel zu oft auf kolportierte Trugbilder stützt.

Das ist die schmerzvolle Botschaft von Julian Assange: Wir haben keinen blassen Schimmer von der Realität in ihrem ganzen Ausmaß. Das Urteil wird am 4. Januar 2021 verkündet, der Prozess könnte dann vor höheren Instanzen weitergeführt werden. Auch dank dieses Prozesses öffnet sich der Schleier um die Realität täglich mehr vor unseren Augen.

Der Prozess um die Auslieferung von Assange ist zum jetzigen Zeit-
punkt immer noch nicht entschieden; das Leiden in der Haft geht
weiter und die Frage der Auslieferung ist gerade in den Händen
der Politik, nachdem die Gerichte in Großbritannien alle Rechts-
chutzgesuche von Assange abgelehnt haben. Derzeit liegt die Ent-
scheidung über die Auslieferung direkt bei der britischen Innenmi-
nisterin.

25.10.2020

Kommt die CoviDDR 2.0 – oder ist sie schon da?[13]

Mit der Pandemie verbreiten sich auch totalitäre Tendenzen.
Die Angriffe auf die Demokratie sind unübersehbar und alarmierend. Ein Kommentar.

Was haben ausgeladene Kabarettisten und diffamierte Künstler
mit der Diskussionskultur in der Covid-Krise gemeinsam? Bei
Ersteren geht es ja bekanntlich um Political Correctness. Und in
der Corona-Diskussion? Ebenso. Das Phänomen Cancel Culture
ist nur der sichtbarste Teil des Eisbergs, auf den wir gerade zu-
steuern. Aber sicher nicht der größte.
    Das Phänomen Political Correctness hat eine erschreckend
steile Karriere hinter sich. Spätestens seit der Erhebung dieses
Phänomens zum Machtinstrument unter Stalin gibt es zwei
Arten von Aussagen: solche, die tatsächlich faktisch richtig
sind – und solche, die zwar falsch, aber politisch doch so opportun sind, dass sie machtpolitisch eben »korrekt« sind.[14] Wenn
letztere Ansichten propagandistisch so aufgeladen werden, dass
sie zur Doktrin erklärt werden, kollabiert das Informationsöko-
system. Es herrscht Verwirrung über das, was gilt; der Prozess
der rationalen Urteilsbildung kollidiert ständig mit Frage der
Opportunität und des Risikos der Äußerung.

Und häufig beugt sich das Denken der Doktrin. Der Schriftsteller und Literaturnobelpreis-Träger Czesław Miłosz hat diesen Prozess in seinem Buch *Verführtes Denken* mal am Beispiel Polens im Kommunismus aufgezeigt. Die Intellektuellen essen die süßen »Murti Bing«-Pillen der Doktrin, bis sie irgendwann einfach nur noch glauben und nicht mehr verstehen wollen. Verführtes Denken gibt es auch in Demokratien. Und gerade ist die Verführung besonders groß.

Nehmen wir heute nur die Diskussion um die Effektivität von Masken bei der Eindämmung des Virus. Ein eindeutiger wissenschaftlicher Beweis hierfür fehlt.[15] Politiker werden trotzdem nicht müde, die Effektivität von Masken zu behaupten. Die Maske ist heute also sehr opportun, sehr korrekt. Sie ist ein Zeichen von Corona-Tugendhaftigkeit, ein Stück Stoff gewordenes »virtue signalling«. Und die Korrektesten tragen sie sogar allein im Auto und vermutlich auch im Schlaf.

Um dem Denken erst richtig die Spur zu stellen, sind Experten unerlässlich. Die »richtigen Experten« haben dabei übrigens immer Recht, auch wenn sie sich selbst widersprechen (solange sie grob auf Kurs bleiben). Die »falschen Experten« hingegen können kein noch so gutes, evidenzbasiertes Argument bringen, welches die diskursleitende Corona-Nomenklatura als ausreichend gelten lassen würde. Es herrscht eine bedenkliche Asymmetrie. Beispiel gefällig? Christian Drosten, wohl der tonangebende Experte in Deutschland, hielt Masken bis vor ein paar Monaten selbst noch für unwirksam. Ein Stück Stoff halte das Virus nicht auf.[16] Inzwischen meint er, es werde bis Ende 2021 eine Maskenpflicht brauchen, selbst wenn es bis dahin einen Impfstoff gebe.[17]

Der Präsident der Bundesärztekammer, Klaus Reinhardt, war Mitte letzter Woche ebenfalls der Ansicht, dass es keine wissenschaftliche Evidenz für die Wirksamkeit von Alltagsmasken gebe. Er sprach von einem »Vermummungsgebot«. Daraufhin setzte der SPD-Gesundheitspolitiker Karl Lauterbach ihm auf

Twitter quasi ein Ultimatum. »Aus meiner Sicht ein Rücktritts-grund, wenn er das nicht sofort zurücknimmt.«[18]

Am gestrigen Freitag ruderte Klaus Reinhardt dann zurück. Er bedauert jetzt seine Aussage und findet: »Die aktuelle Evidenz aus vielfältigen Studien spricht für einen Nutzen des Mund-Nasen-Schutzes.«[19] Ob für diese Haltungs-Wende ein evidenzbasiertes Nachdenken oder eher eine Opportunitätsüberlegung entscheidend war, ist unklar. Klar ist nur: Der Bürger soll sich in diesem Informationschaos bitte zurechtfinden. Im Zweifel heißt das: am besten einfach gehorsam sein. Doch wenn Urteilsfindung durch Glaubensfragen ersetzt wird, gibt es sie eben nicht mehr. Das gilt auch für alle andere Fragen, egal ob es um die Definition von »Neuinfektionen«, die Aussagekraft von PCR-Tests, die Todesfälle (an oder mit Covid?) geht. Begriffe und Definitionen sind wie Matroschka-Puppen: Man muss sie entpacken. Doch das leistet die aktuelle Diskussion nicht. Eine Debatte zwischen Befürwortern und Gegnern der aktuellen Maßnahmen auf evidenzbasierter Grundlage und vor den Augen der Öffentlichkeit findet nicht statt.

Das alles ist unschön, zugegeben. Aber ist es deshalb schon totalitär? Gegenfrage: Ab welchem Moment würden Sie selbst sagen, dass die Demokratie in Gefahr ist? Welchen schlagenden Beweis würden Sie dafür gelten lassen?

Totalitäre Herrschaft wird nicht offiziell ausgerufen. Sie schleicht sich ein. Ihre Mittel sind Verwirrung der Sprache, Unklarheit über Zuständigkeiten, Isolierung und Entzweiung von Menschen, die Erzeugung von Angst. Offener Terror ist nicht zwingend nötig, befand schon Hannah Arendt. Macht wird heute nicht einfach ergriffen, sie wird Stück für Stück übergeben, quasi freiwillig. Und zwar von uns, von jedem Einzelnen. Anstelle der offenen Autoritäten regiert eine anonyme Autorität mit. Diese tarnt sich, so schon Erich Fromm, als gesunder Menschenverstand, als Wissenschaft, als Normalität oder als öffentliche Meinung: »Sie verlangt nichts als das, was ›selbstverständlich‹ ist.« Hier liegt das Kennzeichen der »totalitären Demokratie« gegenüber der liberalen: Erstere basiert auf der Annahme einer alleinigen und ausschließlichen Wahrheit in der Politik, letztere beruht auf Versuch und Irrtum und stellt sich selbst in Frage, so der israelische Historiker Jacob Talmon.

Man muss heute nicht lange suchen, um totalitäre Tendenzen zu erkennen. Allein die derzeitige Ausdünnung des Meinungsspektrums ist beispiellos in der jüngsten Geschichte.

Seit Monaten wird am Parlament vorbeiregiert. Die Macht zentriert sich in der Exekutive und einem kleinen Kreis von Experten. Es gibt eine Art technokratische Machtübernahme von oben.

Verwaltungen erlassen Regelungen (Beherbergungsverbote, Ausgangssperren, pauschale Demonstrationsverbote), die von Gerichten wieder einkassiert werden müssen. Der verfassungsrechtliche Grundsatz der Verhältnismäßigkeit, der für alle Handlungen staatlicher Akteure gilt, wird permanent verletzt.

Wer die Rechtmäßigkeit der Maßnahmen in Frage stellt, wird als Spinner und Leugner bezeichnet, wie der Fall des Schlagersängers Michael Wendler zeigt. Der Flensburger Grünenpolitiker David Claudio Siber wurde ohne Gewährung rechtlichen Gehörs aus der Fraktion ausgeschlossen.[20] Eine inhaltliche Diskussion fand nicht statt.

Die Stadt Essen hat ein Denunziationsportal für Covid-Verstöße eingerichtet.[21] Das Robert-Koch-Institut rekrutiert inzwischen sogenannte »Containment Scouts«, also seuchenpolizeiliche Hilfskräfte aus der Bevölkerung.[22]

Inhalte zu Corona, die der Doktrin der Weltgesundheitsorganisation widersprechen oder diese kritisieren, werden unterdrückt; Videos auf YouTube werden gelöscht, Kanäle gesperrt. Kritische freie Medien sind gerade in ihrer Existenz bedroht, müssen auf zensurresistente Plattformen umziehen.

Wer den Pfad der Corona-Doktrin verlässt, wird zudem auf reichweitenstarken YouTube-Kanälen, wie maiLab (rundfunkgebührenfinanziert), oder auf Plattformen wie Correctiv, Übermedien, Volksverpetzer oder auch Wikipedia diffamiert und mit häufig zweifelhaften Faktenchecks »widerlegt«.[23] Diese Plattformen fungieren zunehmend als Wahrheitsministerien, auf die sich recherchefaule Journalisten berufen können.

Die kritisch-unabhängige Schriftstellerin Monika Maron wurde letzte Woche nach 40 Jahren vom S. Fischer Verlag vor die Tür gesetzt.[24] Der Fall hat eine Empörungswelle ausgelöst und erweist sich zunehmend als Bumerang für den Verlag. Bei weniger prominenten Akteuren bleibt die Kritik jedoch meistens aus.

Die wohl beunruhigendste Form der Machtkonzentration findet gerade auf globaler Ebene statt. Einflussreiche Akteure, wie die Rockefeller Foundation, der Internationale Währungsfonds (IWF) oder das World Economic Forum (WEF), produzieren nicht erst seit gestern Narrative, Szenarien und Kooperationen für die Zeit nach Covid-19.[25] Der Tenor all dieser Maßnahmen geht dabei recht stramm in die gleiche Richtung: Eine Rückkehr zur Normalität vor Corona wird es nicht mehr geben. Es wird ein Mehr an Kontrolle und Überwachung geben, die der Bürger akzeptieren werde. Das Wirtschaftssystem werde dirigistischer werden, der Einfluss großer Internetkonzerne sowie von Stiftungen und Nichtregierungsorganisationen werde wachsen. Es klingt wie die perfekte Verschwörungstheorie, würde es nicht so offen ablaufen.

Das World Economic Forum und ihr Chairman Klaus Schwab wollen *The Great Reset* (dt.: *Der große Umbruch*), so der Titel eines von Schwab mitverfassten, im Juli publizierten Buchs und Thema des im Mai 2021 in Luzern stattfindenden Treffens der Weltelite.[26] Gemeint ist eine totale Transformation von Wirtschaft, Politik und Gesellschaft. Die Begrifflichkeiten dieses Programms könnten dabei direkt aus dem Baukasten der Political-Correctness-Bewegung stammen. Die Zukunft werde demnach für alle grüner, inklusiver, gleicher und nachhaltiger.[27] An welchem Begriff will man sich da stören?

Der IWF ruft zeitgleich nach einer neuen Währungsordnung, einem neuen Bretton-Woods-Moment.[28] Zudem bildet sich unter dem Label ID2020 (mit vollem Namen Identity2020 Systems Inc.) gerade eine Allianz von unter anderem Microsoft, Accenture, der Rockefeller-Stiftung und der Impfallianz Gavi zu einer Art »Weltpassbehörde«, die an einer transnationalen digitalen Identität arbeitet, zu der allerdings auch Informationen über Ausbildung, Impf- und Finanzstatus sowie Daten von sozialen Netzwerken und dem Smartphone gehören. Fügt man diese Elemente zusammen, ergibt sich ein für die Bürgerrechte höchst bedrohliches Szenario.[29]

Die Propaganda-Maschine für dieses Projekt läuft gerade erst an, der Great Reset ist aktuell Titelthema der Zeitschrift *Time*.[30] In deutschsprachigen Mainstream-Medien ist zum Thema bisher kaum etwas zu vernehmen.

Eine Kampagne von Werbefachleuten mit gleichem Namen gibt es ebenfalls, mit ähnlicher Zielrichtung. All dies ist nicht sonderlich überraschend. Pandemien bieten, wie vielleicht kaum ein anderes Ereignis, ein Einfallstor für grundstürzende Veränderungen. Wie sagte kürzlich der ehemalige Bundesverfassungsrichter Udo di Fabio: »Wenn ich in Deutschland einen Staatsstreich machen wollte, würde ich eine Corona-Pandemie erfinden.«[31] Gewalt und Zwang braucht es hierfür in der Regel nicht.

Mit den technologischen Möglichkeiten von heute muss man niemanden verhaften oder einsperren. Wozu auch? Man kann heute das Gefängnis um die Menschen herum bauen und danach Privilegien an diejenigen mit guter Führung verteilen. Das Regime des pandemischen Totalitarismus von morgen wird ein freundlicher Servicebetrieb sein, der dem Bürger im Grunde nur »helfen« will, ein wenig Normalität aufrecht zu erhalten und dafür auf ein klein wenig Kooperation und Mithilfe angewiesen ist ...

Und jetzt alle: Die Überwachung wird euch frei machen![32]

Die Rechte, die wir gestern hatten, könnten morgen zu Privilegien werden. Hinter der Maske der Pandemie wartet der Überwachungsstaat auf uns.

Wie werden wir in 50 Jahren auf das Jahr 2020 zurückblicken? Wenn es nach dem bekannten israelischen Historiker und Bestsellerautor Yuval Noah Harari (*Sapiens*, *Homo Deus*) geht, könnte es sein, »dass im Jahr 2020 mithilfe der Digitalisierung die allgegenwärtige Überwachung durch den Staat begann«.[33] Das gilt – nebenbei bemerkt – natürlich nur für diejenigen, die die letzten Jahre so tief und fest unter einem Stein geschlafen haben, dass sie unter anderem die Enthüllungen des NSA-Whistleblowers Edward Snowden nicht mitbekommen haben. Tatsächlich ist die staatliche Überwachung schon seit Jahren Realität. Doch durch Corona könnte der Überwachungsstaat sichtbar und spürbar werden. Und seine Krallen zeigen.

Hararis Aussage ist kein blinder Alarmismus. Es wäre naiv zu glauben, dass es gerade keine totalitäre Versuchung gibt. Nicht erst seit gestern blicken manche Staaten neidvoll nach China, welches dank Überwachung die Pandemie angeblich besser in den Griff bekommen hat. Hinzu kommt das Phänomen der »Shifting Baselines«: Freiheiten werden einem nicht auf einen Schlag genommen, man gibt sie eher stückweise ab. Die Grundfesten verschieben sich langsam, wie tektonische Platten.

Ich selbst weigerte mich eine Zeit lang, an Flughäfen durch einen »Nacktscanner« zu gehen. Ich bestand auf einer manuellen Kontrolle und wurde von den leicht verärgerten Security-Mitarbeitern umgehend belehrt, dass es so etwas wie »Privatsphäre« hier nicht gebe, schließlich wolle *ich* ja fliegen. Es ging noch ohne, dauerte aber schon länger; weiteres Sicherheitspersonal wurde hinzugezogen; es gab Nachfragen, war komplizierter. »Nein« zum Nacktscanner zu sagen war mein Recht, aber der Nacktscanner machte eben alles einfacher. Wieso sollte man sich das Leben also schwer machen?

Der Überwachungsstaat von morgen wird (zunächst?) nicht offen repressiv vorgehen. Überwachung wird nicht als etwas erscheinen, wodurch einem etwas »weggenommen« würde, schon gar nicht an Privatsphäre. Im Gegenteil: Man bekäme durch Überwachung ja ein Stück Normalität zurück. Warum sollte man sich in Zukunft also nicht transparenter machen »wollen«, um eine Flugreise anzutreten? Einen Kongress oder eine Messe zu besuchen? Ein Geschäft zu betreten? Masken sind ein »Instrument der Freiheit«, findet schon heute der bayerische Ministerpräsident Markus Söder.[34] Der Neusprech ist bereits da.

Wie der Überwachungsstaat von morgen genau aussehen könnte, wissen wir nicht. Noch ist nichts entschieden und Widerstand dagegen könnte noch einiges ändern. Das Ganze stellt sich auch nicht als bereits fertiger Gesamtplan dar, der nun einfach verordnet wird. Kennen sollte man jedoch eine Reihe von Einzelinitiativen, Stellungnahmen, Pilotprojekten von verschiedenen Akteuren, wie Stiftungen, Beratungsfirmen, großen Techkonzernen, Regierungen und Institutionen wie dem World Economic Forum. Damit lässt sich ein nahendes Gesamtbild erahnen.[35] Welche Elemente könnte ein Yuval Noah Harari meinen, wenn er vom Anfang des Überwachungsstaates spricht?

Erstens, das Gleichschritt-Szenario: Im Jahre 2010 veröffentlichte die Rockefeller Foundation eine Studie mit mehreren Zukunftsszenarien für die Zeit nach der Finanzkrise. Eines davon nennt sich »Lock Step« (Gleichschritt) und beschreibt Maßnahmen von Zwang und Überwachung nach chinesischem Vorbild für den Fall einer Influenza-Pandemie (welche sie für 2012 prognostizierte).[36] Die Autoren loben explizit das Vorgehen Chinas in solch einer Krise (»hermetische Abriegelung der Grenzen, Quarantänepflicht für alle Bürger«). Ausdrücklich schreiben sie, wie Regierungen weltweit ihre Autorität spielen lassen (»obligatorisches Tragen von Masken, Temperaturtests an Bahnhöfen und Geschäften«).[37] Auch nach Abklingen der Pandemie würde ein Mehr an autoritärer Kontrolle und Aufsicht der Bürger bestehen bleiben; Einschränkungen von Freiheit und Privatheit würden die Bürger jedoch im Austausch für mehr Sicherheit akzeptieren, zum Beispiel in Form von biometrischen Ausweisen.

Zweitens, die ID 2020: Hierbei handelt es sich um eine Allianz von Konzernen, Stiftungen, Hilfsorganisationen und Regierungen (unter anderem Microsoft, Accenture, Rockefeller-Stiftung, Hilfsorganisation CARE, Impfallianz Gavi) zur Schaffung einer zusätzlichen digitalen transnationalen Identität.[38] In diese fließen neben biometrischen Daten (Irisscan, Gesichtserkennung, Fingerabdrücke) auch persönliche Informationen, wie Ausbildungs- und Impfnachweise, Finanzstatus, Bewegungsdaten, Social Media-Konten). Daten aus sozialen Netzwerken erlauben schon jetzt gewaltige Rückschlüsse auf Präferenzen des Einzelnen, bis hin zum Persönlichkeitsprofil.

Die Identität von ID2020 soll dabei vom Bürger selbstverwaltet sein (»self-sovereignty«), man gibt also jeweils nur so viel preis, wie man will (oder evtl. muss). Mit Bangladesch läuft ein Pilotprojekt zur Zusammenführung von Impfdaten und Identitätsnachweis.[39] Da ID2020 auf die Blockchain-Technologie (von Hyperledger) setzt, sind die Einträge weder veränderbar, fälschbar noch löschbar, was nach jetzigem Stand mit den Datenschutzgesetzen in Europa kollidiert. Über die ethische Ausgestaltung von »Immunitätszertifikaten« im Rahmen des ID2020 Projekts gibt es ein Whitepaper.[40]

Drittens, die KTDI (Known Traveller Digital Identity): KTDI ist ein Projekt des Weltwirtschaftsforums (WEF), dem Verein der 1000 größten Unternehmen der Welt, welches das Reisen vereinfachen soll. Auch hier geht es darum, eine Datenbank mit Daten über sich (biometrische Daten, Reiserouten, Hotelübernachtungen et cetera) zu erstellen, die es dem Reisenden erlaubt, sich den Sicherheitsbehörden als »bekannter Reisender« auszuweisen und damit Passkontrollen schneller zu passieren.[41] Der Bürger partizipiert also durch Datenfreigabe seinerseits am Prozess der Sicherheitsüberprüfung. Derzeit testen Kanada und die Niederlande dieses Konzept.

Viertens, das »Commons Projekt«: Das Commons Projekt der Rockefeller Stiftung und mehrerer Partner (unter anderem WEF) wollen Datenverarbeitung und Technologie für das Gemeinwohl einsetzen. Es bündelt einzelne Initiativen, wie einen Gesundheitspass mit Gesundheitsdaten (CommonHealth), einen Ausweis (CommonPass) und eine Covid-Tracing-App (CovidCheck). Damit entsteht eine Art private Weltpass- und Gesundheitsbehörde in privater Hand.[42]

Viele dieser Einzelinitiativen könnten in einem Szenario des *Great Reset* nützlich zusammenspielen. Damit ist die Beschreibung einer Welt nach Corona im gleichnamigen Buch des WEF-Chairmans Klaus Schwab gemeint, welche auch auf dem nächsten Treffen des WEF im Mai 2021 in Luzern Hauptthema sein wird. Schon in seinem früheren Buch *Die vierte industrielle Revolution* wirbt Schwab für Vertrauen in Algorithmen und geht davon aus, dass Bedenken über den Schutz der Privatsphäre »Anpassungen brauchen werden«.[43]

Es gehört nicht viel Phantasie dazu zu sehen, dass in diesem Szenario das Thema Überwachung und Kontaktverfolgung prominent in den Vordergrund rücken wird. Seit den Veröffentlichungen Frank Schirrmachers (*Payback*), Yvonne Hofstetters (*Sie wissen alles*), Evgeny Morozovs und vieler anderer Kritiker, ganz zu schweigen von den Snowden-Enthüllungen, kann zudem niemand mehr behaupten, nicht zu wissen, in welchem Ausmaß der Mensch heute bereits transparent geworden ist. Auch das Thema Bargeldeinschränkung bzw. -abschaffung wird gerade von anderen Akteuren, wie etwa der Europäischen Zentralbank (EZB), diskutiert.

Für Klaus Schwab, so schreibt er in *The Great Reset*, wird es keine Rückkehr mehr zu einem Zustand »vor Corona« geben (ausdrücklich: »nie mehr«). Eine neue Zeitrechnung hat begonnen: vor Corona und nach Corona. Er spricht von einem »Entscheidungsmoment« (»defining moment«), von einer Pandemie »biblischen Ausmaßes« und einem »Krieg gegen einen unsichtbaren Gegner«. Der erste Satz seines Buches lautet wörtlich: »Die durch die Coronavirus-Pandemie ausgelöste weltweite Krise hat in der modernen Geschichte keine Parallele.«[44]

Wo stehen wir heute in alldem? Welche Optionen haben wir? Es könnte sein, dass wir in naher Zukunft erleben, wie aus Rechten wieder Privilegien werden. Wer in Zukunft reisen will, muss sich womöglich weitaus transparenter machen als bisher, bis hin zu einer möglichen Impfpflicht für Reisende. So wie die Maske laut Söder schon ein Stück Freiheit ist, wird Überwachung ebenfalls zu einem Stück Freiheit werden, denn diese nimmt einem in der Welt der »neuen Normalität« ja nichts mehr weg, sondern ermöglicht etwas. Freiwillige Unterwerfung wird mit Freiheit belohnt.

Es gibt kein Recht zu gehorchen, meinte mal Hannah Arendt. Sicher. Aber es gibt eben auch eine Neigung des Menschen, sich an die gegebenen Umstände anzupassen. Was tun? Der Bürger wird jetzt hochrüsten müssen, und zwar im Eiltempo, wenn er einen Rest seiner Privatsphäre retten will: private Kommunikation über das Verschlüsselungsprogramm Pretty Good Privacy (PGP), sicheres Surfen über Tor Browser und Virtual Private Network (VPN), Zahlungen über Bitcoin oder private Kryptowährungen. Doch auch das hilft nur begrenzt. Spätestens beim Reisen könnte es eine Zweiklassengesellschaft geben: die Gehorsamen, die dürfen; die Ungehorsamen, die zu Hause bleiben müssen. Wie viele werden dann Widerstand leisten? Und wie viele werden, wie in *1984* von George Orwell, beginnen, Big Brother zu lieben?

In der Bundestagsdebatte vom 29.10.2020 ließ der Vorsitzende der CDU/CSU-Bundestagsfraktion, Ralph Brinkhaus, in seiner Rede schon mal anklingen, an welchen Vorbildern er sich orientiert, nämlich an China.[45] Klar ist schon jetzt: Wir befinden uns seit dem Auftreten von Corona in einem groß angelegten biopolitischen Sozialexperiment, welches der demokratischen Kontrolle weitgehend entzogen ist und das im Eiltempo zu einer Gesundheitsdiktatur führen kann.

Das Video mit dem nachfolgenden Beitrag wurde zeitgleich bei Gunnar Kaiser auf YouTube veröffentlicht und erreichte am ersten Tag 50 000 Aufrufe, bevor das Video gelöscht wurde. Es wurde Wochen nach der Abstimmung zum Dritten Bevölkerungsschutzgesetz wieder hochgeladen. In der Zeitungslandschaft herrschte nahezu gähnende Leere zum Dritten Bevölkerungsschutzgesetz. Die Welt sprang wohl auch deshalb ein und druckte diesen Beitrag nach, was sehr selten ist bei Blogbeiträgen, zudem – als Bedingung von mir – ohne Paywall.[46] Das Gesetz trat am 19. November 2020 in Kraft.

15.11.2020

Mit Vollgas in die Verordnungsdiktatur[47]

Am Mittwoch soll das eilig fabrizierte Dritte Bevölkerungsschutzgesetz durch drei Verfassungsorgane gejagt werden. Es ist der finale Sargnagel für die Demokratie. Was wir jetzt tun können.

Manchmal fragt man sich: Ist es eine Komödie? Ist es eine Tragödie? Vor kurzem durfte Christian Drosten die traditionelle Rede zu Ehren des Dichters Friedrich Schiller halten. Schiller hat gegen Tyrannei und Willkürherrschaft angeschrieben, siehe *Die Räuber* oder *Wilhelm Tell*. Er war von Publikationsverboten bedroht und immer wieder auf der Flucht. Bei Drosten wird Schiller vom Freiheitsdichter zum Vordenker der Disziplinargemeinschaft. Wenn Virologen sich an Dichtern versündigen, klingt das so: »Auch Friedrich Schiller würde Maske tragen«, ist sich Drosten ziemlich sicher.[48] Und als ob das nicht reicht, erfindet er gleich noch den »pandemischen Imperativ«, denn Kant mögen die Deutschen ja auch. Dieser lautet: »Handle in einer Pandemie stets so, als seist du positiv getestet und dein Gegenüber gehörte einer Risikogruppe an.«

Nun, gemäß Infektionsschutzgesetz heißt das nichts anderes als: Verhalte dich »absonderlich«, also begebe dich in den häuslichen Knast der Quarantäne. Drosten stellt Schiller und Kant auf den Kopf und zückt die Ereignis-Karte wie beim Monopoly: »Gehen Sie direkt in Ihr häusliches Gefängnis. Wenn Sie brav waren, gehen Sie über Los und ziehen Sie Kurzarbeitergeld ein.«

Am kommenden Mittwoch, den 18.11.2020, geht es im Bundestag nun ans Eingemachte. Der Geist des pandemischen Imperativs und eine offene Anzahl von Einzelmaßnahmen werden in Gesetzesform gegossen. Die Regierungskoalition will das Dritte Bevölkerungsschutzgesetz beschließen, der Bundesrat wird noch am gleichen Tag per Sondersitzung konsultiert, der Bundespräsident soll das Gesetz dann noch am gleichen Tag unterzeichnen.[49] Worum geht es?

Das Infektionsschutzgesetz in aktueller Fassung sieht in § 28 Absatz 1 derzeit eine Generalklausel für staatliche Maßnahmen vor. Das ist keine ausreichende Rechtsgrundlage, sie ist zu allgemein. Das Rechtsstaatsprinzip in Artikel 20 Absatz 3 des Grundgesetzes (GG) sieht den »Vorbehalt des Gesetzes« vor. Für staatliche Maßnahmen, die so wesentlich sind, dass sie an Grundrechte rühren, braucht es eine gesetzliche Ermächtigungsgrundlage, also ein formelles Parlamentsgesetz. Der Souverän, also der Bürger, muss seine Erlaubnis geben, wenn in seine Grundrechte eingegriffen wird. Das ist Volkssouveränität. Das Gesetz muss zudem klar gefasst, bestimmt und verhältnismäßig sein. Es muss einen legitimen Zweck verfolgen, objektiv für diesen geeignet und erforderlich sein (d. h. es darf kein milderes Mittel geben) und die Maßnahme muss in ihrer Eingriffsintensität proportional zum verfolgten, legitimen Zweck stehen.

Der Berliner Verfassungsrechtler Christoph Möllers kommentierte zu den Lockdowns im Frühjahr: »dass der massivste kollektive Grundrechtseingriff in der Geschichte der Bundesrepublik ohne angemessene gesetzliche Grundlage erfolgen kann, weil er in der Sache richtig ist, diese Einsicht könnte das Legalitätsverständnis in einer Weise erschüttern wie kaum ein Ereignis seit dem Preußischen Verfassungskonflikt, als sich die monarchische Exekutive das Budgetrecht nahm und damit das Rechtsverständnis noch der Weimarer Republik nachhaltig prägte. Dies gilt umso mehr, wenn vom Parlament – anders als damals – kein ernsthafter Versuch unternommen wird, diesen Zustand zu korrigieren.«[50]

Diesen Versuch unternimmt nun das Parlament am 18.11.2020. Aber ist es ein ernsthafter Versuch? Nein. Was die Regierungskoalition hier vorstellt, ist eine Gesetzesfarce. Eine eilige Flickschusterei mit weitreichenden Folgen. Es ist ein »Copy & Paste« der bisherigen Regulierungsphantasien.

Schauen wir uns nur drei Punkte näher an: Erstens: die »epidemische Lage«. Aufhänger für alle Maßnahmen ist die »Feststellung einer epidemischen Lage von nationaler Tragweite« in § 5 Abs. 1 Infektionsschutzgesetz (IfSG).[51] Hierbei handelt es sich um einen unbestimmten Rechtsbegriff, für den es im Gesetz selbst keine Definition gibt. Der Bundestag stellt die epidemische Lage fest und hebt sie wieder auf, heißt es lapidar im Gesetz. Erst die Gesetzesbegründung gibt Aufschluss und sieht eine solche Lage unter anderem dann als gegeben an, wenn eine »erhebliche Gefährdung des Funktionierens des Gemeinwesens droht«, bei »Gefahr des Eintritts einer erheblichen Gefährdung der öffentlichen Gesundheit« oder wenn der »Gefahr einer Destabilisierung des gesamten Gesundheitssystems« vorgebeugt werden muss. Ein unbestimmter Rechtsbegriff wird also durch weitere, ebenso unbestimmte Begriffe »erklärt«, die letztlich jedoch im Ungefähren versanden. Es ist weder von Infektionszahlen, Krankheitsausbrüchen noch Mortalität die Rede. Wann droht der Kollaps des »Gemeinwesens«, was gehört da genau dazu? Was ist die »öffentliche Gesundheit« überhaupt? Wann ist das gesamte Gesundheitssystem destabilisiert? Ausgerechnet der Dreh- und Angelpunkt, an dem alle Zwangsmaßnahmen hängen, der »Begriff der epidemischen Lage von nationaler Tragweite«, ist eine juristische Wundertüte mit Begriffen, die man in Sonntagsreden mit Kraftrhetorik beliebig zum Leben erwecken kann. Also auch bei der nächsten Grippewelle. Die gesamte Konstruktion steht von Anfang an auf wackeligen Füßen. Und es bleibt bei dem Befund, den der Rechtswissenschaftler Thorsten Kingreen von der Universität Regensburg in einem Gutachten für den Bundestag stellte: »Das rechtliche Problem besteht aber im Kern darin, dass die Feststellung der ›epidemischen Notlage‹ ein verfassungsrechtlich hochgradig problematisches Ausnahmerecht auslöst und ihre dauerhafte Aufrechterhaltung den fatalen Anschein eines verfassungsrechtlich nicht vorgesehenen Ausnahmezustands setzt.«[52]

Zweitens: der Verbotskatalog. Hinter die Generalklausel des § 28 wird nun einfach zusätzlich ein neuer § 28a Abs. 1 IfSG eingeführt, mit einer nicht abschließenden Aufzählung von Zwangsmaßnahmen und Verboten, wie wir sie spätestens seit dem 1. November kennen und welche die Regierungsspitzen in einem informellen, intransparenten Verfahren unter Ausschluss der Öffentlichkeit beschlossen haben: die Untersagung und Beschränkung von Kultur-, Freizeit-, Sportveranstaltungen, die Schließung von Restaurants, sowie Übernachtungs-, Ausgangs-, Reise-, Alkoholverbote und vieles mehr.

Einige Verfassungsrechtler, welche als Einzelgutachter kurzfristig Stellung nehmen sollten, sehen diese Regelung schon im Entwurfsstadium als verfassungswidrig an. Es wird nicht erklärt, abgewogen, gewichtet, definiert, sondern letztlich der Status quo an Gesetzgebungsphantasien eines Ausnahmegremiums nochmal in Gesetzesform gegossen. Die Gutachterin Professor Kießling von der Universität Bochum kommt zu folgendem Fazit:

»Die Vorschrift lässt keinerlei Abwägung der grundrechtlich betroffenen Interessen erkennen, sondern will offenbar einseitig das bisherige Vorgehen während der Corona-Epidemie legitimieren. In dieser Form werden die Gerichte die Vorschrift höchstwahrscheinlich nicht als Rechtsgrundlage für die Corona-Schutzmaßnahmen akzeptieren.«[53]

Die Gutachterin Professor Klafki von der Universität Jena findet, dass einige Regeln zudem »lückenhaft, missverständlich oder orthografisch fehlerhaft formuliert« seien. Ein Beispiel: »Explizit sind Ausgangsbeschränkungen ›im privaten Raum‹ gestattet. Bei unbefangener Lesart könnte man daher meinen, der Gesetzgeber wolle die zuständigen Behörden ermächtigen, den Gang in den eigenen Garten zu verbieten.«[54]

Das Grundgesetz setzt voraus, dass aus der gesetzlichen Ermächtigungsgrundlage »Inhalt, Zweck und Ausmaß« der Rechtsverordnung erkennbar sein müssen. Das Gesetz in der jetzigen Form ist eine Wundertüte. Eine Blanko-Vollmacht für ein Verordnungsregime des Bundesgesundheitsministers. Je tiefer und breiter der Gesetzgeber in die Grundrechte eingreift, desto größer wird der Begründungsaufwand. Daran fehlt es allgemein. Der Rechtswissenschaftler und Einzelgutachter Christoph Möllers von der Humboldt-Universität Berlin hat nicht nur deshalb »gravierende Zweifel« an der Verfassungsmäßigkeit des Gesetzes. Es stimmt, dass, wie Möllers sagt, die seit März dieses Jahres ergriffenen staatlichen Maßnahmen zur Eindämmung der Pandemie in einer »unter dem Grundgesetz unbekannten Breite und Tiefe« in die Grundrechte eingegriffen haben. Der Gesetzgeber trägt dieser historischen

Situation aber nicht im Ansatz durch erhöhten Begründungs-aufwand Rechnung. Vielmehrt geht es mit Copy & Paste in die Verordnungsdiktatur.

Dies sind nur einige Punkte, es gäbe weitaus mehr: die Frage nach Impfzentren, die Frage nach der Befristung der Maßnah-men, nach unabhängigen Expertengremien, nach einer grund-legenden, unabhängigen, wissenschaftlichen Aufarbeitung der vielen, in sich widersprüchlichen Maßnahmen. Die Politik ver-langt Gehorsam, schafft es aber nicht einmal, ein in sich schlüs-siges, auf breiter Basis stehendes und mit dem Grundgesetz konformes rechtliches Pandemieregime vorzustellen. Sogar der Wissenschaftliche Dienst des Bundestages benennt Defizite und Vorbehalte.

Dieses Gesetz ruft nach Widerstand. Die Zeit ist knapp. Was können wir tun? Es gibt gerade viele Ereignisse, die einen in Sa-chen Corona nur noch stutzig machen: das Tempo der Verschär-fungen, die überall zunehmende Zensur, der Kollaps des De-battenraums, die autoritäre Sprache, der diktatorische Duktus. Wir leben in Zeiten der Demokratie-Dämmerung. Die Nacht wird täglich länger, der Tag kürzer. Und irgendwann könnte die Nacht bleiben. Dies ist gerade die größte Prüfung, welche die parlamentarische Ordnung seit 1949 erlebt.

Demokratien sterben nicht mit einem Knall, sondern mit einem Winseln, frei nach dem Schriftsteller T. S. Eliot. Wenn dieser Entwurf Gesetz wird, gibt sich die Institution Bundestag selbst auf, sie schaufelt sich ihr eigenes Grab. Und jeder Abge-ordnete, der da mitmacht, betätigt sich als Totengräber. Wir wer-den deshalb genau hinschauen, wie welcher Abgeordnete am 18.11.2020 abstimmt. Erwartet uns.

Die Zensurwelle[55]

Wer das freie Wort angreift, hat Angst.

1933 saß Sebastian Haffner als junger Rechtsreferendar in einer Berliner Bibliothek über einem Aktenstück, als die Tür aufging und SA-Leute forderten, dass alle Nichtarier den Ort zu verlassen hätten. Ehe er sich versah, stand schon ein Braunhemd vor ihm und bellte die Frage: »Sind Sie arisch?« Haffner, der die Unterscheidung in Arier und Nichtarier ablehnte, antwortete trotzdem verdutzt mit »ja« und wurde in Ruhe gelassen. Hinterher notierte er in seinen Aufzeichnungen den Satz: »Versagt in der ersten Prüfung.«

Erleben wir gerade wieder eine Art Sebastian-Haffner-Moment? Versagen wir hier und heute auch in einer Prüfung? Es grassiert ein doktrinärer, totalitärer Zeitgeist bei einigen Journalisten und Politikern, die in Freund und Feind unterteilen, diffamieren und hetzen. Besonders heftig geht es gerade gegen Kritiker der Coronapolitik der Bundesregierung, die als Spinner, Covidioten und Extremisten unmöglich gemacht werden sollen. Der von der Kanzlerschaft träumende Markus Söder möchte sogar den Verfassungsschutz auf die Querdenken-Bewegung ansetzen.[56] Differenziert und diskutiert wird schon lange nicht mehr. Es herrscht ein Informationskrieg, ein Kollaps des öffentlichen Debattenraums. Der freie Debattenraum als Herz der Demokratie setzt gerade hin und wieder aus.

Am Mittwoch wurden die massivsten Grundrechtseingriffe der Geschichte des Grundgesetzes in Form des Dritten Bevölkerungsschutzgesetzes im Eiltempo verabschiedet, gestern ist das Gesetz in Kraft getreten.[57] Der Gesundheitsminister kann auf dieser Basis nun allerlei Maßnahmen erlassen, das Parlament ist außen vor. Dazu gehören auch Ausgangsbeschränkungen und Demonstrationsverbote. Die Missachtung des Parlaments und auch der Ausschussarbeit dürften dabei beispiellos gewesen sein.

Die Kritik in den Medien an diesem Gesetz: existent aber gedämpft. Klare Worte fand zum Beispiel Heribert Prantl, er sprach ebenfalls von den massivsten Grundrechtseingriffen der Geschichte und einer Selbstentmachtung des Parlaments.[58] Die meisten Kommentatoren fanden den Inhalt des Gesetzes offenbar weniger skandalös als die Kritik daran. Es sei insbesondere skandalös, das Gesetz als »Ermächtigungsgesetz« zu bezeichnen.[59] Dieses Narrativ zog sich durch so viele Kommentare, dass man den Eindruck bekommen musste, da haben sich einige abgesprochen. Eventuell haben sie bei Correctiv abgeschrieben, das dazu einen Wirtschaftsanwalt ohne jegliche Publikation im Bereich des Verfassungsrechts und Dozent einer Abendhochschule befragt hatte. Ist es im Gegenzug nicht schon alarmierend genug, wenn allerorts von Medien und Politikern betont werden muss, dass ein Gesetz nicht in die Diktatur führt? Ist das nicht schon das Armutszeugnis schlechthin?

Es ist schon interessant: Da nennt die Bundesregierung ein Gesetz ausgerechnet »Bevölkerungsschutzgesetz« (zum Vergleich: Das Ermächtigungsgesetz von 1933 war eine »Verordnung zum Schutz von Staat und Volk«), verankert dort eine nie dagewesene Machtfülle für den Bundesgesundheitsminister, der per Verordnungen durchregieren kann, peitscht das Gesetz dann im Eiltempo durch drei Verfassungsorgane und wundert sich, dass jemand darin totalitäre Tendenzen sieht! Am gleichen Abend ging es bei »Maischberger« übrigens um die Klimakrise.

Die meisten Medien interessieren sich gerade jedenfalls weniger für den Zustand der Demokratie in Deutschland als die Bevölkerung. Diese versammelte sich friedlich, um gegen das Gesetz zu protestieren. Den Einsatz von Wasserwerfern gegen (nochmal: friedliche!) Demonstranten bezeichnete die ARD als

»Beregnung«.[60] Wenn es in Minsk passiert, nennt man es übrigens Skandal. Das verstehe wer will: Der Staat sorgt sich dermaßen um die Gesundheit seiner Bürger, dass mitten in der Grippesaison das protestierende Volk nassgespritzt werden muss.

Dass es zur verhältnismäßigen »Gefährderansprache« der Polizei gehört, einen Menschen mit Händen in den Taschen am Hals packend zu Boden zu werfen, darf aber selbst im Failed State Berlin bezweifelt werden. Solche Fälle sind unverzüglich gerichtlich zu überprüfen. Der SPD-Gesundheitspolitiker Karl Lauterbach fühlte sich trotz der Proteste jedenfalls in Feierlaune. Auf Twitter schrieb er: »Diese Leute vor meinem Fenster werden mir heute nicht die gute Stimmung in Anbetracht der Erfolge beim Impfstoff verderben. Werde mit Igor Levit auf meinem Balkon darauf anstoßen.«[61]

Das Volk protestiert, die Nomenklatura stößt an. Kann man Demokratieverachtung besser zur Schau stellen? Das ist genau die explosive Mischung, aus der Revolutionen entstehen. Und es war ausgerechnet in dieser sensiblen Phase der Gesetzesverabschiedung, als die Zensurschraube der letzten Wochen nochmal merklich angezogen worden ist. Offenbar ist jegliche Kritik nur noch unter hohem Risiko möglich. Der Journalismus versagt in der ersten Prüfung.

Allein in den letzten Wochen verschwanden die reichweitenstarken freien Kanäle von Rubikon und Samuel Eckert von YouTube. Gestern wurde der Kanal KenFM ohne weitere Vorwarnung von YouTube gelöscht.[62] Über 500 000 Follower und hunderttausende Kommentare: weg. Der wohl weitreichenstärkste freie deutschsprachige Politkanal ist auf YouTube Geschichte. Echo darauf in den normalen Medien: gleich null.

Ein Video von Gunnar Kaiser zu meinem Text vom Sonntag »Mit Vollgas in die Verordnungsdiktatur«: ebenfalls nach weniger als 24 Stunden gelöscht[63], inklusive Sperre von einer Woche. Die leicht gekürzte, eilig arrangierte Zweitveröffentlichung des Textes auf *Welt.de* war der meistgeteilte journalistische Kommentar in den sozialen Medien im deutschsprachigen Sprachraum – vielleicht aus Mangel an sonstigen, dezidiert kritischen Alternativen?

Das alles zeigt: Wer mit Kritik gerade durchkommen will, muss erfinderisch sein. Auch die Mails meines Blogs kommen seit gut zwei Wochen nicht mehr bei allen an, einige Abonnenten melden sich deswegen bei mir. Es wird geblockt, stummgeschaltet, verwarnt und gelöscht. Die Cancel Culture ist aus dem Universität- und Kulturbereich in das Corona-Thema geschlüpft und verrichtet dort nun ihr hässliches Werk weiter.

Die einfache Frage, die man sich als unbefangener Beobachter jetzt stellen kann und als wachsamer Bürger auch muss, lautet: Wenn alles gerade mit rechten Dingen zugeht, so hervorragend wissenschaftlich abgesichert, verfassungskonform und moralisch einwandfrei ist: Wovor hat man dann so eine Angst?

In unserer Spätdemokratie oder zunehmend »totalitären Demokratie« (Sheldon Wolin, Jacob Talmon) gilt es Doktrinen zu befolgen. Der Debattenraum ist nicht frei, sondern teilprivatisiert; auf verschiedene Gate-Keeper aufgeteilt. Es wird geframed, gespint, gewichtet, fragmentiert, Meinung und Tatsache vermischt, kurz: Der Leser bekommt ein vielfach raffiniertes Produkt.

Bis die Information beim Leser ankommt, muss sie sich durch zahlreiche Filter durchkämpfen. Realität ist letztlich das, was wir durch Medien wahrnehmen, meinte der Soziologe Niklas Luhmann. Wenn alle immer wieder das gleiche sehen und hören, lässt sich Konsens produzieren, wie Noam Chomsky und Edward S. Herman schon vor über 30 Jahren wussten.

Was man wahrnimmt, löst den psychologischen Effekt des »WYSIATI« (What You See Is All There Is) aus, nach Daniel Kahnemann eine Art Wahrnehmungsverengung. Daraus entsteht die Illusion von Validität. Je enger der Debattenraum ist, je häufiger ähnlich lautende Meldungen und Narrative vernommen werden, desto leichter fabriziert man Konsens.

Dazu kommt gerade noch rechtzeitig eine Propagandakampagne der Bundesregierung, in der man erfährt, dass man zum »besonderen Helden« werden kann, wenn man einfach nur auf der Couch bleibt. Konzipiert haben die Kampagne die stets korrekten, regierungstreuen Spaßmacher Joko Winterscheidt und Klaas Heufer-Umlauf.

Kann man sich das ausdenken? In einer Zeit, die höchste Wachsamkeit erfordert, ruft die Bundesregierung den Souverän noch zusätzlich zu Faulheit und Apathie auf. Die gleiche Bundesregierung, die sich historische Vergleiche ihres Bevölkerungsschutzgesetzes verbittet, lässt zugleich in ihren Propagandavideos die Parole verkünden: »Unsere Couch war die Front und unsere Geduld war unsere Waffe.«[64] Überall also gerade mehr Propaganda, mehr Zensur, mehr Grundrechtseingriffe im Eilverfahren zur Ermächtigung eines Hygieneverordnungsregimes auf unbestimmte Zeit. Das ist keine Schludrigkeit, keine den Umständen geschuldete eilige Notlage; das ist eine Machtübernahme von oben gegen den eigentlichen Souverän, den Bürger. [65]

Echte Demokratie und echter Journalismus lassen sich nicht trennen. Der italienische Publizist Paolo Flores d'Arcais schreibt in seinem Buch *Die Demokratie beim Wort nehmen*, dass in der echten Demokratie jeder Bürger ein Fürst ist.[66] Jeder hat deshalb gleichen Zugang zur Wahrheit zu bekommen, um Entscheidungen treffen zu können. Das ist die Aufgabenverteilung in der Demokratie: Der Souverän entscheidet, der Journalist versorgt ihn mit den relevanten Informationen, und zwar so rein und ungefiltert, wie möglich.

Diesem Ansatz fühlt sich zum Beispiel ein Julian Assange verpflichtet. Er steht für etwas, was er »wissenschaftlichen Journalismus« nennt; die Quelle ist sozusagen die Information. Es geht nicht darum, etwas zu framen, zu erzählen oder jemanden zu überzeugen, sondern darum, den Beweis in Bild, Schrift und Ton für ein Ereignis zu liefern. Denken kann der Bürger selbst.

Diese radikale Transparenz kann Verschwörung und Korruption zerschlagen: Niemand wäre mehr sicher vor Entdeckung.

Die Enthüllungsplattform Wikileaks ist eine Wahrheitsmaschine, und auch sie stockt gerade: Ihr Gründer Assange wartet zur Stunde in einem Hochsicherheitsgefängnis (in welchem gerade auch noch Corona grassiert) auf sein Auslieferungsurteil in die USA, wo ihm 175 Jahre Gefängnis wegen Veröffentlichung wahrer Informationen über Kriegsverbrechen und Ähnliches drohen – in den USA nennt man derartigen investigativen Journalismus inzwischen: »Spionage«.[67]

Es gibt zwei Arten, Journalismus zu betreiben, so wie es offenbar auch zwei Arten gibt, Demokratie zu organisieren: von oben nach unten oder von unten nach oben. In der Konstellation des »Top down« ist der Journalist ein Wächter, ein Aufseher; letztlich Teil der »Priesterkaste« (Schelsky). Walter Lippmann zum Beispiel stand für dieses, an Platons Kastenwesen angelegte System. Lippmann war einer der bedeutendsten Journalisten und Kolumnisten des 20. Jahrhunderts; er beriet Präsidenten, erfand den Begriff »Kalter Krieg« und sah sich als Teil einer institutionalisierten, mitregierenden vierten Gewalt.

Menschen interessieren sich seiner Ansicht nach wenig für spröde Fakten, also die Wahrheit. Sie denken in Stereotypen, reagieren auf Emotion und Bilder. Mindestens 40 Prozent des Inhalts einer Tageszeitung stammen inzwischen aus PR-Agenturen, schrieb mal der *Spiegel*[68], bevor er selbst zum regierungstreuen PR-Medium wurde. Propagandafiguren wie Rainald Becker (ARD), Olaf Sundermeyer (RBB), Sascha Lobo (*Spiegel*), Mai Thi Nguyen-Kim (Mai Lab) sorgen dafür, dass für die Regierung nichts anbrennt. Wenn unten rauskommt, was man oben reingibt, braucht es Journalismus allerdings nicht. Das kann auch der Pressesprecher der Regierung.

Mit der zweiten Form des Journalismus, von unten nach oben, produziert man hingegen am ehesten das, was man, wenn schon nicht »Wahrheit«, dann zumindest einen »unverstellten

Zugang zur Wirklichkeit« nennen kann. Denn hier arbeitet der Journalist direkt für den Bürger und nicht für eine Institution mit eigenen Interessen.

Für dieses Modell des Journalismus steht John Dewey: dezentral, von unten nach oben, möglichst direkt und ausschließlich wahrhaftig. Der echte Journalist ist wie ein Minenarbeiter im Stollen, der sich durch Geröllhaufen an unwesentlichen Informationen arbeitet, um ein paar Goldkörner an Wahrheit zu Tage zu fördern. Nur dafür hat er Lohn vom Leser verdient. Niemand bezahlt nämlich freiwillig Geld für Propaganda, also Werbung. Deshalb brauchen öffentlich-rechtliche Medien Zwangsgebühren und Corporate Publishing braucht mangels Annoncen gerade entweder Zuschüsse von Stiftungen (die Bill & Melinda Gates-Stiftung förderte den *Spiegel* mal mit 2,3 Millionen Euro[69]), von Google oder Steuergelder.

Guter Journalismus ist das, wovor Mächtige oder alle, die etwas zu verbergen haben, zu Recht Angst haben. Im Fall von Corona gibt es deshalb gerade nur noch eine Richtung: »Vorwärts immer, rückwärts nimmer«. Das und die mangelnde Diskussion und Differenzierung sind jedoch ein gewaltiges Risiko für die Glaubwürdigkeit von Politik, einem Teil der Wissenschaft und den größten Teil der Medien. Wenn das Narrativ von der, so Angela Merkel, »größten Herausforderung seit dem Zweiten Weltkrieg« (Die Sterblichkeitsrate in Deutschland liegt wohlgemerkt bei unter 0,3 Prozent[70]) kollabiert, wird der Schaden irreparabel sein.

Die wertvollste Ressource des Journalisten ist Glaubwürdigkeit. Sie ist deshalb so wertvoll, weil man sie nicht kaufen kann. Das Geschäftsmodell des alten Journalismus fällt, während ein freier, neuer Journalismus gerade erst anfängt, abzuheben. Und es brodelt gerade bei vielen, auch bei Politikern und Journalisten. Immer mehr wähnen sich im falschen Film, immer mehr zweifeln zwischen dem, was sie glauben sollen und dem, was sie sehen. Wir erleben gerade, wie sich die Überwachungswelt eines Orwell aus *1984* zu einem hässlichen Pärchen mit der

Schönen neuen Welt Huxleys vermählt, in welcher sedierte Menschen in einer Wohlfühlunterhaltungswelt künstlich glücklich gehalten werden.

Dagegen stehen jedoch immer ein letztlich unsterblicher Freiheitsdrang des Individuums und die Sehnsucht einer wachsenden Anzahl von Menschen, die, wie es Václav Havel mal ausdrückte »in der Wahrheit leben wollen«. Die Wahrheit setzt sich am Ende immer durch, die Göttin Aletheia aus der Mythologie ist die Tochter des Chronos, also der Zeit. Wer in ihrem Namen Journalismus betreibt, steht auf der richtigen Seite. Auch wenn man den Preis dafür gerade hochschraubt.

30.03.2021

Kollabierte Realität: Was, wenn die Verschwörungstheoretiker Recht haben?[71]

Skepsis gilt heute zunehmend als Verrat. Man erklärt pauschal einen Teil der Bevölkerung zu Häretikern, um nicht mit ihnen diskutieren zu müssen. Das ist fatal.

Glauben Sie nur den offiziellen Nachrichten in den Qualitätsmedien! Hinterfragen Sie die Maßnahmen nicht! Bleiben Sie zu Hause und ziehen Sie vor dem Sex am besten noch einen Ganzkörpermüllbeutel drüber, zu Ihrer Sicherheit! Es gibt weltweit nun seit etwa einem Jahr eine neue Bürgertugend: den bedingungslosen Pandemiegehorsam gegenüber Entscheidungsträgern, Bürokraten und Ordnungskräften. Wer befiehlt, hat Recht und der Rest sind, genau: böse Verschwörungstheoretiker! Danke, oh Corona, du hast die Welt endlich übersichtlich gemacht, deine Krone leuchte der Menschheit ab jetzt den Weg!

Es ist nur leider der Weg ins Mittelalter, denn alles an Fortschritt, wofür der Mensch der Moderne noch einen Reststolz hegt, verdankte er bisher genau dem Gegenteil: Ungehorsam, Skepsis, dem ständigen Hinterfragen des Offiziellen, Sakrosankten und Tabuisierten. Adam und Eva, Prometheus und Luther legten sich mit dem Allerhöchsten und seinen irdischen Stellvertretern an; den heutigen Pandemieuntergebenen werden dagegen schon in Anbetracht von medial hochgejazzten Weißkitteln im Fernsehen die Knie weich.

Welche Verschwörungstheorie ist eigentlich nach einem Jahr noch nicht wahr geworden? Das Virus stammt womöglich nun doch aus dem Labor, es sollte angeblich nie einen zweiten Lockdown geben, schon gar keinen ewigen, auch keine Impfapartheid, keine Umwandlung von Grundrechten in Privilegien, dafür unendliche und unbürokratische Hilfszahlungen und die perfekten Impfstoffe, die so gut erforscht sind, dass sich selbst Politiker nicht vordrängeln wollen. Erst keine Maske, dann viele unmedizinische, irgendwann dann mehrere auf einmal oder FFP2, ach nein, doch nicht. Den Corona-Biedermann, der streng nach dem Katechismus der AHA-Regeln lebt, zerreißt es jedenfalls seit geraumer Zeit innerlich. Zwei Kräfte ringen um die Vorherrschaft: Ich will doch gehorchen, allein mir fehlt der Glaube! Wie gefährlich ist eigentlich vor diesem Hintergrund die »Verschwörung der Guten«, die sich zum Ziel gesetzt hat, den Rest der Welt mit ihrer Intelligenz, Planungskompetenz und dem hundertprozentigen Schutz vor allen grippalen Infekten zu beehren?

Die Krux mit der Verschwörungstheorie ist ja, dass niemand ex ante so klug sein kann, wie er es ex post dann gerne wäre. Auf dem unsicheren Terrain der Hypothese blüht vieles und die Blume der Wahrheit ist nicht selten zwischen dem Unkraut der Lüge und unter dem Dünger des Bullshits versteckt. Der Begriff der Verschwörungstheorie indes ist eine gefährliche Mutante, Medien und Politik die »Superspreader«. Eigentlich bezeichnet der Begriff Verschwörungstheorie eine für einen Dritten oder den Staat nachteilige bis umstürzlerische Verabredung.

Daraus wurde unlängst »alles, was der Regierungsmeinung widerspricht«, und schließlich, so der Eindruck, »das, was derzeit noch nicht für die Öffentlichkeit bestimmt ist«. Der tragikomische Patron dieser desaströsen Kommunikationsstrategie ist offensichtlich der Ober-DDR-Apparatschik Walter Ulbricht mit seinem unvergessenen Satz: »Niemand hat die Absicht eine Mauer zu errichten!«

Ach ja: Der korrekte Teil des Journalismus kultiviert seit je seine eigenen Verschwörungstheorien, also unbelegte Behauptungen, die risikofrei gestreut werden können. Wir erinnern uns: Russland hat Trump zum Präsidenten gemacht, Joe Biden (hat er schon ein Double?) ist topfit im Kopf und alte, weiße Männer sind die größte Gefahr für den Planeten, vor allem wenn sie ein Fahrzeug mit Verbrennungsmotor besitzen. Recht haben dagegen im Zweifel immer die anderen hundert Geschlechter oder der neueste Hohepriester einer Identitätsumcodierungs-Truppe. Journalisten von heute gehören übrigens der Sekte des »naiven Realismus« an. Sie haben die Gabe, auch auf den zweiten Blick nicht zu erkennen, was ihrer Karriere schaden könnte. Die Geschichte mag gepflastert sein mit Verschwörungen und üblen Macht-Tricks – römische Kaiser konnten froh sein, wenn sie einen natürlichen Tod fanden. Im »Reich des Guten« von heute hingegen ist Skepsis gleich Verrat.

Was wäre also, wenn die Schweizer sich in Sachen Corona wie der Rest der Welt haben einseifen lassen? Was, wenn der Gesslerhut von heute die Maske ist? Viel Hellsicht bräuchte es dafür nicht. Das Pandemieregime ist eine politische Ausartung, die Lockdown-Maßnahmen sehr wahrscheinlich eine chinesische Unterwerfungsstrategie und die statistische Grundlage für all das ist eine Hexenküche, aus deren Topf je nach Gebrauch alles gezaubert werden kann, was sich brauchen lässt: mal der R-Wert, mal die Intensivbettenzahl, mal irgendein Modell, mal eine Zero-Covid-Strategie. Oder weiß man inzwischen mit welchen Ct-Werten (engl. *cycle threshold*, kurz Ct) die vielen Corona-Labore arbeiten? Mit diesem Wert wird angegeben, wie oft man eine Gensequenz vervielfältigen muss, um überhaupt etwas zu erkennen, was nach einem Virusteilchen aussieht. Ist es Zufall oder eine Verschwörungstheorie, dass die größten Maßnahmen-Befürworter in der Regel Leute sind, die von dem leben, was diejenigen, welche die Maßnahmen dann betreffen, erst erwirtschaften?

Am Ende wissen wir wenig, aber doch so viel: Die Menschheit hat bisher alle Pandemien überlebt, sonst gäbe es uns nicht. Und selbst wenn die Kritiker alles Vollidioten wären, müsste man konstatieren: Auch Idiotie hat die Menschheit bisher nicht umgebracht, ganz im Gegenteil, die Menschheit entwickelte sich unbeirrt weiter. Offenbar hat Idiotie einen evolutionären Sinn. Die Titanic galt übrigens offiziell als unsinkbar. Wer dies in Frage stellte, war zwar ein Verschwörungstheoretiker, aber mit jedem Grad, mit dem sich das Heck steiler in die Höhe neigte, wirkten sie etwas schlauer. Im Rettungsboot saßen sie als Erste. Wer bis ans Ende an die offizielle Wahrheit glaubte, nahm ein Bad im Eismeer. Liebe »Verschwörungstheoretiker« und sonstige »Covidioten«: Bitte lasst uns mit den Klugen und Allwissenden nicht allein.

27.04.2021

Die Deutschen leben in der besten DDR aller Zeiten[72]

Schauspieler kritisieren satirisch die Corona-Politik der Regierung – und die deutschen Medienapparatschiks bekommen Schnappatmung. Doch diesmal haben sich die Inquisitoren überhoben.

Es gibt so Sätze bei denen kam man zuerst ins Grübeln, bis man sie irgendwann nicht mehr hören konnte. Einer dieser Sätze lautet: »Wir leben in einem freien Land, in dem man sagen kann, was man will.« Diesen Satz lieben Mainstream-Journalisten, Rundfunk-Apparatschiks und sonstige Gatekeeper innigst, denn es ist ihr Freifahrtschein, bei jeder Gelegenheit Debatten zu verhindern und das freie Wort in den Würgegriff zu nehmen.

Gerade passierte es wieder. Über 50 deutsche Schauspieler, durchaus die Crème de la Crème des Fernsehens, wie Jan Josef Liefers, Ulrich Tukur, Volker Bruch und andere, haben in hintergründigen Video-Statements unter dem Hashtag #allesdichtmachen die Coronapolitik der Bundesregierung und die dysfunktionale Debatte darüber aufs Korn genommen. Die Aktion trifft ins Schwarze und leuchtet grell aus, was gerade aus dem Ruder läuft: das Informationsvakuum, die Expertokratie, die Kollateralschadenverharmlosung, die Bevormundung. Der Aufschrei war groß, erwartbar und wie immer lehrreich.

Doch wäre es nicht mal an der Zeit, die Konsequenzen daraus zu ziehen?

Im Kern geht es um Folgendes und es ist ja immer das Gleiche: Jemand sagt etwas Medien- und Regierungskritisches oder etwas, was der allgemeinen herrschenden Meinung widerspricht. Und der Eiertanz beginnt. Die Betroffenen werden verlässlich durch das Stahlgewitter der Zersetzungspropaganda gejagt, dass man die Uhr danach stellen kann: Kontaktschuld zu rechts! Guckt mal, wer euch applaudiert. Eine Prise Neid: Euch geht's doch noch sehr gut! Hm, vielleicht könnte man den Aufstand in Moralsoße ertränken? Na los: Das ist eine Verhöhnung der Opfer, der Pflegekräfte! Noch etwas DDR-Sprech: Seid ihr wirklich so naiv?

So schlägt man auf die Form (Satire), um nicht über den Inhalt sprechen zu müssen. Man diskutiert Deplatforming und Berufsverbot. Man droht hinter den Kulissen und zählt die Abweichler und Umfaller, die glauben, sich so noch retten zu können. Die kleine Schauspielerrevolte muss dringend eingedämmt werden! Worum es wirklich geht, hat Mitinitiator und »Tatort«-

Regisseur Dietrich Brüggemann auf Twitter auf den Punkt ge-bracht: »*Ja klar habe ich Respekt vor allen Ärzten und Pflegern. Ich habe auch Respekt vor all denen im Lande, die im Eimer sind und nicht mehr weiterwissen. Und jetzt möge mir mal einer erklären, warum das eine zwingend das andere erfordert. Und warum unsere ganze Gesellschaft in einer Art Kriegszustand sein muss, in der die gesamte Zivilgesellschaft strammzustehen hat und nichts anderes mehr wichtig ist als der Kampf gegen den einen, maximalen Feind. Und wer fragt, ob dieser Feind wirklich so maximal ist und ob man den vielleicht auch mit anderen, zivilen Mitteln bekämpfen könnte, der ist ein Leugner und Volksfeind und muss an die Laterne gehängt werden. Ihr merkt gar nicht, was für Reflexen ihr hier nachgebt, aber das ist Teil des Problems.*«[73]

Für diejenigen, für die das möglicherweise ein Novum ist, sei gesagt: So läuft es seit Monaten und Jahren in der besten DDR, die es in Deutschland je gab, und zwar egal bei welchem Thema, ob Migration, Klima oder jetzt eben Corona. Wer sich organi-siert, sei es in Wissenschaftsaufrufen, als Basispartei, in einer Abstimmungsinitiative als kritische Aktivisten, als kritische Staatsanwälte und Richter oder in Form von Unterschriftenlis-ten gegen Cancel Culture, wie es der Philosoph Gunnar Kaiser und ich mit einigen Mitstreitern im Spätsommer letzten Jah-res taten, bekommt den Gegenwind von denen zu spüren, die tatsächlich meinen, man könne Debatten durch Diffamierung der Protagonisten gewinnen. Es sind die bekannten Reflexe in der Rundfunk-Räterepublik, wo nannyhafte Apparatschiks über gute und schlechte Kunst bzw. gehorsame und ungehorsame Künstler glauben entscheiden zu können.

Bisher traf es Einzelne: Hach, der Wendler, na ja, Schlager-sänger und Trash-TV, den kriegt man leicht in die Idiotenschub-lade. In der Schweiz traf der Bannstrahl die Kabarettisten Marco Rima und Andreas Thiel. Dann hieß es: Nena auf Abwegen! Nun aber sind es über 50 bedeutende Schauspieler und die kriegt man nicht so schnell weg. Gut, manche davon waren leider PCR-positiv, sind also durchgefallen beim »*Political-Correct-ness-Responsitivity-Test*« als der Shit-Storm kam, was eben zeigt: Manche sind vielleicht doch eher Darsteller als Künstler. Vielleicht bekommen diejenigen, die sich sofort von sich distanziert haben noch den ein oder anderen staatlich alimentierten Job, Ersatzdienst an der Volks-Impffront zum Beispiel.

Nur eines bekommen wir alle nicht, weil es nicht sein darf und jeder mit Augen, Ohren und ein bisschen Restverstand kann es sehen: nämlich eine Debatte, die diesen Namen verdient. Überall nur die immer gleichen Talkshows, dieselbe kuratierte Meinungssoße. Die Diversität von heute ist so bunt wie der Ostblock früher grau war. In Rundfunk und Medien sind Hetz-Seilschaften am Werk, welche die gesellschaftliche Spaltung aktiv vorantreiben, damit eine realitätsferne Politikerkaste in ihren Irrtumsbunkern besser dasteht. Es ist eine eigene Priesterkaste der PR, es sind Politinfluencer, innerlich korrumpiert, eitel, machtgeil. Sie arbeiten nicht für den Leser, nicht für die Wahrheit, sondern für eine Ideologie des Korrekten, Guten und Unkritisierbaren. Bitte, danke, macht acht Milliarden Euro Rundfunkgebühr pro Jahr. Auf eines ist aber immer Verlass: Der Framing-Rundfunk hämmert sich bei jeder Debattenverhinderungs-Debatte einen weiteren Sargnagel in die Truhe.

Diese Aktion ist deshalb mehr als nur eine Protestnote von Schauspielern gegenüber einem immer übergriffigeren Pandemie-Regime. Sie hat das Potential, zum Sprengsatz für ein sklerotisches Medien- und Rundfunksystem zu werden. Es ist die Neuauflage des alten Kampfes von Kunstfreiheit gegen Kulturbürokratie. Es ist Zeit, den Spieß umzudrehen, liebe Schauspielerinnen und Schauspieler! Oder wer von euch hat ernsthaft Lust, gerade in einem System Karriere zu machen, in welchem bei Regierungskritik offen mit beruflichen Konsequenzen gedroht wird?

Ihr habt das Publikum. Also habt ihr Macht. Für Rundfunkbürokraten ist *Don Carlos* eine Rum-Marke. Für manche von euch ja vielleicht mehr. Oder um es mit Kurt Tucholsky zu sagen: »Nichts ist schwerer und nichts erfordert mehr Charakter, als sich in offenem Gegensatz zu seiner Zeit zu befinden und laut zu sagen: NEIN.«

15.07.2021

Wir brauchen einen Runden Tisch für die Meinungsfreiheit[74]

Die Mehrheit der Deutschen sieht die Meinungsfreiheit in Gefahr. Corona hat die Situation noch verschlimmert. Es ist höchste Zeit, den Debattenraum zu retten, bevor er vollständig kollabiert.

Sehen Sie nicht auch gerne ein spannendes und faires Fußballspiel? Zugegeben, eine eher rhetorische Frage, und zwar egal, ob Sie fußballbegeisterter Nationalelf-Trainer im Wartestand oder nur Gelegenheitsfan sind wie jetzt zu Zeiten der Europameisterschaft. Wie ein faires Spiel auszusehen hat, erkennt in Grundzügen auch der Laie. Wenn also den Spielern der einen Mannschaft die Schnürsenkel zusammengebunden und die Knöchel gebrochen wären, wäre das Spiel sicher eine unansehnliche Farce. Und wie ist es um die Fairness im öffentlichen Debattenraum bestellt? So ganz grundsätzlich?

Vor gut einem Jahr wurde in den USA der »Harper's Brief« von überwiegend linksliberalen Intellektuellen in den USA rund um Margaret Atwood und Noam Chomsky lanciert, welcher unter anderem vor zunehmendem Populismus und der Verengung des Meinungsspektrums warnte.[75] Im September 2020 folgte der von Gunnar Kaiser und mir veröffentlichte »Appell für freie Debatteräume«, der am Anfang dieses Buches abgedruckt ist. Die vielen Fälle von Diskursabbrüchen und öffentlichkeitswirksamen Ausschlüssen hat der Publizist Kolja Zydatiss kürzlich in dem lesenswerten Buch *Cancel Culture. Demokratie in Gefahr* zusammengefasst. Auf der Seite www.cancelculture.de ist zudem eine sich laufend erweiternde Datenbank mit Cancel-Fällen entstanden, eine Art Barometer des gesellschaftlichen Mobbings.

Was ist seit den Appellen passiert? Im Grunde strukturell nahezu überhaupt nichts. Die Cancel Culture hat nunmehr die Covid-Debatte befallen, der Kulturbetrieb ist seit Monaten fast gänzlich zum Erliegen gekommen. Statt um ausgeladene Kabarettisten, gestörte Seminare oder abgesagte Veranstaltungen geht es heute um Schauspieler, die unter Druck gesetzt werden, weil sie in Aktionen wie #allesdichtmachen mit künstlerisch-satirischen Mitteln Kritik am Regierungskurs üben, oder wie Eva Herzig ihr Engagement in einem TV-Krimi verlieren, weil sie sich nicht impfen lassen wollen.

Und natürlich geht es konkret um die vielen zensierten YouTube-Kanäle und massenhaft gelöschten Videos mit kritischen Inhalten zu den vielen Ungereimtheiten in Sachen Corona und allgemein um einen eingehegten Diskurs, der die Bezeichnung Diskurs schon gar nicht mehr verdient, es ist eher ein Schattenboxen. Es wirkt, als sei die bisherige Kuratierung des Meinungs- und Debattenspektrums durch viele, öffentlich-rechtliche wie privatwirtschaftliche Medien in Sachen Klima, Migration und Gender nun einfach auf das Corona-Thema übertragen worden. Die Republik hat sich in den letzten Jahren fleißig in Korrektheit geübt, jetzt ist der Ernstfall da. Laut einer aktuellen Allensbach-Studie waren die Deutschen noch nie so vorsichtig wie jetzt, ihre Meinung zu äußern.[76] Die Angst vor einer eigenen Meinung ist Teil des Mainstreams. Was sagt uns das?

Man kann viel über Meinungsfreiheit reden – oder man hat sie. Selten stimmte diese Aussage mehr als jetzt. Wir erleben seit geraumer Zeit ein absurdes Spektakel. »Ist die Meinungsfreiheit in Gefahr?« Über diese und ähnliche Fragen wird in Talkshows gerne hin und wieder gönnerhaft debattiert, als würde man einem zivilreligiösen Gottesdienst zur Feier der Demokratie beiwohnen. Doch es ist ein Götzendienst. Denn die einschlägigen Kritiker lässt man hierbei nahezu immer außen vor. Wenn es um Rassismus und Diversity geht, dürfen Betroffene in Talkshows selbstverständlich von ihren Erfahrungen berichten. Wenn es um die Verengung des Meinungsspektrums durch Löschung von Kanälen oder Videos auf YouTube wegen Kritik an Corona-Maßnahmen geht, hat die Diversity schnell ein Ende. Aber Hauptsache Karl Lauterbach »warnt« mal wieder und Frau Brinkmann gießt noch etwas Angstöl ins Feuer.

Das Problem grassiert in Zeiten von Corona nicht nur bei uns, sondern überall in ähnlicher Ausprägung. Die US-amerikanischen Biologen Bret Weinstein und Heather Heying, beide auch Mitglieder des »intellectual dark web«, einer losen Gruppierung von politisch nicht einheitlich verortbaren, im besten Sinne »freien Intellektuellen«, geben ein besonders eindrückliches Beispiel für den Zustand des Debattenraums in der westlichen Welt ab. Beide wurden erst 2017 unter fadenscheinigen Gründen aus dem Universitätsbetrieb geekelt und sehen jetzt ihre beliebten YouTube-Kanäle und Podcasts zensiert sowie von der Schließung bedroht. Erst rückte den beiden ein Mob aus identitätspolitisch verirrten, »woken« Studenten auf den Leib, während sich die Universitätsleitung wegduckte; jetzt sind es die Plattformen der sozialen Medien, welche ihnen ihre Tätigkeit erschweren. Das »Vergehen« von Weinstein und Heying: Sie hatten in ihren Podcasts unter anderem die Covid-Impfungen thematisiert sowie alternative, schulmedizinische (!) Behandlungsmethoden von Covid (zum Beispiel mit Ivermectin) diskutiert. All dies in unaufgeregtem Ton und nicht einmal besonders kontrovers.

Doch den Faktencheckern der großen Techplattformen war es schon zu viel. Jene wissen bekanntlich stets besser als zwei Naturwissenschaftler, worüber in Zeiten von Corona gesprochen werden darf. Woran liegt es, dass Weinstein und Heying ins Visier gerieten? Daran, dass die Inhalte nicht direkt von der Weltgesundheitsorganisation (WHO) abgesegnet sind, die sich seit Beginn der Pandemie als Amtskirche in Sachen Corona aufspielt und im Übrigen auch selbst Onlinekurse für Journalisten unterstützt, damit auch ja nichts mehr anbrennt?[77] Daran, dass Weinstein und Heying schon frühzeitig über die Hypothese gesprochen hatten, dass das Virus aus einem Labor in Wuhan entwichen sein konnte? Oder schlicht, weil das Medienangebot der beiden inzwischen hunderttausende Aufrufe hat? Besonders pikant ist der Fall von Robert Malone, dem Erfinder der mRNA-Technologie (englisch für messenger ribonucleic acid, also Boten-Ribonukleinsäure), die in einigen Covid-Impfstoffen nun erstmals zum Einsatz kommt. Malone bezeichnet die sich durch die mRNA-Impfung im Körper ausbildenden Spike-Proteine in einer Sendung von Weinstein als gewebeschädigend (»zytotoxisch«), was von den Faktencheckern vor kurzem als »falsch« gekennzeichnet wurde.[78] Weiß das Ei jetzt schon mehr als das Huhn? Und wo soll das enden? Nicht auszudenken, wo wir heute stünden, wenn Einstein vor 100 Jahren gewagt hätte, seine Relativitätstheorie auf Facebook oder YouTube zu veröffentlichen. Wenn bald jeder Debatte der Sauerstoff entzogen wird, kollabiert die fortschrittstreibende Funktion des Gedankenaustauschs. Diskurse kippen wie Tümpel und werden zu modrig-stinkenden Pfützen.

Auch in Deutschland kommen die Einschläge näher und näher. Die YouTube-Kanäle von freien Journalisten, wie Boris Reitschuster (knapp 250 000 Follower), sind auch in Deutschland immer wieder von der Schließung bedroht. Der Youtuber und Philosoph Gunnar Kaiser (fast 200 000 Follower) kann kaum mehr ein maßnahmenkritisches Interview hochladen, ohne den nächsten »Strike« zu kassieren. Inzwischen versucht er, die Schließung des Kanals dadurch zu verhindern, dass er die Videos für die Zensoren »entschärft«. Soll so die Zukunft der freien Information aussehen? Worin genau ein Verstoß besteht, erfährt man ja ohnehin nicht. Man kann heute als Youtuber ein existenzbedrohendes, faktisches Berufsverbot auferlegt bekommen, das sich hinter einem wolkigen Verweis auf Nutzungsbedingungen verbirgt. Die Journalistin Milena Preradovic kann ihre Interviews fast nur noch auf Bitchute, Lbry oder Odyssee veröffentlichen – die unzensierbaren Schwestern von YouTube und Vimeo. Ein Ken Jebsen, der inzwischen als Prüffall beim Berliner Verfassungsschutz geführt wird und das reichweitenstarke, crowdfinanzierte Medienportal KenFM betreibt, hat auf YouTube quasi virtuelles Hausverbot, unabhängig vom konkreten Inhalt. So viel zum Thema Schutz vor Fehlinformationen. Und all das geschieht natürlich in Zeiten einer immer lautstark betonten Diversity, Buntheit und Offenheit. Die Idee der Demokratie versinkt zunehmend in einem Morast von Heuchelei und Feigheit.

Man muss kein Freund oder Fan der genannten Protagonisten sein, um das Kernproblem zu verstehen: Eine Demokratie hört irgendwann auf, eine zu sein, wenn die Deutungshoheit darüber, was Wissenschaft, Journalismus oder eine faire Debatte ist, von einer Obrigkeit und ihren Helfern bestimmt wird, egal in welchen Mantel diese Obrigkeit auch immer schlüpft. Wenn der Rest der Medien diese Fälle auch noch beschweigt, entsteht zudem ein gesamtgesellschaftliches Problem mit langer Zündschnur: Das Zensierte sieht man nicht, weshalb es den wenigsten akut fehlt. In der Verhaltensökonomie kennt man dieses Phänomen der Sichtfeldverengung als »WYSIATI-Effekt« (»What you see is all there is«). Doch was man nicht sieht, spürt man irgendwann: In den Debatten macht sich erst Fadheit breit und später entsteht eine Fallhöhe zwischen veröffentlichter Meinung und der Realität, die für die etablierten Medien selbst ein massives Klumpenrisiko darstellt.

Korrekte Gatekeeper produzieren gerade Märtyrer der Meinungsfreiheit. Die neuen Ausgestoßenen verschmelzen dadurch zunehmend zu einer »kritischen Masse«, einer heterogenen Fraktion von Meinungsakteuren, die dem Mainstream Konkurrenz machen und gegenüber diesem Marktanteile gewinnen. Aus Sicht des Mainstreams ist es ein sicheres Verlustgeschäft: Dieser kämpft um seine Deutungshoheit und franst immer mehr aus. Die Fraktion der Paria kann trotz aller Zensur und Diffamierungsbemühungen nur gewinnen, vorausgesetzt, sie ist in der Lage, durchzuhalten. Dann allerdings ist es eine Wette mit zwei Gewinnmöglichkeiten, einer kleinen und einer großen: Füllt man die Lücken des gegenwärtigen Meinungsspektrums, arbeitet man wie in einem verlassenen Bergwerk mit Monopolstellung und schürft nach Information mit Seltenheitswert, für welche immer ein Bedarf besteht. Fallen dann zudem noch die vom Mainstream bewirtschafteten Narrative in sich zusammen, kommt es zum Domino-Effekt: Die Fraktion der Kritiker wird dann irgendwann selbst tonangebend, sie baut im Stil der schöpferischen Zerstörung ihr Reich auf den Ruinen des Alten auf, es kommt zu einer Staffelübergabe und irgendwann zur Herausbildung eines neuen Mainstreams.

Die in den arrivierten Medien eigentlich zu kultivierende Binnenpluralität, also die Einbindung der Kritiker in den normalen Marktplatz der Ideen, ist folglich gar kein Gnadenakt des Mainstreams gegenüber den »Schwurblern«, sondern eine Lebensversicherung der Etablierten, die den wahrscheinlichen Kollaps hinauszögern oder sogar verhindern kann. Es wäre nicht das erste Mal in der Geschichte, dass sich die Vorzeichen völlig umdrehen. Begriffe wie »Schwurbler«, »Verschwörungstheoretiker« oder »Covidiot« könnten eines Tages als Auszeichnung gelten und Journalistenpreise von heute als Urkunden von Konformismus und Duckmäusertum.

Meinungsfreiheit ist mehr als das, was im Grundgesetz theoretisch verbürgt ist. Zu einer freiheitlichen Gesellschaft gehört auch eine Kultur der freien Rede. Diese Kultur zeichnet aus, dass sie dazu einlädt, Rechte auch wirklich wahrzunehmen. In allen Diktaturen gibt es in der Theorie auf dem Papier auch Freiheiten, aber kaum jemanden, der das Risiko eingeht, sie wahrzunehmen. Der ugandische Despot Idi Amin wird mit dem Satz zitiert, er könne die Freiheit der Meinung garantieren – aber nicht die Freiheit nach der Meinungsäußerung. Was soll das für eine Freiheit sein, bei deren Wahrnehmung Konsequenzen drohen? Das ist ein Widerspruch in sich. Und was soll das überhaupt für eine Gesellschaftsordnung sein, die sich die Vorstellung von Freiheit eines afrikanischen Despoten zu eigen macht?

Man kann sicher noch viele akademisch angehauchte Diskussionsformate im Fernsehen zur Lage der Meinungsfreiheit veranstalten und sich dabei korrekt die Einstecktücher glattstreichen, während man gepflegt über Geschmacksfragen diskutiert – oder man könnte das Problem endlich mal ernst nehmen und lösen. Strukturell ist der Debattenraum inzwischen dysfunktional geworden. Entweder wird erwachsen über Sachfragen diskutiert – und zwar unter Einbezug selbst der kontroversesten Ansicht – oder man kann sich das Schattenboxen und Glasperlenspiel schlicht schenken.

Deutschland hat ursprünglich viel von den USA in Sachen Meinungsfreiheit gelernt: Die Idee, dass man Meinungsverschiedenheiten durch mehr als durch weniger Austausch von Meinungen löst (»more speech approach«), und der »Marktplatz der Ideen« gehören auch hierzulande zur gerichtlich gefestigten Freiheitsmatrix. Derzeit wird dieses Erbe miserabel verwaltet und mit Füßen getreten. Es ist der Zeitpunkt gekommen, an dem sich eine Gesellschaft ehrlich Rechenschaft darüber ablegen sollte, ob sie ihre Kernprinzipien überhaupt verstanden hat. Der gesellschaftliche Zusammenhalt ist in Gefahr, wenn Debatten nicht Katalysatoren für die Lösung von Konflikten sind, sondern trennende Schneisen zwischen Menschen ziehen. Zeigen wir, dass wir die Prinzipien im Kern vielleicht doch verstanden haben: Nicht mit einem neuen Appell, einer Petition oder einem weiteren scharfen Text aus irgendeinem Schützengraben. Versammeln wir vielmehr Vertreter von etablierten Medien, von alternativen Medien, von Ausgestoßenen und nicht zuletzt von Seiten des Publikums an einem neutralen Ort und klären die Konflikte, so wie man es am besten tut: durch Rede und Gegenrede in einem formalisierten, objektiven Verfahren. Wir brauchen einen Runden Tisch für die Meinungsfreiheit. Jetzt.

22. Januar 2022

Im Bannstrahl der Massenpsychose[79]

Seit Pandemiebeginn werden wir Zeugen eines massenpsychologischen Lehrstücks: Wie steckt man fast die ganze Weltbevölkerung in den Covid-Sack?

Wie bringt man eine ganze Bevölkerung unter gedankliche Kontrolle? Ein kleines Gedankenexperiment mag es veranschaulichen: Stellen wir uns einen Tisch mit Tischdecke vor. Der Tisch ist unsere Realität, die Tischdecke die geglaubte Realität und wir, die Bevölkerung der Erde, stehen alle zusammen auf dieser Tischdecke – und natürlich dem Tisch. Jetzt ziehen Akteure von Governance-Strukturen, großen Stiftungen, Expertenzirkeln, Regierungen, NGOs (Nichtregierungsorganisationen), Großkonzernen und Konzernmedien die Ecken und Enden dieser Tischdecke immer höher, bis sie den Sicht-Horizont der Tischdeckenbewohner gänzlich bedeckt. Wie leicht sind doch die Grenzen der Welt durch die Grenzen der Wahrnehmung zu bestimmen!

In dieser künstlichen Umwelt, dem Kokon der Medienrealität, lebten wir schon vor der Pandemie. Dieser Kokon ist zugleich Element einer Herrschaftsform, die sich aktuell in einer in historischen Maßstäben nie dagewesene Herrschaft von sehr wenigen über sehr viele artikuliert. Doch erst durch die Pandemie wurde der Sack quasi »zugemacht«. In der Pandemie zählt zum

Beispiel, was die WHO sagt. Sie bestimmt durch den Inhalt der Begriffe (und ihre willkürliche Abänderung!) zugleich die Realität. Sie gibt auf der ganzen Welt vor, was eine Pandemie ist, was Herdenimmunität ist, was eine Impfung ist, wer als Covid-Toter zu gelten hat und was auf der ganzen Welt als wahr oder falsch zu gelten hat.[80]

Mehr globale Definitionsmacht in den Händen weniger (und ihrer Geldgeber) war nie. Und was soll man sagen? Die globale Gesellschaft hat bisher darin versagt, eine angemessene Antwort darauf zu finden. Denn was Realität ist, bestimmen bekanntlich Massenmedien. Sie haben die Macht, die Aufmerksamkeit auf nur ein Thema zu lenken und es dadurch erst groß zu machen. Massenmedien sind Massenablenkungswaffen – »weapons of mass distraction« – und nicht nur im Krieg (aber da besonders) werden Journalisten zu Magiern der Moderne: Sie können Dinge aus dem Nichts erschaffen oder zum Verschwinden bringen.

Die gesamte Welt hängt gerade im fabrizierten Realitätssack fest, sie strampelt und ruft und kommt doch nicht raus. Wie soll man auch erkennen, was sich außerhalb des Sacks abspielt, wenn man drinsteckt? So entsteht der Eindruck einer einzigen Realität, eines einzigen Problems, einer einzigen Lösung, getragen von einer vermeintlichen Mehrheit einer hypnotisierten Masse.

Das Thema »Psychologie der Massen« ist nicht neu, aber es wurde noch nie in der Geschichte als globales Schurkenstück aufgeführt, überall zur gleichen Zeit, in der fast gleichen Intensität – eine schier unglaubliche Synchronisationsleistung. Im Laufe der Zeit wurde das Thema Massenformation durch viele Interpretationen gestaltet:

Bei Gustave Le Bon (*Psychologie der Massen*), der das Thema als Erster popularisierte, steht die Verdummung des Einzelnen in der Masse im Vordergrund. Als Individuum kann der Einzelne noch so intelligent sein, in der Masse setzt das Denken aus. Bei Freud *(Massenpsychologie und Ich-Analyse)* steht, wie könnte es anders sein, die libidinöse Beziehung zur Führungsperson im Vordergrund. Erich Fromm sieht psychologisch ein »autoritäres Gewissen« am Werk, welches die eigene innere Stimme, das »humanistische Gewissen«, zum Verstummen bringt und überlagert. Bei Elias Canetti (*Masse und Macht*) fürchtet der Mensch die Berührung mit dem Unbekannten und wird erst in der Masse von diesem Berührungsgefühl erlöst. Wenn andere die gleiche Furcht teilen, wird sie dem Einzelnen vertrauter. Das Unbekannte spiegelt sich in den vertrauten Gesichtern der vielen, wird erfahrbar, sichtbar und dadurch weniger unbekannt. Die Masse als Projektionsfläche eines Phänomens dient der Entlastung des Einzelnen. Die Masse sediert und beruhigt das Gewissen.

Mattias Desmet *(The Psychology of Totalitarianism)*, Professor für Psychologie an der Universität Ghent, denkt insbesondere Canetti psychoanalytisch und sozialpsychologisch weiter, ohne ganz auf den Gedanken Le Bons von der Steuerbarkeit und Manipulierbarkeit der Massen zu verzichten. Desmet dürfte derzeit weltweit wohl der sichtbarste Forscher zu diesem Phänomen sein. Er bringt besonders deutlich auf den Punkt, wie Massenformation entsteht und warum sie so unglaublich perfide und effektiv ist.

Es gibt also eine Ebene der Voraussetzungen und eine Ebene der Folgen, die voneinander zu unterscheiden sind. Auf der Ebene der Voraussetzungen sind vier Elemente für eine Massenformation notwendig. Diese bilden sozusagen den Nährboden: Isolation; das Gefühl der Bedeutungslosigkeit; ein freischwebendes, diffuses Angstlevel; eine sich aufbauende Aggression.

Bei Isolation mögen viele an Lockdowns und an das Social Distancing denken, aber genau genommen sind diese Phänomene nur die pandemiebedingte Spitze des Eisbergs. Anonyme Städte, Singlehaushalte, das Ausbluten von Vereinsstrukturen und das Verschwinden von Orten der Begegnung – gehörte das nicht auch schon vor Corona zur Isolation dazu? Das, was unter dem Begriff der Fragmentierung oder Atomisierung der Gesellschaft schon vor Jahren beschrieben wurde – förderte es nicht zugleich das Gefühl der Bedeutungslosigkeit? Die ständige Angstspirale in den Medien, egal ob Kalter Krieg, Waldsterben, Ozonloch, Tschernobyl, Arbeitslosigkeit, Terrorismus, Klimaerwärmung bis hin zu Corona – war das Geschäftsmodell der Medien, salopp gesagt, schon seit Jahren je etwas anderes als die Erzeugung von Beklemmung und die Erhöhung diffuser Angstlevel? Das Verrohen der Alltagssitten, die gestiegene Gereiztheit, war sie nicht schon vor Corona ein Thema gewesen? Es braucht insgesamt wenig Phantasie, eine Massenformation zu erkennen. Die eingangs beschriebene Tischdecke, sie faltete sich schon vor der Pandemie über ganzen Gesellschaften zusammen.

Besonders eindrücklich zeigt sich Desmets Theorie der Massenformation jedoch erst auf der Ebene der Folgen. Erst hier greifen unterschiedliche soziale und sozialpsychologische Phänomene wie Zahnräder ineinander. Erst hier entfaltet sich die fast unentrinnbare Wirkung einer herrschaftlich orchestrierten Mechanik, welcher der unbedarfte Einzelne fast nicht entrinnen kann.

Im Kern kann man hier erneut vier Schritte auseinanderhalten. Erstens, es braucht immer ein Level der Angst in der Bevölkerung. Angst ist die Basis von allem. Dieses Level der Angst wird in der Bevölkerung bewusst erzeugt und anschließend genutzt. Angsterzeugung ist ein Geschäftsmodell des Medienbetriebs. Der Kognitionspsychologe Rainer Mausfeld ist sogar der Ansicht, dass es nur einen Grund für den Menschen gibt, überhaupt Zeitungen zu lesen: Er möchte wissen, ob die eigene Mikrowelt bedroht ist.[81]

Zweitens, in dieser Stimmung der latenten und diffusen Grundängste taucht nun ein kollektives Angstobjekt auf (oder wird erzeugt). Etwas, vor dem sich alle rationalen Menschen zumindest zu sorgen haben. In unserem Fall ist es die Pandemie. Horrorbilder von kollabierenden Menschen, das Panikpapier des deutschen Bundesministeriums des Innern und für Heimat (BMI) von der bewussten Panikerzeugung in der Bevölkerung, ein nicht enden wollender Strom von Nachrichten. Die »Pandemie der Panik« ist gut dokumentiert.[82]

Drittens, die Grundangst, so diffus und unterschiedlich sie sein mag, heftet sich nun an die gemeinsame kollektive Angst. Man kann sich diesen Vorgang wie bei einem chemischen Prozess vorstellen, bei dem eine Vielzahl kleiner, frei umherschwebender Elemente durch eine herbeigeführte Reaktion sich plötzlich ausrichten und an ein einziges großes Element andocken. Den vielen latent Ängstlichen kommt die eine Kollektivangst nun unterbewusst gelegen. Sie können ihre diffuse Angst plötzlich erklären, sind nicht mehr allein und erleben die psychologische Entlastung (hier schließt sich ein Kreis mit Canetti). Die Hauptangst ist nun gesamtprägend und richtet die Befindlichkeit des Einzelnen nach einer Haupt- oder Kollektivbefindlichkeit aus. Das Denken formiert sich, die Masse entsteht.

Viertens, nun wird der Sack zugemacht und der perfide Mechanismus wird in Gang gesetzt. Denn nun werden von der Politik Lösungen präsentiert, wie die Kollektivbedrohung zu meistern sei. Maskenpflicht, AHA-Regeln, Social Distancing. Es beginnt mit eingängigen Vorsichtsregeln, die jedem einleuchten: Hände waschen, anderen nicht ins Gesicht niesen, in die Armbeuge husten. Derartige Maßnahmen sind jedem vermittelbar, denn Vorsicht ist besser als Nachsicht, denkt selbst der massenpsychologisch nicht formatierte, individuell denkende Mensch.

Für die sich formierende Masse vollzieht sich jedoch noch ein anderer Mechanismus. Nicht nur sind die Maßnahmen für diese vernünftig und nachvollziehbar. Für sie kommt es zudem zu einer Überlappung der Grundangst mit der Kollektivangst und dann zu einer Delegation der Lösung der Kollektivangst auf die Politik, in der Hoffnung – ob bewusst oder unterbewusst – damit auch die diffuse, persönliche Grundangst loszuwerden. Der Politiker ist nun ein Retter. Und je krasser die vermeintlichen Rettungsbemühungen formuliert sind, desto mehr jubeln die Ängstlichen. Wer schon mal an einer Angststörung gelitten hat (ich spreche hier aus eigener, leidvoller Erfahrung) oder jemanden kennt, der weiß: In einer solchen Situation ist man für fast jede Lösung empfänglich.

Dies ist das psychologische Stadium, in welchem man von einer »Massenformation« sprechen kann. Zur Bekämpfung der Hauptangst scheint nun jedes Mittel recht und die Spirale fängt an, sich zu drehen. Jedes bisher noch so unvorstellbare Heilsversprechen wird nun als adäquates Mittel zur Bekämpfung der Kollektivangst nicht nur diskutiert, sondern auch akzeptiert. Plötzlich sperrt man Gesunde in ihre Wohnungen ein, verbietet selbst Spaziergänge im Freien, es gibt nächtliche Ausgangssperren. Das Instrumentarium autoritärer oder totalitärer Regime wird ohne größere Gegenwehr durch die Bresche der Massenpsychose wieder eingeführt.

Die wirrsten Ideen der Vergangenheit scheinen plötzlich salonfähig. Wer all dies mit nüchterner Distanz betrachtet und mit dem Zustand von vor zwei Jahren vergleicht, kann fast nicht anders, als sich vorzustellen, dass nun alles möglich ist. Oskar Lafontaine hat dies in einer Folge von #allesaufdentisch gesagt. Wenn jemand mit dem Vorschlag käme, dass nun alle Ungeimpften auf eine einsame Insel zu verfrachten seien, bekäme dafür womöglich eine Mehrheit. Der Soziologe Heinz Bude, einer der Experten, die das Bundesinnenministerium im Frühjahr 2020 zum berüchtigten »Panik-Papier« berieten, nahm in Bezug auf die Insel-Lösung sogar das Wort Madagaskar in den Mund. Auch die Nazis hatten ursprünglich den Plan, alle Juden nach Madagaskar abzuschieben, wie das Netzwerk Kritischer Staatsanwälte bemerkte.[83]

Die Lage ist ernst, doch nicht ausweglos. Denn so wie die Situation der Massenpsychose von Menschen verursacht wurde, kann sie auch von Menschen aufgebrochen werden. Ob die Mittel der Lösung jedoch die richtigen sind, ist eine andere Frage.

Was zuerst Hoffnung macht, ist der Blick auf das Angstkollektiv selbst, welches Mattias Desmet ebenfalls analysiert. Dieses Angstkollektiv ist zwar eine Mehrheit, aber eine in sich schwache, brüchige. Es ist eine kaum reflektierende, amorphe Masse. Kurz gesagt: 30 Prozent der Menschen (Ältere, Kranke, latent Ängstliche) hat man sofort in der Tasche, egal was man als Politiker in die Hirne hämmert. Weitere 40 Prozent machen einfach nach, was die ersten 30 Prozent tun. Fertig ist die Mehrheit. Danach wird es komplexer. Etwa 15 Prozent lassen sich gegen ihren Willen irgendwann weichkochen, sind aber nicht wirklich überzeugt. Die letzten 15 Prozent lassen sich gar nicht brechen, und davon vielleicht drei bis fünf Prozent leisten aktiven Widerstand. Es besteht also schon rein rechnerisch die Möglichkeit, die 40 Prozent Mitläufer einfach wieder umzudrehen.

Die Lösung von Desmet mag (mich zumindest) nicht zufriedenstellen, aber sie erklärt, wie stark Ängste wirken können. Konkret meint Desmet, dass ein Ausweg aus der Angstpsychose am ehesten durch einen Angstwechsel gelingen könnte. Wenn die Menschen mehr Angst vor Totalitarismus als vor der Pandemie hätten, wäre die erste Angst besiegt, der Panik-Kult würde zerbrechen.

Mich erinnert das ehrlich gesagt etwas an die berüchtigte Heilmethode Freuds, die er bei Morphin-Abhängigen erfolgreich anwendete. Er verabreichte ihnen Kokain. Mit der Folge, dass diese dann kokainabhängig waren. Ich meine, dass in diesem Fall vielleicht nicht unbedingt Gleiches mit Gleichem zu bekämpfen ist (zumindest widerstrebt es mir), sondern mit dem Gegenteiligen. Und das Gegenteil von Angst ist Humor. Wer lacht, ist unfähig dazu, Angst zu empfinden.

Es braucht vielleicht einfach nur mehr Satiriker, die sich trauen, ihr lustiges Metier wieder ernst zu nehmen; selten war es wichtiger, auch wenn allen gerade nicht zum Lachen ist. Marco Rima aus der Schweiz ist sicher einer der ganz wenigen, der noch nicht durch Angst berufsunfähig geworden ist.

Lisa Fitz ebenfalls. Und kürzlich scheint auch Serdar Somuncu aufgewacht zu sein. Aber zugegeben: Es ist schwer, die tägliche Realsatire zu überhöhen.

23. Januar 2022

Liebe Journalistenkollegen: Sorry, für was genau wollt ihr jetzt mehr Geld?[84]

Anstatt per Mediengesetz dem Steuerzahler noch mehr Geld abzuknöpfen, sollten sich Journalisten lieber mal über ihr Kollektivversagen in der Pandemie Gedanken machen.

Haben Sie es auch gelesen in den letzten zwei Jahren? Die ganzen kritischen, mehrseitigen Reportagen und Sonderberichte zum Thema Corona? Nein? Seltsam, ich nämlich auch nicht. Doch in Kürze soll der Schweizer Steuerzahler für diese Meisterleistung weitere knapp 180 Millionen Franken jährlich über die journalistische Zunft ausgießen, wenn nicht die Bürger am 13. Februar das Mediengesetz mit einem »Nein« stoppen.[85] Sorry, liebe Journalistenkollegen: Für was genau wollt ihr jetzt mehr Geld vom Staat? Man könnte die letzten zwei Jahre kurz und bündig mit Kurt Tucholsky zusammenfassen: »Erst denken sie nicht und dann drücken sie's schlecht aus.«

Journalisten sind (für die, die es nicht wissen): Zauberlehrlinge. Sie können nämlich Dinge herbeizaubern oder zum Verschwinden bringen. Leider nur geschehen ihnen beim Zaubern ständig Missgeschicke. Denn das, was sie wegzaubern wollen, taucht irgendwo anders wie ein böser Fluch trotzdem auf und lässt sie dann etwas dumm aussehen. Und das, was sie unbedingt herbeizaubern wollen, daran müssen sie selbst erst einmal glauben. Das gelingt leichter, wenn sie es zur Sicherheit gleich selbst in die Zeitung reingeschrieben haben. Besonders putzig wirken die Zauberlehrlinge, wenn sie sich dazu erheben, etwas »einzuordnen«. Das ist dann der Moment, in dem der verwuschelte Abbrecher eines Geistes-Gender-Kulturstudiengangs entscheiden darf, welcher Professor für Virologie ein Idiot und welcher ein Halbgott ist.

Machen wir uns nichts vor: Der Journalismus in Sachen Corona ist ein Totalausfall. Für Kollektivversagen überhaupt (und auch noch mehr) Geld vom Steuerzahler zu wollen, ist infam. Das Mediengesetz ist ein weiterer Sargnagel in die Truhe der freien Wahrheitsfindung. Was staatlich gesponsert werden muss, ist schon davor schlecht gewesen und wird durch mehr Geld nur noch schlechter. Wenn der Leser mehr offene Fragen hat, als der Journalist bereit ist an möglichen Antworten zu liefern, ist nicht die Nachfrageseite das Problem. Dann ist das Angebot lausig.

Kritische Berichterstattung zu Corona muss man in Zeitungen, Magazinen und dem Staatsfernsehen mit der Lupe suchen. Es ist nicht so, dass es besonders schwierig wäre, die Ungereimtheiten zu finden. Es gibt zahlreiche Seiten mit Daten und Fakten, denen man nachspüren kann, sowie Auflistungen von Studien, die man durchforsten könnte.[86] Dokumentarfilme, wie »Planet Lockdown«, bieten ein breites Feld offener Fragen, ebenso der auf YouTube gelöschte Film des Privatsenders ServusTV über Impfschäden.[87] Die zahlreichen offenen Fragen hat vor einiger Zeit der Mitarbeiter des deutschen Südwestrundfunks, Ole Skambraks, im Multipolar-Magazin notiert (»Ich kann nicht mehr«).[88] Wie wachsweich und unterwürfig der Journalismus gegenüber den Regierenden geworden ist, zeigte zuletzt das Bekenntnis zur regierungstreuen Berichterstattung von Ringier-CEO (Chief Executive Officer) Marc Walder oder die kleinlaute Entschuldigung einer dänischen Zeitung für ihre kritiklose Berichterstattung.[89]

Das Mediengesetz ist jedoch nur ein Baustein im Gesamtbild des Grauens. Es ist längst überfällig, einmal über die Grundsatzfragen zu sprechen: Was läuft im Journalismus genau schief, wenn ihm die Leser und zunehmend auch die Mitarbeiter davonlaufen? Diese Diskussion ist auch deshalb nötig, weil auf die ganze Branche ein Tsunami zurollt, der sich nicht in Abonnentenvergraulung oder Anzeigenschwund klassifizieren lässt. Es ist ein Tsunami des Vertrauensverlustes und die große, offene Frage von normalen Bürgern wird lauten: Was habt ihr eigentlich die letzten zwei Jahre beruflich gemacht?

Sagen wir es, wie es ist: Der Kernvorwurf an den Journalisten besteht darin, dass er intellektuell korrumpiert ist. Und das war schon so, bevor Regierungen in die Steuerschatulle gegriffen haben oder ein Bill Gates über 300 Millionen in Medienbetriebe pumpte. Der *New York Times*-Journalist John Swinton hat seiner Zunft schon 1875 vorgeworfen, »geistige Prostituierte« zu sein. Es besteht eben ein lausiges Anreizsystem für guten Journalismus. Man muss sich an den richtigen Stellen ein wenig dumm stellen und an den entscheidenden Stellen besonders dumm – dann hat man gute Aussichten auf eine Karriere in einem Medienbetrieb. Der Investigativ-Journalist Upton Sinclair wusste schon 1935: »Es ist schwierig, einen Menschen dazu zu bringen, etwas zu verstehen, wenn sein Gehalt gerade davon abhängt, dass er es nicht versteht.«[90]

Der große Irrtum des heutigen Journalisten liegt darin, dass er glaubt, für ein Medienhaus oder einen Verlag zu arbeiten. Das ist so, wie wenn ein Arzt glaubte, er arbeite für die Pharmaindustrie, oder ein Rechtsanwalt, er arbeite für das Justizsystem. Nein, der Journalist arbeitet einzig und allein für den Leser. Zur charakterlichen Grundausstattung des Journalisten gehört deshalb vor allem eines: Mut. Erst aus der Summe mutiger Einzelpersonen entsteht das, was man die vierte Gewalt nennen kann. Der Rest betreibt Schönfärberei und Illusionsmalerei. Ein Joseph Pulitzer verdiente sich seinen Ruf durch investigative Recherchen im Lokalen, also dort, wo der Filz anfängt. Dass heute ein Preis nach ihm benannt ist, liegt daran, dass sich einige früher vor seiner spitzen Feder fürchteten. Heute fürchten sich Mächtige allenfalls noch vor Wikileaks. Ein Julian Assange verrottet für das Aufdecken von Staatsverbrechen in einem britischen Gefängnis.

Stellen wir uns mal vor, es gäbe ab morgen keine Medienunternehmen mehr, keine Verlage, kein Staatsfernsehen, keine Medienmäzene, kein »sponsored content«, kein Anzeigengeschäft. Wer die Spur des Geldes im Journalismus zurückverfolgt, landet dann beim »Honorar« und in diesem Wort steckt das lateinische Wort »honor«: Ehre. Fragen wir uns doch mal: Wie wäre es um den Prozess der Wahrheitsfindung bestellt, wenn der Medienmarkt einzig und allein ausdrücken würde, wem in Anerkennung für erbrachte journalistische Leistung Ehre gebührt? Wie viele Journalisten würden überleben, wenn sie nur noch von ihrer Ehre leben müssten, also von dem, was ihnen der Leser direkt durch Anerkennung der gebrachten Leistung gibt?

Das Referendum zum Mediengesetz war letztlich erfolgreich. Die Stimmbürger in der Schweiz lehnten höhere Förderungen für die Presse mehrheitlich ab.

6. März 2022

In den Fängen der Zwangsbekenntnisgemeinschaft[91]

Eine Runde Russenhass gefällig? Eine Gesellschaft, die keine Grautöne mehr kennt, ist zwangsläufig totalitär.

Es hat einen ja schon zu Pandemiebeginn gewundert, wie schnell es ging. Ist es Ihnen auch aufgefallen? Plötzlich war der islamistische Terror weg. Und das nicht nur so ein bisschen weg, sondern gänzlich weg. Vermutlich von Corona dahingerafft. Oder machte der IS aus Pandemie-Pietät kurz mal Pause? Nun, das mediale Kaleidoskop hat sich gerade erneut gedreht. Im Fensterchen »safe to hate« erscheint, wie auf dem Plattenteller einer Jukebox, nach dem Mann mit Bart und Turban und dem Querdenker jetzt der Feind aus der Mottenkiste: »der Russe«.

Mit dem neuen Feindbild verlagert sich sogleich die Solidaritätsindustrie. Das Tugendmäntelchen hat die Farbe gewechselt, von arztkittelweiß auf Tarnfleck mit gelb-blau-Merchandising. Es ist ein bisschen so wie bei Carola Rackete, der Seenotrettungskapitänin, die ganz fix auf grüne Weltrettung umgeschult hatte. Auch auf Facebook und anderswo hat das Ukraine-Cheerleading bereits begonnen. Nichts gegen echte Anteilnahme und Hilfe für Kriegsflüchtlinge, natürlich. Doch es beschleicht einen die Vermutung, die neuen Ukraine-Fans sind so ziemlich die gleichen Leute, die vor zwei Jahren frenetisch für die Pflegekräfte auf Balkonen geklatscht haben, bevor sie ebendiesen mit einer Impfpflicht in den Rücken traten. Statt Inzidenzzahlen, die niemand versteht, gibt es jetzt ukrainische Städtenamen, die keiner kennt. Während woanders ein echter Krieg tobt, den wir – wie immer – nur als Krieg der Bilder und Meldungen kennen, kann es sich der westliche Zuschauerdemokrat gerade an der Heimatfront des Hasses und der Heuchelei gemütlich machen.

Nach der Corona-Cancel-Culture, deren prominentestes letztes Opfer übrigens der Chef einer deutschen Betriebskrankenkasse ist, der vor stark erhöhten Impfnebenwirkungen warnte und daraufhin seinen Job verloren hat[92], ist jetzt die Russen-Cancel-Culture an der Reihe. An der Uni Mailand sollte vor kurzem eine Vorlesung über Dostojewski ausfallen. In München wurde der Dirigent Valery Gergiev geschasst; gerade werden die Auftritte von Anna Netrebko weltweit storniert. Wer sich nicht schnell genug von Putin distanziert, ist weg vom Fenster. Die deutsche SPD hat schon mal ganz pflichtschuldig den Kaffeebecher Gerhard Schröder aus ihrem Shop entfernt.[93] Der Ex-Kanzler lobbyiert ja seit Jahrzehnten für Gazprom. Kommt als nächstes der Parteiausschluss? Den Kaffeebecher mit Karl-Marx-Konterfei »Auf einen Kaffee mit Karl« gibt es übrigens noch. Ja, es geht immer noch etwas lächerlicher.

Das erste Opfer des Krieges, sagen manche, sei die Wahrheit. Dabei ist es die Neutralität. Wer die Schablone »Krieg« über die Gesellschaft zieht, lässt nur noch die Unterscheidung in Freund und Feind gelten. Die Demokratie, die stets von Nuancen, Grautönen und Alternativen lebt, wird medial in eine Zwangsbekenntnisgemeinschaft umgewandelt. Jeder, der ein Facebook-Profil hat, melde sich bitte sofort bei seiner zuständigen Propaganda-Einheit. In einer solchen Situation bräuchten wir mehr Komplexitätskompetenz statt großspuriger Gewissheitsbekundungen. Neutralität bedeutet übrigens nicht Gleichgültigkeit oder totale Parteilosigkeit. Neutralität ist vor allem das souveräne Recht auf Freiheit von Zwangsbekenntnissen. So wie es übrigens zur Meinungsfreiheit gehört, keine Meinung zu haben oder eine bestimmte äußern zu müssen.

Das Stratagem Nummer sechs der chinesischen Listenlehre lautet: »Im Osten lärmen, im Westen angreifen.«[94] Der Gewinner seit zwei Jahren ist bei allem ganz klar China. Egal, was passiert: Lockdowns, Test- und Impfpflicht, Ausweitung der Überwachungsmethoden oder jetzt der Krieg in der Ukraine. All das nützt China, im Stillen den Gipfel als neue Weltsupermacht zu erklimmen. Während alle gerade dem Blutvergießen in der Ukraine zuschauen, blutet der Westen selbst aus. Die Inflation schnellt hoch, der Mittelstand geht vor die Hunde, die eigene Identität verschwimmt, die westlichen Werte zählen nur noch im richtigen Lager.

Der Krieg ist längst in den Köpfen, längst in den Herzen, er tobt mitten unter uns, global und unter dem Deckmantel der Pandemiebekämpfung. Es ist ein Krieg gegen den Bürger des Westens, den es offiziell nicht geben darf. Wie praktisch, dass

es jetzt einen echten, sichtbaren Krieg gibt, der genau davon ab-
lenkt.

Jetzt fehlt eigentlich nur noch eine extrem ansteckende Rus-
sen-Mutante, die durch eine Cyberattacke in die Welt kommt
und durch russisches Gas und russischen Wodka in der ganzen
Welt verbreitet wird.

II. Verengte Räume

24. April 2021

Der Souverän lässt sich nicht einsperren[1]

Es reicht. Mit der Verhängung von Ausgangssperren hat die Bundesregierung eine weitere rote Linie überschritten.

»Bitte bleiben Sie zu Hause« – das war letzten Herbst die Bitte der Bundesregierung an die Bevölkerung. Aus der Bitte ist seit letzter Woche ein Befehl geworden. Nun heißt es: »Niemand verlässt den Raum!« Man kann sich seit derzeit nur verwundert die Augen reiben darüber, was gerade passiert. Denn wenn man die neue Regelung mal eindampft, bedeutet sie nichts weiter als: Wenn mehr als 0,1 Prozent der Bevölkerung bei einem Test auf das Virus positiv anschlagen, sollen auch die restlichen 99,9 Prozent der Bevölkerung zwischen 22 und 5 Uhr das Haus nicht mehr verlassen dürfen.

Eingesperrt in der eigenen Wohnung. Corona-Knast in den eigenen vier Wänden. Strafandrohung bei Verlassen der Wohnung. Geht's noch? Während in den Nachbarländern gelockert wird, operiert die Bundesregierung mit dem Holzhammer autoritärer Regime. Ausgangssperren atmen den modrigen Hauch der Diktatur. Wer zu diesem Mittel greift, misstraut dem Bürger und hat deshalb selbst maximales Misstrauen verdient.

Grundrechte sind keine Speisekarte, aus der man erfährt, was gerade im Angebot ist, nach dem Motto: »Ich jogge nicht nach

24 Uhr, also ist es mir egal.« Die Bewegungsfreiheit, allgemeine Handlungsfreiheit oder mobile Freizügigkeit sind basale Grundrechte, für deren Einschränkung es gewichtige Gründe braucht. Ist denn das Virus besonders nachtaktiv? Finden nachts große Menschenaufläufe statt, die Pandemietreiber sind? Nichts von alledem. Es macht keinen Sinn, Menschen zur normalen Schlafenszeit am Betreten der Straße oder sogar ihres Gartens zu hindern, nur um sie dann morgens in vollen Bahnen und Bussen zu ihren Großraumbüros zu karren, wo sie sich seltsamerweise aber auch nicht in Massen mit Corona anstecken. Wie man es dreht und wendet: Es ergibt keinen Sinn. Angela Merkel hat Recht: Wir sind in einer »neuen Pandemie«.[2] Aber nicht wegen irgendeiner Mutante. Wir sind in einer Pandemie der willkürlichen Panik-Politik.

Klingt nach schwurbeliger Polemik? Wenn der Staat Entscheidungen trifft und Maßnahmen verhängt, die auf sachfremden Erwägungen beruhen, oder wenn sachliche Gründe schlicht fehlen, nennt der Jurist das nun mal so, weil es das ja ist: »Willkür«. Was also will diese Bundesregierung? Den Geduldsfaden der Bevölkerung testen? Ausprobieren, wieweit Menschen bereit sind, auch sinnfreie Maßnahmen gehorsam zu befolgen? Die Exekutive bewegt sich gerade auf dem dünnsten Eis, das es gibt. Sie ist dabei, in einem politischen Dauerexzess das Restvertrauen der Bevölkerung zu verspielen. Willkürliche Regelungen müssen nicht befolgt werden. Es ist zudem zu erwarten, dass Gerichte diese Maßnahmen schnellstmöglich kippen.

Je einschneidender staatliche Maßnahmen sind, desto höher ist die Begründungsdichte. Der Staat handelt nicht im luftleeren Raum, sondern ist an Recht und Gesetz gebunden. Handelt der Staat willkürlich, bewegt er sich außerhalb der Rechtsordnung und verletzt neben den genannten Grundrechten auch noch das Rechtsstaatsprinzip aus Artikel 20 des Grundgesetzes, einer ehernen, unveränderlichen Norm. Diesem Prinzip entspringt unter anderem der Verhältnismäßigkeitsgrundsatz, der sich wie ein Leitfaden durch die gesamte Rechtsordnung zieht. Staatliche Maßnahmen müssen nicht nur evidenzbasiert, klar und nachvollziehbar sein. Sie müssen, wenn sie in Grundrechte eingreifen, einen legitimen Zweck verfolgen und diesbezüglich geeignet, erforderlich und in Abwägung mit den eingeschränkten Grundrechten ausbalanciert sein. So lernt es der Jurist im ersten Semester in der Staatsrechtsvorlesung.

Vor 40 Jahren verhängte das kommunistisch regierte Polen den Kriegszustand »zum Schutz der Bevölkerung«, Ausgangssperren inklusive. Meine Eltern verließen damals mit meinem Bruder und mir das Land. In der Rückschau waren diese Maßnahmen der Anfang vom Ende der kommunistischen Herrschaft in Europa. Vielleicht sollte die Bundesregierung anfangen, ihre Maßnahmen vom Ende her zu denken? Der Bürger als demokratischer Souverän lässt sich nicht einfach aus fadenscheinigen Gründen einsperren.

8. Oktober 2021

#allesaufdentisch: Die Gedanken sind frei und Mut ist ansteckend[3]

Der Mainstream reagiert auf #allesaufdentisch mit #einfachmaldummstellen. Doch was, wenn kritische Künstler und Wissenschaftler nun keine Ruhe geben?

Angenommen, Sie haben einen Lieblingsitaliener und genießen dort seit Jahren schon immer die besten Spaghetti Bolognese. Doch irgendwann kippt die Begeisterung in ihr Gegenteil, die Qualität wird schlechter, die Magie des Genusses ist weg. Sie stellen den Koch zur Rede, doch das Gespräch gestaltet sich schwierig. Man redet aneinander vorbei. Wenn Sie »verkochte Nudeln« sagen, sagt der Koch, »ist Tradition«. Auf »Analogkäse«

hören Sie nur: »Ist doch auch Käse!« Und irgendwann sagen Sie den Satz der Sätze: »Das ist keine Bolognese.« Und die einzige Antwort, die Sie bekommen, lautet: »Doch, denn ich koche das immer so.« Erfahrung heißt gar nichts, meinte mal Tucholsky: Man kann seine Sache auch 35 Jahre schlecht machen. Heißt in unserem Beispiel: Auch tausende falsche Spaghetti Bolognese machen die Bolognese nicht echt.

Seit letzter Woche fordern Schauspieler, Dramaturgen und Regisseure in Gesprächen mit bisher im Mainstream wenig gehörten Experten, dass in Sachen Corona endlich #allesaufdentisch kommt. Und die Reaktion der Medien liest sich im Grundtenor oft wie die Erklärung des falschen Bolognese-Kochs. Gottchen, was haben wir gekocht und euch vorgesetzt, Debatten in rauen Mengen auch noch, und jetzt heißt es von ein paar undankbaren Kultur- und Bühnenclowns: Hey Mainstream, uns schmeckt's nicht. Geht's noch?

#allesaufdentisch als nächste Staffel von #allesdichtmachen? Das kann man so sehen. Und zwar als eine beim Publikum viel Aufsehen erregende und dringend notwendige Notarztserie. Im Programm: offene Operationen am Herzen der Demokratie. *Emergency Room* für den Debattenraum. Künstler und Wissenschaftler sind hier als Reanimationsteam für einen um Luft ringenden Patienten zu sehen, den Medien und Politik gleichermaßen seit eineinhalb Jahren im Corona-Würgegriff halten: den freien Bürger mit gesundem Menschenverstand, der in einem Prozess der Urteilsfindung auf evidenzbasierter Grundlage nach Antworten sucht, die er zwar bestellt, aber nie bekommt. Der Journalismus von früher, der kritische, investigative, die Mächtigen herausfordernde und bloßstellende: Er ist fast tot.

All das darf deshalb offenbar nicht sein. Während bei #allesdichtmachen noch mit dem erhobenen Zeigefinger und gouvernantenhaften Abzügen in der B-Note (Vergehen: Satire) reagiert wurde, geht es nun in die nächste Staffel mit offener Diffamierung und Hetze. Um den Debattenraum in Deutschland und in der Welt ist es miserabel bestellt. Die Absagen von Drosten, Wieler, Lauterbach, Nguyen-Kim und anderen zeigen es.[4] Man will nicht mit Kritikern sprechen. Man hat Angst vor ihnen.

Die Reaktionen auf #allesaufdentisch sind Realsatire in Reinform und eine Selbstdemontage der Beteiligten unter dem Motto #einfachmaldummstellen.

Der Grünenpolitiker und Landesminister Jan Philipp Albrecht holte sogleich die größte Keule heraus, die es überhaupt gibt. Verleumdung ins Blaue hinein, mit justiziablen Aussagen. Seinen Tweet hat er wohlweislich schon wieder gelöscht.[5]

Nils Minkmar schlüpft in der *Süddeutschen Zeitung* in die Rolle des Bolognese-Kochs, der dem Kunden Realitätsverlust vorwirft, wenn es ihm nicht schmeckt: Was haben wir debattiert! Und nennt vorsichtshalber dann auch gleich Markus Lanz, nicht etwa die *SZ*, als Beleg. Dann verheddert er sich im Dickicht der in seiner Bubble gefühlten Fakten. »Niemand hat das Recht, eine Pandemie zu verbreiten«, heißt es bei ihm, doch was schlau und staatstragend klingen soll, kommt leider über ein Strohmann-Argument nicht hinaus. Doch es wird noch besser: »Wer sich und andere nicht durch eine harmlose, kostenlose Impfung schützen möchte, hält sich eben von allen Situationen fern, wo es zu einer Ansteckung kommen könnte.«[6]

Minkmar leugnet damit nicht nur Impfnebenwirkungen und Impftote. Er ist auch ahnungslos über den Umstand, dass selbst Geimpfte infektiös sein können. Wer für diese Form der Desinformation auch noch Geld in Form eines Abonnements bezahlt, dem ist wirklich nicht mehr zu helfen.

Auf Doris Dörrie wirkte der geistige Tiefflug des Strohmann-Arguments von Minkmar offenbar so elektrisierend, dass sie beim Deutschen Filmpreis noch einen drauflegte. »Nein, es muss nicht alles auf den Tisch«, meinte sie doch tatsächlich, wohl ohne zu merken, dass sie damit dem zitierten Minkmar widerspricht. Wie bitte? Ein paar Dinge sollen also schön unter dem Teppich bleiben? Und dann was? Unter dem Teppich vor sich hin gammeln? Einfach nur, damit ein paar Leute, die ihren Job nicht richtig gemacht haben, noch eine Weile etwas besser dastehen? Aber klar, eine super Idee: In sizilianischen Mafia-Dörfern wird diese Methode schon seit Jahren erfolgreich praktiziert. Es hat wirklich was von DDR-Fernsehen im Endstadium.

In der *Frankfurter Allgemeinen Zeitung* konnte man schließlich lesen, dass wir wohl noch nicht in Nordkorea leben, sonst hätte man von der Aktion #allesaufdentisch ja gar nicht erst gehört.[7] Unlustiger Fun-Fact: Die Videos auf dem Hauptkanal wurden von YouTube bereits gelöscht. Vier Videos sind es bisher, u. a. das Video mit Gerald Hüther über Angst. Der #allesaufdentisch-Kanal auf *Vimeo* ist sogar gänzlich gelöscht worden. Die Initiatoren gehen rechtlich dagegen vor. Und das im freiesten, diversesten und kritischsten Debattenraum, den wir in Deutschland je hatten.[8]

Dass gerade von Seiten der Techplattformen massiv daran gearbeitet wird, dass von der Aktion möglichst wenig publik wird, scheint man nicht mal zu merken. Noch verläuft offenbar nicht nur bei der *FAZ* ein Graben der Wahrnehmung zwischen der Welt, an die manche gerne glauben würde, und der Welt, wie sie wirklich ist. Die Zensur kritischer Kanäle war in Mainstream-Medien ja nie ein großes Thema. Grundlegende Kritik daran? Fehlanzeige. In Zeiten schwindender Auflagen freut man sich offenbar, wenn Techplattformen und Faktenchecker die Drecksarbeit der Konkurrenzdezimierung durchführen.

Was ist die Lehre aus alldem? Offenbar hält man sich in den Mainstream-Medien wirklich noch für eine Wagenburg der Deutungshoheit und Unfehlbarkeit. Doch was, wenn das gar nicht der Fall ist? Was, wenn die Wagenburg löchrig ist und die Mehrdimensionalität des Denkens noch lebt, aber eben noch ausgeblendet oder unterdrückt wird? Die Situation gleicht dann einem Ball, den man unter Wasser drückt und der nur darauf wartet, hochzuschnellen. Der Mainstream ist mächtig, aber letztlich ein Koloss auf tönernen Füßen. Denn es genügt eben in der totalen Denkfinsternis nur ein Streichholz, um Licht ins Dunkle zu bringen.

Die Gedanken sind frei, Ideen lassen sich nicht aufhalten und Mut ist ansteckender als Schweigen aus Feigheit. Der hervorragende Bericht »Ich kann nicht mehr« des ÖRR-Journalisten Ole Skambraks, der im Magazin Multipolar erschien, spricht Bände über die tatsächliche Situation in den Redaktionsstuben: Man sieht, dass es vorne und hinten nicht passt und immer mehr finden auch den Mut, das zu sagen. Die Fragen, die er stellt, strafen den Mainstream Lügen.

Die Aufarbeitung geht gerade erst los. Und es sind viele und immer mehr, die diese wollen. Der Runde Tisch ist kein Affront, sondern im Grunde eine Goldene Brücke der Beteiligten von #allesaufdentisch. Es ist die Möglichkeit für alle Pandemie-Paniker, durch kritische Aufarbeitung verlorenes Vertrauen zurückzugewinnen. Im Grunde ist es die ausgestreckte helfende Hand an alle verbliebenen Aufrechten, die sich aus dem Morast der Lüge, des Schweigens und der Feigheit noch herausziehen wollen. Schluss mit der Covid-Cancel-Culture!

Kritische Geister und fragende Künstler und Wissenschaftler werden nicht verschwinden, solange die Fragen nicht geklärt sind. Der große Denkfehler des Mainstreams besteht darin, in den Aktionen #allesdichtmachen und #allesaufdentisch eine Art Strohfeuer zu sehen, einen Kastenteufel, der mal eben kurz rausgesprungen ist und den man mit ein, zwei Artikeln wieder zurück in den Kasten stopfen kann. Doch die brennenden Fragen sind wie Säure, die sich seit eineinhalb Jahren durch das Pandemie-Narrativ fressen. Und zwar bis auf den Grund. Auf den Grund, wo die Antworten warten.

Der Runde Tisch ist unvermeidbar. Und immer mehr Menschen nehmen an ihm Platz und fordern dazu auf, ebenso Platz zu nehmen. Die nächste Welle ist die Welle der Aufarbeitung. Die nächste Welle sind wir.

Das »Impfangebot«: Eine Massen-Nötigung mit Risiken und Todeswirkungen[9]

Narrative siechen langsam dahin, sterben aber dann ganz schnell. Was man gestern noch glaubte, kann einem heute schon abstrus vorkommen. Es stehen gerade allzu viele Elefanten im Porzellanladen des Corona-Narrativs herum. Doch langsam werden diese raumfüllend und fangen an, sich zu bewegen.

Sprechen wir über das Unaussprechliche: Die Impfstoffe, mit viel Hoffnung herbeigefiebert, im Eiltempo mit bedingten Zulassungen auf den Markt geworfen und frenetisch von Impfluenzern in Politik und Medien bejubelt, diese Impfstoffe sind womöglich nicht die Lösung, sondern das Problem.

»Ist doch nur ein Piks!«, riefen seit Jahresbeginn die Impfluenzer in Politik und Medien, sie forderten gesellschaftliche Nachteile für alle, die sich nicht impfen lassen (Nikolaus Blome, *RTL* und *Spiegel*), eine Impfpflicht (Rainer Hank, *FAZ*), eine Art Gewissensforschung der eigenen Skepsis (Sascha Lobo, Digitalisierungserklärbär und Ex-Pleitier mit eigener Werbeagentur, *Spiegel Online*) oder ein Ende des »Abfuckens« von Kultur, Alltag und Wirtschaft (Jürg Halter) durch Nichtgeimpfte. Wie lange werden diese Herrschaften ihren eigenen Worten noch trauen?[10]

Werbefiguren brauchen die Impfstoffhersteller zugegeben mehr als dringend, denn sie müssen Vertrauen geradezu herbeischreien lassen. Pfizer hat schon so viele Milliarden an Schadensersatz für eigene Schandtaten gezahlt, dass man sich fragen muss, ab wann man von organisierter Kriminalität, statt von Unternehmensführung sprechen muss. Johnson & Johnson zahlte zuletzt einen Milliardenbetrag wegen einer Klage über Asbest in Babypuder.[11] Biontech und Moderna sind Start-ups, die noch nie ein Medikament auf den Markt gebracht haben. AstraZeneca wurde von Dänemark und Norwegen nach gehäuften Thrombosefällen wieder vom Markt genommen. In der Schweiz wurde das Sauerbier unter den Vakzinen nie zugelassen. Es gilt also generell die alte Regel: Was frenetisch bejubelt und beworben werden muss, hat verstärktes Misstrauen verdient, ganz sicher aber kein aktives Beschweigen oder eine Omertà.

Wenn ein Gesunder in zeitlicher Nähe zur Impfung verstirbt, wirft das nun mal die Frage nach einem kausalen Zusammenhang auf. Punkt. Gerade läuft vielleicht der letzte Akt eines besonders absurden Theaterstücks. Während vorne auf der Bühne die Biontech-Gründer einen Preis nach dem anderen einheimsen, zählt man hinter der Bühne die Impfschäden und Impftoten. »Die Todeskurve folgt in allen Ländern der Impfkurve«, warnte der Virologe, Nobelpreisträger und Entdecker des Hi-Virus, Luc Montagnier, schon im Frühjahr.[12]

Schweigen dröhnt bekanntlich und es hallt dann umso stärker, wenn dann doch jemand mal den Mund aufmacht. Eine Gruppe deutscher Pathologen hat kürzlich Ergebnisse von Obduktionen vorgestellt, die Todesfälle durch Covid-Impfung nachgewiesen haben wollen.[13] Auch metallische Partikel in den Impfstoffen haben die Pathologen gefunden. Die Pathologen haben eine private Meldestelle für Impftote eingerichtet, weil den staatlichen Stellen offenbar nicht zu trauen ist. Metallische Partikel in Vakzinen?[14] Japan hat gerade Moderna-Vakzine aus eben diesem Grund aus dem Sortiment genommen. Die Moderna-Kader haben zudem kürzlich Aktien in großem Stil verkauft. Verlassen die Ratten jetzt schon das sinkende Schiff, obwohl die G-20 ja noch die ganze Welt impfen wollen?

Was muss passieren, bis man die Impfkampagne endlich aussetzt? Allein das Wort »Obduktionen« gilt im Corona-Regime quasi als Blasphemie, so wie »Bill Gates«, »Great Reset« oder »Hygienediktatur«. In Deutschland wurden offizielle Covid-Tote nur selten obduziert, die Zahl der tatsächlich ursächlich an Corona Gestorbenen ist eine Blackbox.[15] Der Staat sabotiert seit

Beginn der Pandemie aktiv die Herstellung einer transparenten Evidenzbasis für die politischen Maßnahmen. Es wird vertröstet, vertuscht und beschworen. Die Bevölkerung ist in den Händen einer Panik-Sekte, die sie seit eineinhalb Jahren mit voodooartigen Mantras an der Nase herumführt.

In den USA hat die Arzneimittelzulassungsbehörde Food and Drug Administration (FDA) gerade davon abgesehen, generell eine Booster-Impfung zu empfehlen.[16] In einer öffentlichen Anhörung der Behörde hatten unabhängige Ärzte vorgetragen, dass durch die Impfungen mehr Menschen sterben, als man durch sie rettet. Hat das die Europäische Arzneimittel-Agentur (EMA) schon zur Kenntnis genommen? Oder die Swissmedic? In Europa sind die Vakzine nur bedingt für ein Jahr zugelassen. Die Impfhersteller müssen ständig nachweisen, dass die Vorteile gegenüber möglichen Nachteilen überwiegen. Die EMA hat das zu überprüfen. Wenn mehr Menschen sterben, als gerettet werden, sprechen wir nicht mehr von einer Impfkampagne, sondern gewissermaßen von einem Tötungsprogramm.[17] Strafrechtlich ist spätestens jetzt die Schwelle zum Anfangsverdacht überschritten. Es wird Zeit, dass Staatsanwaltschaften aktiv werden.

Der Corona-Elefant war lange zu wenig sichtbar und noch dazu zu ruhig. Elefanten haben jedoch ein langes Gedächtnis und wenn man sie provoziert, können sie ganz schön wüten, vor allem im Porzellanladen eines Corona-Narrativs. Am Anfang ging es um Masken und Abstände. Jetzt geht es um schwere Versäumnisse, fehlende Transparenz und blinden Staats- und Pharma-Gehorsam. Und um Tote, die voraussehbar und vermeidbar gewesen wären. Es muss alles auf den Tisch kommen. Vollständig, gründlich, ohne Scheuklappen und Denkschubladen. Und zwar sofort. Wer jetzt noch schweigt, macht sich mitschuldig.

Causa Kimmich: »Bestrafe einen, erziehe Hunderte«[18]

Deutschlands Medienbetrieb eifert Mao Tse-Tung nach und führt ein widerliches Laienstandgericht auf, um einen ungeimpften Fußballspieler zur Impfung zu zwingen.

Wir alle kennen es aus der Schule und wissen, wie es abläuft. Jemand wird in eine Ecke gestellt, verspottet, gemobbt. Und in der Regel schauen alle zu und trauen sich nicht, etwas zu sagen. Immerhin erwischt es einen nicht selbst. Das kollektive Spiel der Ausgrenzung ist eines der unwürdigsten Spektakel, das Menschen aufführen können. Und gerade wirft sich eine Medienmeute auf den Fußballspieler des FC Bayern, Joshua Kimmich, weil dieser mit Hinblick auf mögliche Langzeitfolgen eine Impfung gegen Corona verweigert, was eine legitime und überlegte Entscheidung ist.

Allerdings nicht für die medialen Scharfrichter: Er sei desinformiert und unsolidarisch (*N-TV*), schwäche die Waffe gegen das Virus (*Zeit*), bekomme Applaus von der AfD (*Tagesschau*), solle eigentlich gar nicht mehr aufgestellt werden (Ulrich Deppendorf) und selbst die Bundesregierung bangt nun um seinen Impfstatus und hofft, dass er sich noch impfen lässt, wegen der Vorbildfunktion. Fehlte bisher nur noch der Zusatz: Es wäre schade, wenn seiner Karriere etwas zustoßen würde. Doch halt, selbst mit Karriereschritten wird ja bereits gedroht.

Was hier passiert, ist kein klassisches Mobbing, alle gegen einen, der sich nicht wehren kann. Es ist eine Form des Unterwerfungsmobbings. Und das prominenteste Beispiel dafür, dass es längst eine Covid-Cancel-Culture gibt. Abweichler von der offiziellen Doktrin müssen bestraft werden, möglichst öffentlichkeitswirksam. »Bestrafe einen, erziehe Hunderte«, nannte Mao Tse-Tung diese Methode. Wir bekommen also gerade auch noch eine pädagogische Lektion vorgeführt. Die Covid-Cancel-Culture ist die moderne Version des mittelalterlichen Prangers und der revolutionären Hinrichtungsbarbarei, nur mit anderen Mitteln. Alexis de Tocqueville hat diesen Despotismus in der Demokratie schon vor über 200 Jahren beschrieben. Es geht darum, einen zum Aussätzigen zu erklären und ihn dadurch in der Gemeinschaft unmöglich zu machen. »Gehe hin in Frieden, ich lasse dir dein Leben aber es ist schlimmer als der Tod.«

Kimmich ist schon jetzt ein Vorbild, und zwar für Standhaftigkeit, Mut und gesunden Menschenverstand. Er braucht kein Stempelchen im Impfbuch oder ein Gespräch mit Panikmacher Lauterbach. Argumentativ hat Kimmich genug Trümpfe in der Hand. »Solidarität?« Ein Wieselwort, hier sogar noch ein irreführendes, denn auch Geimpfte können ansteckend sein. Wie war das gleich mit dem Corona-Ausbruch im Berliner Club Berghain, wo 2G galt?

Mit der Logik von Ulrich Deppendorf dürfte ein geimpfter, aber unerkannt infektiöser Spieler auflaufen, ein getesteter, gesunder, aber ungeimpfter nicht. Und die Langzeitfolgen? Es gibt naturgemäß keine Studie, welche das Auftreten von Langzeitfolgen bewerten kann, außer einer Langzeitstudie und die gibt es eben nicht. Die Impfhersteller haben in ihren Verträgen mit den Staaten jede Haftung für Spätfolgen ausgeschlossen.[19] Die Medien tun derweil so als wären diese Spätfolgen quasi ein Ding der Unmöglichkeit. Das ist eine Aussage ins Blaue, sonst nichts. Die Narkolepsie-Opfer nach der Schweinegrippe-Impfung können von der Haltbarkeitsdauer solcher Aussagen ein Liedchen singen.

Die Causa Kimmich wird für alle Mobber zum Bumerang werden und sie ist schon jetzt ein kolossales Eigentor. Denn plötzlich wird der großen Öffentlichkeit auf dem Präsentierteller serviert, dass es gar nicht um Gesundheit geht, sondern um

Gehorsam. Spieler wie Kimmich werden ja auch regelmäßig getestet. Die durchsichtige Kampagne wird deshalb mehr an Argwohn unter denen säen, die bisher aus welchen Gründen auch immer mitgemacht haben und hinter den Maßnahmen standen. Denn diese werden sich jetzt fragen: Das hätte ja auch ich sein können, wenn ich nein gesagt hätte.

Und überhaupt: Wie fragil ist eigentlich diese Impfkampagne, wenn man derart Angst vor einem prominenten Fußballspieler hat, der Zweifel äußert? Dass Impfzwang in jeder Form, also auch indirekt mit Nachteilen, einen Verstoß gegen die Menschenwürde darstellt, da man einen Einzelnen zum Objekt kollektiver Konformitätserwartungen degradiert, scheint gerade diejenigen nicht zu interessieren, die sonst vordergründig immer so auf plüschweich, grün-romantisch und herzerweichend divers und tolerant tun.

Was hier an Kimmich durchexerziert wird, ist verachtenswert und widerlich. Es ist der nächste Tiefpunkt eines freidrehenden Covid-Kultes, der sich als »Team Vorsicht« tarnt und ein kollektives Gruppenkuscheln als Gesundheitsschutz ausgibt. Jeder Kult braucht Formen nachahmender Gewalt, meinte der Anthropologe René Girard, und sei es nur um das eigene Gruppenbewusstsein zu formen und zu stärken. Die Gewaltspirale dreht sich dann in der Regel so lange, bis sie sich in der Opferung des Sündenbocks erschöpft. So will es die Regel in archaischen Kulten.

Willkommen in der Barbarei, liebe Journalistenkollegen.

Ein Bodybuilder hat mehr Durchblick als alle Intellektuellen[20]

Niemand hat in der gegenwärtigen Krise so versagt wie öffentliche Intellektuelle. Warum es Sinn macht, den gesunden Menschenverstand auf der Straße zu suchen.

Im Frühjahr 2020 tauchte das Video eines jungen Mannes in einem Muscle-Shirt im Netz auf. Es stammt von einer Demo in Kanada und was der »Gym Bro«, so hieß er dann auf Twitter, in die Kameras zu sagen hatte, klingt aus damaliger Sicht verrückt und heute mehr als hellsichtig. »*Erst werden sie euch vorschreiben Masken zu tragen, dann Kontakte nachzuverfolgen, dann eine Impfung zu akzeptieren. Und danach wird man euch sagen, die Impfung funktioniert doch nicht so gut wie geplant, deshalb müsst ihr alle anderen Maßnahmen weiterhin befolgen und dann kommt ein Lockdown nach dem anderen, es ist ein unendlicher Kreis, aus dem ihr nie rauskommen werdet. Im Juli, August, September wird gelockert, nur damit danach der nächste Lockdown kommt. Seid ihr zu blöd, das zu verstehen? Es ist eine Möglichkeit eure Rechte und Freiheiten zu nehmen, eure Geschäfte zu schließen, euch zu enteignen. Warum? Um euch abhängig zu machen. Warum? Wenn ihr unabhängig seid, arbeitet die Regierung für euch. Wenn ihr abhängig seid und Geld vom Staat bezieht, weil eure Geschäfte dicht sind, beherrscht euch die Regierung. Dann haben wir im Grunde eine Sklavenklasse. Es ist wirklich nicht kompliziert das zu verstehen.*«[21]

Corona wird manchmal als Intelligenztest bezeichnet. Doch es ist vielmehr noch ein Test in gesundem Menschenverstand und basaler Skepsis gegenüber dem Staat. Die rationalen Schönschreiber und Schlausprecher der Gesellschaft: Sie lagen alle komplett daneben. Sie waren ein peinlicher Totalausfall. Sie haben 70 Jahre den Anfängen in Sonntagsreden gewehrt. Doch als die Anfänge kamen, haben sie die neue Normalität mit großem Hurra begrüßt. Eigentlich wie immer. Der Verrat der Intellektuellen in Sachen Corona ist ein irreparabler Vorgang. Wer gerade öffentliche Auszeichnungen verliehen bekommt, darf sich als Objekt einer Negativauslese betrachten.

Die Peter Sloterdijks, die Navid Kermanis, die Richard David Prechts, die vielen TV-Philosophen, Leibnizpreisträger oder sonst wie ausgezeichneten inoffiziellen Staatsdiener: Sie haben in der ersten Prüfung versagt, während ein Typ im Muscle Shirt, der Kanadier Chris Sky, ohne viel Mühe wie der Nostradamus der Krise wirkt, obwohl er etwas sehr Einfaches gemacht hat. Er hat sich überlegt, was schlimmstenfalls alles vom Staat kommen könnte in einer solchen Krise und er kam beim Gesundheitsfaschismus raus.

Gerade reden wir über die Impfpflicht und noch immer kann sich keiner vorstellen, dass der Staat bald auch zur Enteignung schreiten könnte. Es ist wie bei einer Kuh, die zwar merkt, dass sie gemolken wird und das dreimal am Tag, bis die Euter schmerzen; doch sie kann sich absolut nicht vorstellen, dass man ihr jemals auch ans Fleisch gehen könnte. Ernst Jünger schrieb hellsichtig in seinem Essay *Der Waldgang*: »Die Eigenschaft des Nutztiers zieht unweigerlich die Eigenschaft des Schlachttiers nach sich.« Es gibt Zeiten, da helfen keine Modellrechnungen von Panik-Wissenschaftlern, kein Blick ins Gesetzbuch und kein schlaues Geschwätz von Intellektuellen. Die wahren Krisenzeiten sind die, in denen man Denker der Antike wieder mit Gewinn liest, wo man Trost in Gedichten findet und Hellsichtigkeit in einem Gemälde.

Ich war viel unterwegs in den letzten Monaten: Kanarische Inseln, Panama, Costa Rica, Kolumbien, Mexiko. Ich bin nie mehr gereist als in Zeiten von Corona. Überall gibt es mehr oder weniger ein Pro-forma-Spiel rund um die Regeln. Man steht mit Abstand in der Schlange zum Flieger, nur um dann dort zusammengepfercht – alle Flieger waren stets maximal voll –

mit Maske sitzend darauf zu warten, bis das Verpflegungsprogramm beginnt. Dann darf man nämlich die Maske absetzen, das Virus braucht schließlich auch mal Mittagspause. Aber nach dem Essen bitte gleich wieder aufsetzen, sonst droht eine Anzeige. Ich darf noch raus, um Lebensmittel zu kaufen, wenn ich das Geld dazu habe. Wer obdachlos oder bedürftig ist, muss in Deutschland erst zur Spritzenkur, bevor er einen abgelaufenen Joghurt oder ein halbhartes Brot bei der Tafel zugesteckt bekommt – sogar die Mildtätigkeit hat man in Deutschland schon totalitarisiert. Die Ausstellung zum Thema »Spaltung« im KZ Buchenwald ist dank 2G auch nur für Geimpfte zugänglich, wogegen es einige Proteste und Gegenproteste gibt.[22]

Wenn ich Deutschland betrete, fühle ich mich, als wäre ich auf ein Kabel gestiegen, das einem sämtliche Energie absaugt. Zu sagen, dass kein Land autistischer mit Corona umgeht als Deutschland, wäre eine Beleidigung der Autisten. Doch die Deutschen leiden eben wie kaum ein Volk seit 200 Jahren an Gesetzespositivismus und kantischem Rigorismus in der Variante der Beamtengläubigkeit. Sie glauben, dass ausgerechnet die Asperger-Moral eines Philosophen mit etlichen Zwangsstörungen – Kant ging mit der Präzision eines Schweizer Uhrwerks seine Spaziergangsroute, hatte feste tägliche Routinen von früh bis spät – der richtige Ratgeber ist, um Normen so überzuerfüllen, dass eine Art totalitärer Slapstick daraus entstehen muss. Ich bin inzwischen überzeugt: Diese Gesellschaft würde in der Masse letztlich alles machen, was man von ihr verlangt.

Die bayerische Kabarettistin Monika Gruber hat kürzlich angekündigt, ihre Bühnenkarriere aufgeben zu wollen; sie tritt kritisch auch bei der Aktion #allesaufdentisch in Erscheinung. Grund für ihren möglichen Rücktritt: Wenn sie morgens in der Zeitung lese, dass es nun »Menschenmilch« statt »Muttermilch« heiße, könne sie das satirisch einfach nicht mehr überhöhen. Mir geht es ähnlich. Man kann satirisch gar nicht viel über Corona schreiben, die Realsatire ist Wahnsinn genug. Man stelle sich vor, kurz vor dem Winter kommt doch tatsächlich eine »Supervariante«. Sind Sie auch so überrascht?

Ich kam vor gut zwei Jahren in die Schweiz, das wohl freieste Land der Welt und das Einzige, welches überhaupt eine Abstimmung zu den Maßnahmen zulässt. Ich habe keine große Angst vor einem übergriffigen Bundesrat. Die Politik ist mir relativ egal. Ich habe mehr Angst vor einer Mehrheitsgesellschaft, die an dieser Übergriffigkeit nichts Skandalöses mehr findet, die jede Übergriffigkeit und manche Spaltung sogar noch begrüßt. Und die noch ein paar Jahre und schlaues Rätselraten braucht, um ein paar grobe, aber offensichtliche Zusammenhänge zu verstehen, die einem Typen im Muscle-Shirt schon vor eineinhalb Jahren klar waren. Was würden Sie an meiner Stelle tun: kein Kulturprogramm, kein Restaurant, kein Fitnessstudio und eine Sprache, die Sie nur halb verstehen. Kann man das nicht billiger in Kasachstan oder Armenien haben? Dort wäre auch der Strompreis günstiger, falls man mal billig Bitcoin schürfen müsste.

Gerade bin ich im deutschsprachigen Raum unterwegs, um eine Doku zu drehen. Es ist ein Spießroutenlauf: Hotels, AirBnb et cetera sind für mich nicht mehr ohne irgendein G betretbar. Ich hangele mich von einem Unterschlupf zum nächsten. Mein Stammlokal heißt Uber Eats. Ich lebe in einer Parallelwelt der Ungeimpften. Ich verstehe langsam, was dieses G für mich bedeutet: Es ist das G für Ghetto. Der öffentliche Raum ist mit Begehungsverboten gepflastert, niemand hat mich in das Ghetto gesteckt. Das Ghetto wurde um mich herum gebaut. Ich weiß nicht, wann es den anderen auffallen wird, dass es dieses Ghetto gibt. Ich weiß nur, dass meine Eltern das kommunistische Polen vor 38 Jahren sicher nicht deshalb verlassen haben, um in einem Gesundheits-Ghetto von Chinas Gnaden zu leben.

Einstein meinte, es sei eine Definition von Wahnsinn, stets das Gleiche zu tun und andere Ergebnisse zu erwarten. Ich glaube auch nicht, dass man Wahnsinn logisch auflösen kann. Und doch schreibe ich seit zwei Jahren gefühlt den immer gleichen Text, der genau das bewirken will. Ist es Ihnen auch schon aufgefallen? Verrückt, oder?

21. November 2021

Wenn die Walze walzt[23]

Der Druck auf Ungeimpfte ist gruppenbezogene Menschenfeindlichkeit und Volksverhetzung. Ein Ende dieser Eskalation ist nicht in Sicht.

Stalin soll mal über die Soldaten der Roten Armee gesagt haben: »Wer vorrückt, kann sterben. Wer zurückweicht, wird sterben.« Als die Rotarmisten in den Krieg zogen, waren MGs am Straßenrand platziert, um jeden Rückzugsgedanken im Keim zu ersticken. Wer sich das Motto »Vorwärts immer, rückwärts nimmer« auferlegt hat, und zwar um jeden Preis, wird mit Bremsern und Kritikern kurzen Prozess machen.

Die Walze walzt, bis sie sich eben ausgewalzt hat. Das gleiche Prinzip gilt inzwischen auch für die Impfkampagne in Deutschland. Das durften zuletzt Joshua Kimmich, Sahra Wagenknecht, Richard David Precht und ganz neu auch Svenja Flasspöhler, Chefredakteurin des *Philosophie Magazins*, am eigenen Leib erfahren.[24] Wer heutzutage aus dem Impf- und Panikorchester ausschert, oder schlicht Selbstverständlichkeiten, wie das Recht auf körperliche Selbstbestimmung in Sachen Impfung, betont, wird mindestens als inkompetent dargestellt, wenn nicht gleich zum verwirrten Vollidioten gestempelt – oder zum Querdenker.

Als der Begriff »Querdenker« letztes Jahr zum Schimpfwort gemacht wurde, hörte man von deutschen Mainstream-Intellektuellen keinen Mucks. Man selbst war ja nicht gemeint. Das rächt sich jetzt für die Ersten und viele werden folgen. Medial war die Schublade sofort da: Querdenker, das sind Verwirrte,

Rechte, Reichsbürger, Antisemiten und Esoteriker. Die Bilder ließen nicht lange auf sich warten. Es genügte, bei Demos einfach immer die Auffälligsten und Schrillsten zu interviewen, nie den kritischen Normalbürger. So entstand ein vermeintlich monolithischer Block, ein Phantom, medial fabriziert, um ungestraft auf einen Sündenbock eindreschen zu können.

Wir sehen gerade, wo das Schweigen der Intellektuellen hingeführt hat. Wer sich aus Prinzip nicht lautstark gegen die Verrohung der Sprache und totalitäre Mittel der Stigmatisierung ausgesprochen hat (egal um welche Gruppe es geht, jetzt sind es die »Ungeimpften«), der findet sich irgendwann selbst im Lager der Ausgestoßenen. Denn die Walze walzt und wer das vorher nicht sehen wollte, muss es wohl erst am eigenen Leib erfahren, um es zu begreifen. Es ist bezeichnend, dass in deutschsprachigen Zeitungen seit Pandemiebeginn eher ein Taliban-Führer ein Interview bekommt als Corona-Oppositionelle, von denen es wahrlich inzwischen einige prominente gibt.[25]

»Impfen macht frei«, für diesen bewusst provokanten und zugespitzten Satz bekamen Demonstranten zuletzt eine Strafe wegen Volksverhetzung aufgebrummt. Es ist eine Anspielung auf die Sätze »Ohne Impfen keine Freiheit« (Söder) und »wir impfen Deutschland zurück in die Freiheit« (Spahn), die sich inzwischen als blanke Lüge herausgestellt haben.[26] Interessant: Wenn ein ehemaliger Bundespräsident, Joachim Gauck, von Impfgegnern als »Bekloppte« spricht oder der ehemalige FDP-Bundestagsabgeordnete Rainer Stinner von »Sozialschädlingen«, dann ist das (zumindest bisher) eine straffreie Volksverhetzung. Wieso eigentlich? Volksverhetzung ist laut Strafgesetzbuch das Aufstacheln zum Hass gegen eine Bevölkerungsgruppe mittels Beleidigung und Entwürdigung. Politik und Medien betreiben genau das: Volksverhetzung gegen die Gruppe der Ungeimpften.

Die Medien ziehen gerade sämtliche Register. Bei *Spiegel Online*, frisch mit fast drei Millionen Dollar von der Bill & Melinda

Gates-Stiftung subventioniert, ist es gerade das Spiel »good cop, bad cop«.[27] Während ein Wissenschaftsredakteur den Fernsehphilosophen Richard David Precht in die Tonne tritt, darf Sascha Lobo, der auch gerne mal mit bezahlten Vorträgen bei Pharmafirmen sein Geld verdient[28], in infantiler Kumpelhaftigkeit mit dem angeblich an der Komplexität der Welt überforderten Leser kommunizieren.[29] Er findet, dass sehr viele Menschen an Covid sterben (es sind im Median weniger als 0,23 Prozent, denn obduziert wird kaum[30]) und auch sonst zitiert er am liebsten befreundete Journalisten, die gleicher Meinung sind. Was kommt beim Spiegel als Nächstes? Wird bald die Kolumnistin Sybille Berg für unzurechnungsfähig erklärt? Sie sieht dystopische Zustände und ist gegen das Covid-Gesetz in der Schweiz.

Dass man es in Sachen Impfung auch ganz anders sehen kann als der Mainstream, zeigen die neuesten Videos von #allesaufdentisch. Immer mehr kritische Stimmen melden sich zu Wort. Diesmal geht es um die blinden Flecken der Impfung, die bisher kaum bis gar nicht diskutiert wurden: Impfkomplikationen, Impfnebenwirkungen, die Diffamierung von Ungeimpften, die Impfpflicht sowie die Zumutung 2G. Neben Sahra Wagenknecht und Monika Gruber kommt auch Kilian Forster, der Leiter der Dresdner Jazztage zu Wort, der gerade aus Protest gegen die 2G-Regel seine Veranstaltung vorzeitig für beendet erklärt hat. Er wolle nicht diskriminieren. Zusammen mit der Rechtsphilosophin und Strafrechtlerin Katrin Gierhake spricht er über die aktuelle Kernfrage: Wann ist staatlicher Zwang überhaupt legitim?

Man fragt sich derzeit: Wann stehen eigentlich die Geimpften gegen diese Politik auf? Während die einen diffamiert werden, werden sie schlicht verarscht. Sie wurden mit »Impfangeboten«, Bratwürsten und Freiheit gelockt. Was sie bekommen haben, ist ein Dauer-Impfabo.[31] Gut 60 Prozent der werten Mitmenschen in Deutschland jagen sich offenbar #allesindenArm (so der neueste PR-Hashtag auf Twitter für die völlig gescheiterte Impfkampagne) und merken erst jetzt allmählich, dass Politik und Medien das Spiel #alleaufdenArm mit ihnen gespielt haben. Die Walze walzt eben weiter und es wird nicht mehr lange dauern, bis Dreifachgeimpfte und Doppeltgeboosterte den querdenkerisch-verwirrten Doppeltgeimpften, aber nur Einfachgeboosterten mangelnde Solidarität vorwerfen. Wie viele Lügen und geplatzte Versprechen brauchen die Geimpften, um zu merken, dass hier massiv etwas faul ist?

Die Walze walzt gerade schneller als sonst. Von 2G, der Impfpflicht durch die Hintertür, zum Lockdown für Ungeimpfte (lies: Beugehaft) bis hin zur Impfpflicht (Österreich macht hier gerade den Vorreiter) waren es nur wenige Wochen. Liegt es daran, dass die bedingten Zulassungen der Impfstoffe in den nächsten Wochen auslaufen? Für eine Verlängerung müssen diese mehr nutzen als schaden. Das ist nicht nur angesichts vermehrter Myokarditis-Fälle zweifelhaft. Gefälschte Zulassungsstudien bei Pfizer dürften auch nicht gerade hilfreich sein.[32] Moderna wird in manchen Ländern bei Jüngeren gar nicht mehr verimpft.[33] Johnson & Johnson versuchen sich gerade in eine Schein-Insolvenz zu flüchten: Der Konzern muss Milliarden an Schadensersatz für Asbest in Babypuder zahlen, will aber auf der anderen Seite noch für seinen Impfstoff abkassieren. Und von Astra-Sauerbier-Zeneca redet auch niemand mehr. Heißt für die Politik: Die Hütte brennt und die Restposten müssen vor Weihnachten noch raus.

Das einzig Gute, was man dieser Situation noch abgewinnen kann, ist, dass jetzt endgültig die Masken fallen: bei Politikern, den Medien und auch den Mitmenschen. Täglich neue Überraschungen und Salti rückwärts bedeuten auch, dass wir täglich etwas klarer sehen, wer wessen Geistes Kind ist. Die nächsten Wochen werden vermutlich noch härter. Das Beste, was wir für uns in dieser Lage tun können, ist uns selbst zu überraschen: mit cleverem Widerstand, offenem zivilen Ungehorsam und mit analoger Vernetzung in Zirkeln des Mutes und der Zuversicht.

Dante Alighieri wusste: »Der heißeste Platz in der Hölle ist für diejenigen bestimmt, die in Zeiten der Krise neutral bleiben.«

12. Dezember 2021

Lasst die Anthroposophen in Ruhe![34]

Politik, Geheimdienste und Medien sind im Informationskrieg gegen Pandemie-Sündenböcke. Diese Hexenjagd muss sofort aufhören.

Es ist so überdeutlich, dass es schmerzt: Es läuft eine widerliche mediale Kampagne, ja eine Hexenjagd gegen Anthroposophen und die Anthroposophie als geistige Bewegung insgesamt. Dass Ungeimpfte oder Impfgegner in die Mangel genommen werden, genügt den Medien und der Politik offensichtlich nicht mehr. Sie sucht sich einen leicht und billig zu verspottenden Sündenbock. Warum nicht Leute, die ihren Namen tanzen?

Die Anhänger der Geisteswissenschaft Steiners (von der man gerne halten will, was man möchte) sind als Sündenbock ideal. Alternative Bildung, alternative Heilmethoden, alternative Landwirtschaft, überhaupt, das gesamte alternative Leben, das sich an ideellen Werten, der Weisheit der Natur, der Unendlichkeit des Kosmos orientiert, kann so nun lächerlich und mit der Walze des rational-materialistischen Mainstreams plattgemacht werden. Hinzu kommt der Hauch von Obskurität und Geheimnis. Was den Leuten fremd ist, das fürchten sie bekanntlich besonders. Parallelen zu historischen Vorgängen sind dabei natürlich rein zufällig und unbeabsichtigt. Denn die Hetzjagd kommt ja diesmal von »den Guten«.

»Ist die deutsche Romantik schuld an der Impfskepsis?«, fragte sich der ehemalige Chefredaktor der *NZZ am Sonntag*, aber meinte eigentlich die Anthroposophie.[35] Im Tenor geht es immer in die gleiche Richtung, egal ob in der *Frankfurter Allgemeinen Zeitung*, dem *Spiegel* oder im *öffentlich-rechtlichen Rundfunk*: Im Kern ist das Querdenkertum anthroposophisch, Waldorfschulen sind Hotspots, Steiner war ein Rassist.[36] So baut man sich den Strohmann, den man braucht, um jegliche Kritik an Corona als rechtsesoterisch, verschwurbelt und antisemitisch zu etikettieren. Der Mainstream braucht die monolithische Corona-Querfront! Die Anstalt im *ZDF* witzelte über das »Virus Anthroposophie« und versuchte gleich ein ganzes Schwurbler-Netzwerk offenzulegen und Mai Thi Nguyen Kim, die öffentlich-rechtliche Einpeitschhilfe für die Impfkampagne, durfte bei *ZDFneo* noch gleich die Demeter-Landwirtschaft als unwissenschaftlich verteufeln.[37]

Erich Fromm hatte schon vor Jahrzehnten vorhergesagt, dass irgendwann mit dem wissenschaftlichen Weltbild argumentiert werden würde, um aus dem Rationalismus eine Religion zu machen, welche automatisch alle, die nicht oder nicht ausschließlich an die durch den Mainstream genau festgelegte Version von Wissenschaft glauben, in die Nähe der Psychopathologie rückt. Dieses Muster ist überdeutlich auf Ausgrenzung getrimmt, sorgt aber gerade am wenigsten bei denen für einen Aufschrei, die sonst gerne so heuchlerisch für Diversität, Buntheit, Inklusion und Minderheitenschutz trommeln. Sie zeigen jetzt in der Stunde der Bewährung ihr wahres Gesicht.

»Wie konnte es nur so weit kommen?«, ist die Paradefrage all derer, die in der Gegenwart blind sind und in der Zukunft als naiv durch gehen wollen. Jeder weiß, spätestens mit einem Blick in ein Geschichtsbuch, Stichwort »Bartholomäusnacht«, wohin es führt, wenn bestimmte Gruppierungen als Sündenbock aufgebaut werden. Der Mechanismus ist immer der gleiche. Eine Gruppe wird als Bedrohung für die Ordnung ausgemacht und bekämpft, bis aufs Blut. Im mittelalterlichen Frankreich war es der Protestantismus, der die Macht der Krone in Frankreich bedrohte. In der Nacht vom 23. Auf den 24. August 1572 eskalierte die Gewalt. Es kam zu einem Pogrom von Katholiken an Protestanten.

Wer gruppenbezogene Menschenfeindlichkeit auslebt und Stigmatisierung betreibt, spielt mit dem Feuer. Historisch gesehen gibt es kein Beispiel, dass sich massive Hetze, Sündenbock-Etikettierung und ausgrenzende Diffamierung einfach in Wohlgefallen auflösen. Jeder, der Augen im Kopf hat und ein basales geschichtliches Verständnis, erkennt die Muster und sieht deutlich, dass einige aus der Geschichte vor allem lernen, wie man sie wiederholt.

Erst bekämpfte man ein Virus, jetzt bekämpft man »Impfgegner« und all das ist generalstabsmäßig so geplant gewesen. In Großbritannien ist laut Reuters der Geheimdienst Government Communications Headquarters (GCHQ) bei der Bekämpfung von Impfgegnern involviert.[38] In den USA schickte das Militär mit der »Operation Warp Speed« CIA-nahe Firmen in den Informationskrieg. Der Impfgegner ist der neue Terrorist. Und wie sieht es mit geheimdienstlicher Unterstützung in Deutschland und in der Schweiz aus? Dass Geheimdienste Medien infiltrieren, ist spätestens seit dem Church-Komitee in den 1970er Jahren bekannt. Dank Snowden kennen wir das Geschäft der Spaltung, Manipulation und des Nudging durch Geheimdienste sogar im Detail.[39]

Ja, es läuft ein Informationskrieg. Und er ist so asymmetrisch, wie er nur sein kann. Julian Assange kann davon schon lange ein Lied singen. Gerade wurde die Auslieferung des Wikileaks-Gründers in die USA durch ein britisches Gericht bestätigt. Dort erwarten ihn 175 Jahre Haft für die Offenlegung der Wahrheit über Kriegsverbrechen der USA im Irak und in Afghanistan. Die CIA hatte sogar seine Ermordung geplant.

Verstehen Sie das? Die Öffentlichkeit überlässt gerade ernsthaft Kreisen, welche die Ermordung von Journalisten planten[40], den Informationskrieg gegen Impfgegner, weil diese es ableh-

nen, eine als Impfung etikettierte Gen-Therapie über sich erge-
hen zu lassen, um eine Atemwegserkrankung zu bekämpfen,
die über 99 Prozent der positiv Getesteten überleben. Aber sicher hat das ganz viel mit Gesundheitsschutz zu tun. Bitte, liebe
Esoteriker, lasst uns mit den Rationalisten nicht allein!

9. Januar 2022

Plötzlich und unerwartet totgeschwiegen[41]

Sind die Impfstoffe nebenwirkungsfrei und ungefährlich? Oder
befinden wir uns inmitten des weltweit größten Gesundheits-
skandals der Geschichte?

Am 11.01.2021 postete Gunnar Michel, langjähriger Mitarbeiter
des Deutschen Roten Kreuzes (DRK) im deutschen Ort Esch-
wege, auf Facebook: *»Seit 14 400 Sekunden bin ich nun geimpft!«*

Am 02.02.2021 postete er, dass weitere 28 800 Sekunden seit
der zweiten Impfung vergangen sind, er immer noch lebe und
bis auf einen leichten Schmerz an der Einstichstelle keine nen-
nenswerten Nebenwirkungen habe: *»Also hört nicht auf ›Quarkdenker‹ und lasst Euch einfach impfen, wenn ihr das Angebot bekommt! Alles andere ist sicher nicht mit dem Leben zu vereinbaren!
Und sicher kann ich feststellen das (sic) bei meinen Einsätzen im
Impfteam nie was nicht verimpft wurde weil alle geimpft werden
möchten! Ganz entgegen der ›Quarkdenker‹! Und die Quarkdenker
trommeln wohl laut aber da gilt wer laut trommelt hat noch lange
nicht recht!«[42]*

Gunnar Michel postet inzwischen nichts mehr. Denn Gunnar
Michel ist seit dem 11.10.2021 tot und das Team des DRK Esch-
wege trauert um den Kameraden, der »im Alter von 52 Jahren
plötzlich und unerwartet viel zu früh aus dem Leben gerissen
wurde«.[43] Er reiht sich damit ein in die Reihe der auffällig ge-

häuften Fälle von Geimpften, die durchs Netz und durch Todesanzeigen kursieren und die Frage aufwerfen, die offiziell niemand stellt: War die Impfung ursächlich für den Tod? Auch in diesem Fall wird man es wohl nicht erfahren, denn es wird in der Regel nicht obduziert. Dass die Impfung ursächlich für den Tod sein kann, zeigen allenfalls private Obduktionen in kleinem Rahmen, wie sie vom Pathologen Arne Burkhardt durchgeführt wurden.[44] Diese werden im Netz sofort wegzensiert und ohne nähere Begründung als unseriös etikettiert.[45]

Wir befinden uns in einer gesellschaftlichen Ausnahmesituation. Politik, Medien und ein Teil der Wissenschaft werben vehement für Impfungen gegen Covid-19, sogar eine Impfpflicht ist im Gespräch. Ebenso vehement warnt eine Minderheit vor schädlichen und sogar tödlichen Nebenwirkungen der Impfstoffe. Der Bürger ist vor die Situation gestellt, sich entscheiden zu müssen, wem er glaubt. Und das bei einer Frage, die über Leben und Tod entscheidet und zu diametral entgegengesetzten Schlüssen führt. Offiziell ist das, was ihm angeboten wird, die Lösung. Inoffiziell ist es Teil des Problems. Doch wer auch nur Zweifel äußert, muss damit rechnen, als Impfgegner und Covid-Leugner diffamiert zu werden.

Wissen ist eine Holschuld, man muss es sich aktiv erwerben. Drehen wir den Spieß also um und fragen wir uns: Haben sich die vielen Impfbefürworter eigentlich mit den Indizien befasst, die für begründete Zweifel zu möglichen Risiken und Nebenwirkungen der Impfstoffe sprechen? Wieso weckt es keinen Argwohn, wenn im Jahr 2021, also dem Jahr der Massenimpfungen gegen Covid-19, die Sterblichkeit höher liegt als im Jahr 2020, dem Jahr des Beginns der Pandemie?[46]

Wieso liest man nur von an Covid gestorbenen Impfgegnern, aber nie über die in zeitlicher Nähe zu den Impfungen verstorbenen, wenn es hier doch um Gesundheit geht? Auch zahlreiche Hebammen berichten von einer erhöhten Anzahl von Abgängen in späten Schwangerschaftswochen bei geimpften Schwangeren.[47] Dass es eine zahlenmäßige Korrelation zwischen den Impfungen und gestiegenen Todeszahlen gibt, ist statistisch anhand der offiziellen Zahlen in Europa und Israel schon vor Monaten von Forschern dargelegt worden.[48]

Wo bleibt die persönliche Verantwortung von Impfstoffherstellern, von Impfärzten, Politikern, Wissenschaftlern und Journalisten, die zumindest bedingt vorsätzlich für eilig auf den Markt gebrachte Arzneimittel werben oder diese anwenden? Der deutsche Gesundheitsminister Karl Lauterbach sprach öffentlich von einer »nebenwirkungsfreien Impfung« und griff auch selbst zur Spritze.[49]

Nun, vertrauliche Dokumente von Pfizer/Biontech, die der amerikanischen Zulassungsbehörde vorliegen, listen die bekannten Nebenwirkungen auf insgesamt neun Seiten (!) auf.[50] Werden wir von ahnungslosen oder von vorsätzlich bösartigen Politikern regiert? In beiden Fällen müsste Herr Lauterbach sofort zurücktreten.

Die im Biontech-Impfstoff »BNT162b2« (Comirnaty) verwendeten Nano-Lipide (ALC-0159 und ALC-0315), der Trägerstoff für die mRNA, sind laut Hersteller nur für Forschungszwecke zu verwenden (»for research use only«).[51] Die europäische Zulassungsbehörde EMA (European Medicine Agency) benennt diese Nano-Lipide als »neue Hilfsstoffe« im Bewertungsbericht vom 19.02.2021; sie stellt fest, dass der Impfstoff durch diese verunreinigt ist und für diese Lipide unzureichende Unterlagen eingereicht wurden (S. 23). Sie erteilt Biontech/Pfizer mehrere »special obligations« (SO), also Auflagen (S. 36 des zitierten Berichts), die jedoch alle, wie im Bericht vom Oktober 2021 über die Verlängerung der bedingten Zulassung aufgeführt ist, nicht erfüllt worden sind (S. 6–9).[52]

Weshalb die bedingte Zulassung unter diesen Umständen trotzdem erteilt, verlängert und bisher auch nicht entzogen worden ist, bleibt ein Geheimnis der EMA, zumal unter Gesichtspunkten der Risikoabwägung noch der Umstand zu berücksichtigen wäre, dass die Nano-Lipide (in Versuchen bei Mäusen) von Wissenschaftlern als »hochgradig entzündungsfördernd« eingestuft worden sind.[53]

Wenn trotz all dieser Indizien und Belege keinerlei Grund zur Besorgnis besteht, müssten alle Beteiligten und insbesondere diejenigen, die von der Verabreichung persönlich profitieren, kein Problem damit haben, eine persönliche Haftung für Verwendung und Anpreisung dieser Impfstoffe zu übernehmen. Haben Sie Ihren Impfarzt schon mal danach gefragt?

Wir befinden uns gerade am Scheidepunkt. Medial und politisch wurde seit Beginn der Pandemie mit einer Art »Schockstrategie« gearbeitet, die schon in anderen Kontexten Anwendung gefunden hat. Der Bürger wurde in ein Katastrophenszenario eingebettet und mit Angst gefügig gemacht, um sich den offiziell dargebotenen Lösungen hinzugeben.

Inzwischen ist eine Situation der gesellschaftlichen Omertà entstanden, ein Zustand der ängstlichen Verweigerung, der Realität ins Auge zu blicken und unorthodoxe Fragen zu stellen. Es geschieht eine große Ausblendung von Sachzusammenhängen, die sich durch aktives Beschweigen jedoch nicht aus der Welt schaffen lassen. Die kognitive Dissonanz zwischen gefühlter Wahrheit und Zweifel nährenden Tatsachen wird zu einer Art geistigem Privatgefängnis. Das eigene Vorstellungsvermögen wird zu unsichtbaren Gefängnisstäben, welche das Denken in einem klar umzäunten Rahmen halten. Eine Gesellschaft, die jedoch schon im Denken nicht frei ist, kann es auch physisch nie sein.

Es ist jetzt an der Zeit, die Impfkampagne zu stoppen und die Hersteller, Politiker, Journalisten und Ärzte mit ihrer Verantwortung zu konfrontieren. Es braucht jetzt offizielle Ermittlungen und eine transparente, demokratisch zusammengesetzte Wahrheitskommission.

Das Inverkehrbringen schädlicher Arzneimittel ist verboten. Wenn all dies den Staatsanwaltschaften für einen Anfangsverdacht nicht genügt, was dann?

Wann platzt die Biontech-Blase?[54]

Eine Firma wird aus dem Nichts hochgejubelt, ihr Impfstoff millionenfach verspritzt und die Gründer mit Preisen überhäuft – jetzt ist sie in Erklärungsnot.

»What goes up, must come down«, sang einst das »Alan Parsons Project«: »What must rise, must fall.«

Um keine Firma und ihre Gründer gab es in den letzten zwei Jahren eine größere Heiligenverehrung als um die Biontech SE aus Mainz, das »deutsche Tesla«[55], welches den millionenfach verspritzten mRNA-Impfstoff Comirnaty gegen Covid herstellt. Die Gründer Uğur Sahin und Özlem Türeci sind seitdem die gefeierten Helden des Kriegs gegen das Virus, der Impfstoff wurde wiederholt zur ersehnten Wunderwaffe hochgejubelt und auf die Gründer ging ein Preisregen nieder: Axel-Springer-Preis, Bundesverdienstkreuz, Ehrendoktorwürden, Medaillen und Ehrenringe. Wenn es nach einem EU-Abgeordneten geht, sollen die Konterfeis Sahins und Türecis bald die Euro-Geldscheine zieren. Fehlen jetzt eigentlich nur noch die Erhebung in den Adelsstand, der Nobelpreis und die Heiligsprechung.

Wenn etwas zu gut aussieht, um wahr zu sein, ist es vermutlich nicht wahr. Oder nicht gut. Dieser Eindruck drängt sich zunehmend auch bei Biontech auf. Jedenfalls sind die Börsianer auffallend skeptisch.[56] Nach einem steilen Anstieg der Aktie bis August 2021 hat sie seitdem über 60 Prozent ihres Wertes verloren. Das, wohlgemerkt, mitten in der größten Pandemie seit 100 Jahren.

Zugegeben: Korrekturen an der Börse sind nichts Ungewöhnliches, schon gar nicht bei so einem starken Anstieg wie bei Biontech. Doch hier sprechen wir von einem Produkt, das nicht nur mit Millionen an Steuergeldern gefördert, sondern auch noch mit der größten globalen PR-Kampagne in die Welt getragen wurde, die man sich vorstellen kann. Flankiert von staatlichen Drohkulissen, massiver Ausgrenzung von Kritikern bis hin zum Impfzwang. Wann gab es das jemals in der Geschichte? All das ist eigentlich der feuchte Traum eines jeden Börsianers. Allein die Nachbestellungen des Impfstoffs durch die EU-Kommission vom Mai 2021 würden einen Umsatz bedeuten, der nah an den aktuellen Gesamtwert der Firma herankommt. Für die Anleger ist das Papier trotzdem eine Art Börsen-Zombie.

Was also ist los? Machen den Börsianern Berichte über Unregelmäßigkeiten und massive Fehler in der Produktion Sorgen?[57] Oder glauben die Anleger nicht daran, dass Biontech dank Omikron den Bürgern der Welt noch weitere drei Injektionen mit einem noch zu entwickelnden Impfstoff wird verabreichen können? Vielleicht haben die Anleger auch ein kleines Logik-Problem: Entweder wirkt ein Impfstoff, dann kann man davon maximal so viel verkaufen, wie es Menschen auf der Welt gibt. Oder er wirkt eben nicht, dann muss man ihn immer wieder verabreichen. Je schlechter also das Produkt, desto mehr Umsatz: klingt nach einer ziemlichen Perversion aller marktwirtschaftlichen Regeln. Aber irgendwo in den Zwischenräumen dieses Grundwiderspruchs soll wohl Anlegervertrauen gedeihen.

Die Biontech-Story hatte von Anfang an etwas zu Wundersames. Ein Gründerpärchen mit Migrationshintergrund, das noch nie ein Produkt auf den Markt gebracht hat und nur Miese produzierte, rettet die Welt aus dem besten Deutschland, das es je gab. Firmensitz: An der Goldgrube 12 in Mainz. Sahin ist zudem eine echter Pharmazie-Nostradamus mit erstaunlichen Prognosekräften. Vielleicht könnte man diese Fähigkeit auch noch an die Börse bringen? Mehr an Synchronizität und glücklichen Umstände wie im Fall Biontech kann man sich eigentlich kaum wünschen, ohne dass sich die Vorstellung aufdrängt, man helfe den Zeitläuften auch gerne mal auf die Sprünge.

Im März 2019 steigen die Bestellungen für PCR-Tests in China sprunghaft an.[58] Im August 2019 investiert die Bill & Melinda Gates-Stiftung 55 Millionen in die Firma aus Mainz. Vertraglich lässt diese sich zusichern, dass sie ohne Verlust aus dem Investment rauskommt, wenn es bestimmte wesentliche Verstöße von Seiten von Biontech geben sollte.[59] Sicher ist sicher, selbst bei Onkel Bill from America mit den tiefen Taschen. Am 10. Oktober geht Biontech an die Börse Nasdaq in New York. Acht Tage später versammeln sich auf Geheiß der Bill & Melinda Gates-Stiftung und des WEF Experten für das Planspiel »Event 201« in New York, um den Ausbruch eines Coronavirus und mögliche Reaktionen der Regierungen weltweit zu simulieren. Im Dezember wird der Ausbruch des Virus in Wuhan bekannt. Mitte Januar 2020 entwickelt Sahin in wenigen Stunden den Impfstoff, den Politiker und Medien alsbald als Geschenk des Himmels hochloben.[60]

Auf Nachfragen von Chemikern zu Nanolipiden[61], Verfärbungen des Impfstoffs oder gehäuften Nebenwirkungen nach Chargen-Nummern antwortet man aus der Goldgrube entweder mit Allgemeinplätzen, mit Gegenfragen oder mit Nichtwissen. Auf der privaten Webseite »How bad is my batch«[62] wird aufgrund von Meldungen im öffentlichen Register VAERS (Vaccine Adverse Event Reporting System)[63] aufgelistet, bei welchen Impfstoffchargen massiv gehäufte Reaktionen vorkommen. Biontech kennt angeblich diese Webseite nicht und weiß auch nichts zu Häufungen von Nebenwirkungen bei bestimmten Chargen.[64] Ist das nicht eine merkwürdige Firma, die so wenig über die Gegenwart, aber angeblich alles über die Zukunft weiß?

Biontech, aber auch die anderen Impfstoffhersteller, werden sich in den nächsten Wochen noch viele Fragen gefallen lassen müssen. Die Welle der Aufarbeitung rollt gerade erst an. Die Medien müssen sich in den nächsten Wochen entscheiden, ob sie weiter kostenlose Pharma-PR in Berichterstattungsform schalten wollen oder ob sie ihre Restglaubwürdigkeit noch mit ein paar kritischen Nachfragen zu retten versuchen. Wobei: Späte Reue bei früher Komplizenschaft macht ja im Grunde alles noch viel schlimmer. Oder wie Alan Parsons Project sangen:

> »What goes up, must come down
> What must rise, must fall
> And what goes on in your life
> Is writing on the wall.«

16. Februar 2022

Der Fisch stinkt vom Kopf her[65]

Die Bundespräsidentenwahl ist das beste Beispiel für das Siechtum der Demokratie und den Aufstieg eines neuen Systems des »Umgekehrten Totalitarismus«.

Über Steinmeier zu schreiben, ist so müßig wie einfach. Die Autorität des Bundespräsidenten hängt schlicht gesagt am Wort. Doch eben das Wort beherrscht Steinmeier nicht. Seine Worte bewegen sich in etwa so elegant durch ihn hindurch wie ein Geröllhaufen durch ein Flussbett. Doch gerade deshalb sagt auch diese Wahl so viel aus über den Zustand der Demokratie in Deutschland.

Bundespräsidentenwahlen sind keine Wahlen. Sie sind ein zivilreligiöses Hochamt. Eine Krönungsmesse. Abgeordnete sowie Vertreter der Parteienschickeria feiern ein fröhliches Stelldichein und tun so, als ginge es tatsächlich um eine (Aus-) Wahl. Dabei sind sie alle Darsteller eines Stücks, das man mit dem Politikwissenschaftler Sheldon Wolin den »Umgekehrten Totalitarismus« nennen kann. Damit ist der Zustand der Entkernung und Umdrehung der Demokratie in ihrer späten Siechtumsphase in ihr Gegenteil gemeint, bei nach außen makelloser

Maquillage.[66] Dazu unten mehr. Doch zuerst zur Wahl des Bundesbots, pardon, Bundespräsidenten.

Wer die Bundespräsidentenwahl betrachtete, konnte den Hauch von DDR light und ihrem 40. Jahrestag 1989 förmlich mit den Händen greifen. Der Kandidat Steinmeier war als Konsenskandidat von den Regierungsspitzen erneut ausgekungelt und als alternativlos präsentiert worden. Eine Debatte, ob Steinmeier tatsächlich »der beste Kandidat« war, wurde gar nicht geführt. Und das, obwohl sich bei Steinmeier die Frage nach der Befähigung für das Amt förmlich aufdrängt. Wo war das Phantom aus dem Schloss Bellevue in der Corona-Krise? Warum repräsentiert ausgerechnet ein Kandidat, der seine gesamte Karriere (und nun auch die Wahl zum Bundespräsidenten) der Politbürokratie verdankt, die notwendige »Rettung der Demokratie«?

Die Bundespräsidentenwahl war eine Farce der Demokratie und muss wiederholt werden. Die Wahl litt an schweren Formfehlern. Dazu zur Illustration folgendes Beispiel: Stellen wir uns vor, in einer Schulklasse steht die Wahl des Klassensprechers an. Der Lehrer hält drei Schüler für recht geeignet und spricht diese vorab an, ob sie nicht bereit wären zu kandidieren. Sie wollen. Am Tag der Wahl des Klassensprechers erklärt der Lehrer, dass nun die Wahl ihres Vertreters ansteht und er nennt auch die drei Kandidaten, die sich vorab bereit erklärt haben. Dann stellt er feierlich fest, man schreite nun zum Wahlvorgang, er erklärt den genauen Ablauf, teilt die vorgefertigten Stimmzettel aus und lässt die Schüler ihr Kreuzchen machen. Fehlte hier nicht noch ein ganz wesentliches Element? Genau, es fehlte die Frage an die Klasse, ob es denn noch weitere Kandidaten gibt. Jeder Schüler hat ja ein Vorschlagsrecht. Indem der Lehrer nur die genannten, vorab von ihm ausgewählten Kandidaten nennt, beraubt er jeden einzelnen Schüler seines Vorschlagsrechts und seines Rechts, selbst zu kandidieren.

Wahlen sind höchst formalisierte, juristische Vorgänge. Sie können schon aus teils nichtig wirkenden Gründen für ungültig erklärt werden. Die Beschneidung des Rechts von Kandidaten, sich vorschlagen zu lassen, ist dagegen stets ein grober Verstoß gegen den Grundsatz der Chancengleichheit. Bei der Bundespräsidentenwahl lag genau das vor: die Bundestagspräsidentin Bas nannte nur die vorab eingereichten Namen der vier Kandidaten und erklärte daraufhin lapidar: »Wir schreiten nun zur Wahl.« In diesem Moment beraubte sie jedes Mitglied der Bundesversammlung seines Rechts, noch einen Kandidatenvorschlag zu machen, wie es das Bundespräsidentenwahlgesetz in § 9 Abs. 1[67] (»Wahlvorschläge für die Wahl des Bundespräsidenten kann jedes Mitglied der Bundesversammlung beim Präsidenten des Bundestages schriftlich einreichen«) vorsieht, und verweigerte weiteren Kandidaten implizit das Recht, aufgestellt zu werden.

Die Bundestagspräsidentin maßte sich ein Recht zur Schließung der Kandidatenliste an, welches ihr nicht zusteht. Die vorgefertigten Stimmzettel zeigten zudem, dass der Fehler längst systemisch geworden ist, ebenso wie die kollektive Blindheit eines Gremiums für das demokratische Verfahren und die basale Gepflogenheit, vor einer Wahl danach zu fragen, ob es denn noch andere Kandidaten gibt. Nicht die Parteien schlagen nämlich Kandidaten vor, sondern einzelne Mitglieder der Bundesversammlung. Wer sich hingegen der normativen Kraft der faktischen Überpräsenz der Parteien in allen demokratischen Prozessen, also auch hier, hingibt, dem fällt das freilich nicht mehr auf.

Klingt nach einer Petitesse? Das Gesetz ist eindeutig und verbindlich. Auch für Bärbel Bas hätte es sich empfohlen, einmal ins Gesetz zu schauen und auch die stenografischen Protokolle der Bundespräsidentenwahl seit 1949 zu studieren. Hierbei wäre ihr aufgefallen, dass bis 1989 (bis auf einen Patzer) jeder Bundestagspräsident die Frage nach weiteren Kandidaten in der Sitzung selbst gestellt hat, und zwar, wie es das Gesetz vorsieht, vor jedem Wahlgang. Ab 1989 unterblieb die Nachfrage hingegen durchweg. Was war geschehen? 1989 stand mit dem amtierenden Bundespräsidenten Richard von Weizsäcker nur ein Kandidat zur Wahl. Der Fehler kam ins System, als zum ersten Mal in der Geschichte der Bundesrepublik ein weiterer Grundsatz der Demokratie verletzt wurde: nämlich, dass Demokratie von einer Auswahl lebt.

Es gilt nun, der Wahrheit ins Auge zu sehen: Der Fisch stinkt vom Kopfe her. Wenn bei der Wahl zum höchsten Amt im Staate die basalen gesetzlichen Standards seit über 30 Jahren nicht mehr eingehalten werden, und das in einem Land, das für seine Gründlichkeit bekannt ist, will man sich nicht vorstellen, wie es im Kleinen abläuft, bei den Wahlen zum Betriebsrat, zum Vereinsvorsitzenden oder schlicht: zum Klassensprecher. Der Vorgang zeigt, dass die Demokratie in einer selbstverschuldeten Krise ist.

Was lernen wir daraus? Wenn der Schlendrian systemisch und damit egal wird, hört das Herz der Demokratie irgendwann auf zu schlagen. Das demokratische Element stülpt sich dann nur noch nach außen, wo es umso frenetischer gefeiert und immer wieder betont wird. Es ist im Innern aber nicht mehr vorhanden. Für diesen Vorgang hat der amerikanische Politikwissenschaftler Sheldon Wolin, wie eingangs erwähnt, den Begriff des »Umgekehrten Totalitarismus« geprägt. Das Buch ist von Wolin im neunten Lebensjahrzehnt verfasst worden – als Krönung einer kritischen akademischen Laufbahn, was selten genug ist: In der Regel werden Professoren mit dem Alter geistig nicht mehr schärfer und auch altersmilder. Wolin dreht dagegen richtig auf.

Wolin prangert genau die Dinge an, an denen die Bundesrepublik (und viele andere westliche Demokratien) heute leidet. Er fasst in Worte, was aufmerksame Demokraten täglich spüren: institutionelle Korruption, Zuschauerdemokratie, bloße Verwaltung der Ohnmacht, ein permanentes Unterlaufen des psychischen Immunsystems gegen Manipulation, freiwillige Unterwerfung, das Blindmachen für Alternativen durch Indoktrination. Kurz: Es ist die Schaffung eines neuen Systems im Mantel des alten Systems. Es entsteht ein System, welches vorgibt »das Gegenteil von dem zu sein, was es wirklich ist«. Umgekehrt totalitär ist das neue System deswegen, weil der klassische Totalitarismus dadurch wirkte, dass er alle mobilisierte; der neue Totalitarismus wirkt schleichend dadurch, dass er alle fragmentiert und dadurch gefügig macht. Die Pappdemokraten von heute nicken auf Kommando. »Den Professoren wird das Apportieren beigebracht« (E. Jünger) und die Presse übt sich im papageischen Nachplappern.

Verständlich ist die heutige politische Welt nur, wenn man sie systematisch spiegelverkehrt liest, alle Worte und Begriffe umdreht. In dieser Epoche der großen Verdrehung passt tatsächlich niemand besser an die Spitze der Bewegung als ein Frank-Walter Steinmeier. Man will nur noch mit Herwegh sagen: »Schlafe, was willst du mehr?«

Mit der Abstimmung im Bundestag über die Impfpflicht spitzt sich die Maßnahmenhärte zu. Eine allgemeine Impfpflicht wurde abgelehnt, es bleibt in Deutschland bei einer einrichtungsbezogenen Impfpflicht. Doch das Thema ist noch nicht vom Tisch, wie Aussagen von Politikern immer wieder nahelegen.

16. März 2022

Verfassungsbruch mit Ansage[68]

Eine fraktionsübergreifende Gruppe von Abgeordneten will morgen eine Impfpflicht durchdrücken. Wissen sie, was sie da tun?

Abgeordnete sind laut Grundgesetz nur ihrem Gewissen verpflichtet. Sie sind Repräsentanten des ganzen Volkes und an

Aufträge und Weisungen nicht gebunden. Wie Bundestagsabgeordnete weiter zu ihren Entscheidungen kommen, ist nicht geregelt. Als Mitglieder des Verfassungsorgans Bundestag hat jeder Bundestagsabgeordnete für sich die rechtliche Pflicht, keine Vorlagen zu unterstützen oder einzureichen, die in eklatantem Widerspruch zum Grundgesetz stehen. Sie sollen die Interessen des Volkes vertreten und haben insbesondere die Grund- und Menschenrechte der Bürger zu achten.

Während in den meisten Ländern die Maßnahmen zurückgefahren oder abgeschafft werden, will man es in Deutschland offenbar noch mal ganz genau wissen, wie weit man bei der Drangsalierung des eigenen Volkes gehen kann. Am morgigen Donnerstag sollen die Parlamentarier über mehrere Vorlagen abstimmen, von denen die krasseste eine Impfpflicht für alle Volljährigen ab Oktober vorsieht.[69] Wissen die Abgeordneten des Deutschen Bundestages, worüber sie da abstimmen?

Ich fürchte: Jein. Doch sie tun es trotzdem. Und begehen sehenden Auges Verrat am Bürger und an seinen Interessen. Alles ist seltsam an dieser Vorlage. Das beginnt bei der Tatsache, dass hier ein paar besonders beflissene Abgeordnete rund um den Grünen Janosch Dahmen eine Koalition der Willigen gegen die freie Impfentscheidung des Einzelnen geschlossen haben.[70] Keines der Gesetzesvorhaben stammt übrigens aus dem Gesundheitsministerium. Vermutlich will sich Karl Lauterbach, der ja sogar einen Eid auf das Grundgesetz (und Gottes Hilfe dabei) geleistet hat, indem er bekräftigte, »seine Kraft dem Wohle des deutschen Volkes zu widmen, seinen Nutzen zu mehren und Schaden von ihm abzuwenden«, nicht selbst die Finger schmutzig machen. Er hält sich offiziell lieber raus und sekundiert in der Rolle des Panik-PR-Beauftragten.

Dafür schlug die Stunde von Hinterbänklern, die sich per öffentlicher Liste einen Wettbewerb in Sachen Pharmanähe und Bürgerferne lieferten, ganz im Sinne der neuen Scholz'schen Doktrin, dass es jetzt keine roten Linien mehr gebe.[71] Um es kurz zu machen: Die Impfpflicht entbehrt jeder Grundlage. Die Abgeordneten, die dafür stimmen, halten damit den Dauerexzess gegen den Bürger aufrecht und machen die Drohung wahr, die vor gut einem Jahr noch als »Fake News« galt.[72]

Die Impfpflicht, sie war bisher eine Drohkulisse des Staates und der Medien, noch möglichst viele »Freiwillige« mit Druck zu einer höchstpersönlichen medizinischen Entscheidung zu nötigen. Man hat es mit Heldenverehrung der Impfstoffhersteller versucht, mit regierungsnahen Impfluenzern aus der Virologenzunft, mit einem Propagandafeldzug der Diffamierung und Ausgrenzung sowie mit dem Erschwernis des täglichen Lebens aller Ungeimpften bis hin zum Entzug der Existenzgrundlage. Die einrichtungsbezogene Impfpflicht, sie gilt seit gestern. Jetzt droht man dem Rest der erwachsenen Bevölkerung.

Es ist wahrlich keine Raketenwissenschaft, die sich hinter der Absurdität der Impfpflicht verbirgt. Die Impfung hat sich erwartungsgemäß vom Gamechanger zum Rohrkrepierer entwickelt. Sonst bräuchte es – anders als beispielsweise bei anderen sinnvollen Impfungen – nicht mehrere Booster und Auffrischungen.

Im Grunde ist schon der Begriff »Impfung« fehl am Platz. Es geht um die Duldung eines experimentellen medizinischen Eingriffs in Dauerschleife.[73] Und das teils auch mit einem erst noch zu entwickelnden Impfstoff, der gegen gegenwärtige Varianten oder Mutationen noch gar nicht existiert. Das Ganze ist also ein Blankoscheck, eine Blackbox an parlamentarischer Verirrung. Die Abgeordneten wissen wirklich nicht, was sie da tun. Sie können es gar nicht wissen, was durch sie dem Bürger zwangsweise verabreicht werden soll. Doch sie tun es trotzdem. Sie tun dabei so, als könnten sie ihr Wissen aus der Zukunft in die Gegenwart verlagern, und sprechen sich gegenseitig Gewissheit zu, in dem sie mantraartig behaupten, dass die Impfung die Rettung aus der Pandemie sei. Was sie nie war. Sie war und ist Teil des Problems.

Die Abgeordneten sind in der Bringschuld. Sie haben zu beweisen, dass es einer Impfpflicht bedarf. Wie sie das anstellen wollen, darf als Rätsel gelten. Insofern ist am Donnerstag live aus dem Bundestag im Grunde nur ein makabres Schauspiel zu erwarten, in Form von Argumentationspirouetten, präpotent autosuggestiver Hohlformeln und laienmedizinischer Belehrung. Es kann ja keine Verpflichtung zum Selbstschutz geben, das wäre ein Verstoß gegen die Menschenwürde. Selbst einem Kranken kann keine Behandlung aufgedrängt werden, das gilt erst Recht für Gesunde, stellt selbst der Wissenschaftliche Dienst des Bundestages fest: »Eine Impfpflicht, die allein dem Selbstschutz der Geimpften dienen würde, wäre mithin kein legitimes Ziel.«[74]

Für den Fremdschutz taugt die Impfung aber auch nicht, selbst Geimpfte können infektiös sein. Und dann kommt noch die große Dunkelziffer an Impfnebenwirkungen und Impftoten. Gemeldet wird davon ja bisher allenfalls ein Bruchteil. All das wird seit Wochen von einer Gruppe von Wissenschaftlern[75] an die Politiker herangetragen, die sich, selbst für Covid-Verhältnisse, erstaunlich arglos und beratungsresistent geben.[76]

Doch auf Unwissen kann sich schon bezüglich der bestehenden Impfstoffe niemand berufen. Die bekannten Impfnebenwirkungen allein des Biontech-Stoffs sind längst öffentlich. Was auch immer die Bundestagsabgeordneten in autosuggestiver Manier als Gründe vortragen werden: Sie werden die bekannten Nebenwirkungen und statistisch auffälligen (und von Covid-Toten bereinigten) Todesfälle seit Beginn der Impfkampagne verschweigen (müssen), um halbwegs gut dazustehen.

Das brisanteste Dokument »5.3.6 postmarketing-experience«[77] führt die bei Pfizer schon im Februar 2021 bekannten Impfnebenwirkungen auf. Kennen die Abgeordneten des Deutschen Bundestages dieses Dokument? Sie müssten es kennen, wenn sie die Frage der Impfpflicht auf der Höhe der Zeit und des allgemeinen Kenntnisstandes abhandeln wollen. Fragen Sie doch Ihren Bundestagsabgeordneten mal danach.

Ich zitiere einfach mal ab Seite 30: *1p36 deletion syndrome;2-Hydroxyglutaric aciduria;5›nucleotidase increased;Acoustic neuritis;Acquired C1 inhibitor deficiency;Acquired epidermolysis bullosa;Acquired epileptic aphasia;Acute cutaneous lupus erythematosus;Acute disseminated encephalomyelitis;Acute encephalitis with refractory, repetitive partial seizures;Acute febrile neutrophilicdermatosis;Acute flaccid myelitis;Acute haemorrhagic leukoencephalitis;Acute haemorrhagic oedema of infancy;Acute kidney injury;Acute macular outer retinopathy;Acute motor axonal neuropathy;Acute motor-sensory axonal neuropathy;Acute myocardialinfarction;Acute respiratory distress syndrome;Acute respiratory failure;Addison›sdisease;Administration site thrombosis;Administration site vasculitis;Adrenalthrombosis;Adverse event following immunisation; Ageusia;Agranulocytosis;Air embolism;Alanine aminotransferase abnormal;Alanine aminotransferase increased;Alcoholic seizure; Allergic bronchopulmonary mycosis;Allergic oedema;Alloimmune hepatitis;Alopecia areata;Alpers disease;Alveolar proteinosis;Ammonia abnormal;Ammonia increased;Amniotic cavity infection;Amygdalohippocampectomy;Amyloidarthropathy;Amyloidosis;Amyloidosis senile;Anaphylactic reaction;Anaphylacticshock;Anaphylactic transfusion reaction;Anaphylactoid reaction;Anaphylactoidshock;Anaphylactoid syndrome of pregnancy;Angioedema;Angiopathic neuropathy;Ankylosing spondylitis;Anosmia;Antiacetylcholine receptor antibody positive;Anti-actin antibody positive;Anti-aquaporin-4 antibody positive;Anti-basal ganglia antibody positive;Anti-cyclic citrullinated peptide antibody positive;Anti-epithelial antibody positive;Anti-erythrocyte antibody positive;Anti-exosome complex antibody positive;Anti-GAD antibody negative;Anti-GAD antibody positive;Anti-ganglioside antibody positive;Antigliadin antibody positive;Anti-glomerular basement membrane antibody positive;Antiglomerular basement membrane disease;Anti-glycyl-tRNA synthetase antibody positive;Anti-HLA antibody test positive;Anti-IA2 antibody positive;Anti-insulin antibody increased;Anti-insulin antibody positive;Anti-insulin receptor antibody increased;Antiinsulin receptor antibody positive;Anti-interferon antibody negative;Anti-interferon antibody positive;Anti-islet cell antibody positive;Antimitochondrial antibody positive;Anti-muscle specific kinase antibody positive;Anti-myelin-associated glycoprotein antibodies positive;Anti-myelin-associated glycoprotein associated polyneuropathy;Antimyocardial antibody positive;Anti-neuronal antibody positive;Antineutrophil cytoplasmic antibody increased;Antineutrophil cytoplasmic antibody positive;Anti-neutrophil cytoplasmicantibody positive vasculitis;Anti-NMDA antibody positive;Antinuclear antibody increased;Antinuclear antibody positive;Antiphospholipid antibodies positive;Antiphospholipid syndrome;Anti-platelet antibody positive;Anti-prothrombin antibody positive;Antiribosomal P antibody positive;Anti-RNA polymerase III antibody positive;Anti-saccharomyces cerevisiae antibody test positive;Anti-sperm antibody positive;Anti-SRP antibody positive;Antisynthetase syndrome;Anti-thyroid antibody positive;Anti-transglutaminase antibody increased;Anti-VGCC antibody positive;Anti-VGKC antibody positive;Anti-vimentin antibody positive;Antiviral prophylaxis;Antiviral treatment;Anti-zinc transporter 8 antibody positive;Aortic embolus;Aortic thrombosis;Aortitis;Aplasia pure red cell;Aplastic anaemia;Application site thrombosis;Application site vasculitis;Arrhythmia;Arterial bypass occlusion;Arterial bypass thrombosis;Arterial thrombosis;Arteriovenous fistula thrombosis;Arteriovenous graft site stenosis;Arteriovenous graft thrombosis;Arteritis;Arteritis*

So geht es über neun Seiten, eng bedruckt. Im Gesetzesentwurf von Janosch Dahmen und Co. steht auf Seite drei als Gegenmittel zu Covid zu lesen: »Zur Prävention stehen gut verträgliche, sichere und hochwirksame Impfstoffe zur Verfügung.«

Mit unzureichender Information aus den regierungshörigen Medien werden sich die Abgeordneten später nicht herausreden können. Sie haben einen Stab von Mitarbeitern, Zugang zu Expertengruppen, Fachausschüsse und den Wissenschaftlichen Dienst des Bundestages zur Verfügung. Sie können sich deshalb im Grunde nur um Kopf und Kragen reden und ihr Nichtwissen zur Schau stellen. Der 16. März wird, sofern die Gesetzesvorlagen nicht noch zurückgezogen werden, als schwarzer Tag des bundesdeutschen Parlamentarismus in die Geschichtsbücher eingehen.

Es wird ein Davor und Danach dieses schwarzen Tages geben, egal wie die Abstimmungen ausgehen. Merken Sie sich die Namen und Gesichter der Abgeordneten gut, die Sie verraten. Wenn der von Karl Lauterbach ausgerufene, permanente Ausnahmezustand endet, und das wird er, darf diesen Personen keine verantwortungsvolle Aufgabe in unserem Gemeinwesen mehr anvertraut werden. Oder wie Reinhard Mey sang: »Sei wachsam, merk dir die Gesichter gut!«

20. Februar 2022

Sprechen wir doch mal über Verschwörungspraxis[78]

Wer Verschwörungen aufdeckt, deckt einen Verrat am Souverän auf. Demokratie hat nur im Licht der Transparenz eine Überlebenschance.

»Wir dringen in die Regierungen ein«, meinte der Gründer des World Economic Forum (WEF), Klaus Schwab, als er schon vor Jahren mit dem Erfolg seines »Young Global Leaders« Programms angab. Die Mehrheit des Kabinetts in Kanada, Frankreich und Argentinien bestehe bereits aus Kadern seines Nachwuchsprogramms, Merkel und Putin gehörten auch dazu.[79]

Hey lieber Souverän, sorry, dass ich dich an dieser Stelle mal mit dem Ellbogen anstupse. Da behauptet einer mit ziemlich guten Kontakten zu Regierungen und den weltweit größten Unternehmen, dass er eine Gruppe von seinen Leuten in die Regierungen gebracht hat, die eigentlich dich repräsentieren sollen. Stört dich das nicht, so als Souverän? Sorry, wenn ich weiterfrage: Was wäre eigentlich, wenn die Repräsentanten auf oberster Ebene dort auf viele attraktivere Verhandlungspartner stoßen als dich? Halten die dann noch am Ursprungsdeal mit dir, als Souverän fest? Oder haben sie nicht vielmehr den besten Anreiz, nur noch so zu tun?

Zwei Jahre lang und mehr war »Verschwörungstheorie« das Schimpfwort der Stunde, wenn sich Politik, Medien und regierungsnahe Experten lästige Fragen in Sachen Corona vom Leib halten wollten. Inzwischen ist das etwas anders und das nicht nur, weil die meisten Verschwörungstheorien – Stichwort Impfpflicht – zur Realität geworden sind. So wirft der Physiker Roland Wiesendanger von der Universität Hamburg einem Christian Drosten in Mainstream-Medien vor, Teil einer Verschwörung zu sein. Nämlich einer Virologen-Verschwörung, die sich zum Ziel gesetzt hatte, die These, dass das Virus aus einem Labor in Wuhan stammen könnte, zu geistigem Sperrgebiet zu erklären.[80] Die Öffentlichkeit darf sich seitdem fragen, wie viel sie ihrem Lieblingsvirologen noch glauben will, der am liebsten unwidersprochen die Propaganda-Sicht der kommunistischen Parteiclique Chinas verbreitet sehen will. Kommt jetzt eine Zeitenwende? Sprechen wir, statt von Verschwörungstheorien, jetzt endlich mal von der für alle sichtbaren, anscheinend gänzlich normal gewordenen Verschwörungspraxis?

An dieser Diskussion führt kein Weg vorbei, sie drängt sich geradezu auf. In den globalen Rängen zwischen Großmächten, Großkonzernen und Gernegroß-Politikern ist viel Raum für lukrative Geschäfte und interessante Verabredungen. Wem dafür die Vorstellungskraft fehlt, der ist einem naiven Demokratieaberglauben erlegen. Es reicht ein Blick in jedes Dorf. Wo es Bürgermeister, Bauunternehmer und attraktives Bauland gibt, ist das Feld der Verabredungen und Schiebereien eröffnet.

Das WEF ist einfach nur die globale Börse für Korporatismus, nichts weiter. Nur nennt man das dort eben euphemistisch »Public Private Partnerships«. Die Liste allein der »Young

Global Leaders« ist lang und wird auch noch durch Tausende »Global Shapers« ergänzt.[81] Was machen die Mitglieder dieser Organisation und warum sind sie so häufig in Regierungen? Wie lokal dehnbar der Begriff »global« sein kann, zeigt der Fall Natalie Rickli, die als Gesundheitsdirektorin des Kantons Zürich ebenfalls zu Schwabs illustrer Nachwuchstruppe gehört und diesen Stallgeruch mit Corona-Hardlinertum bestens untermauert.[82]

Es gibt keine Demokratie ohne den Verdacht des Verrats. Zweifel ist ein Kernelement der Demokratie. Denn es geht letztlich um die Frage »verraten mich meine Vertreter?« und damit um die Basisfrage »ist die Demokratie noch existent?«. Deshalb ist auch jede Verfassung, jedes Grundgesetz und jede Bill of Rights ein Dokument, welches ohne die Gefahr der Konspiration gar nicht existent wäre – weil es sonst nicht notwendig wäre. Gewaltenteilung und Grundrechte als Abwehrrechte gegen den Staat braucht es nicht in einer Welt von Engeln.

Genau deshalb wäre es auch erste Pflicht des Journalismus, nicht nur auf die Ebene von »Government« zu schauen, sondern besonders akribisch die Ebene der »Governance« in den Blick zu nehmen, die Interessenssphäre von NGOs, Stiftungen, Konzernen. Doch dort lauert der aktuell große, blinde Fleck. Dort gibt es angeblich nichts Interessantes zu sehen.

Der Fall des Ringier-CEOs Marc Walder spiegelt gut das Misstrauen wider, an welchem die gesamte Branche krankt: Walder vergatterte alle Ringier-Medien zur Regierungstreue in Sachen Corona, warb auch bei anderen Medien-CEOs für diese Linie und zimmerte zuvor beim WEF eine Digitalstrategie für Großkonzerne zusammen.[83] Welche Art von Transparenz will die Öffentlichkeit von solchen Menschen an der Spitze eines Medienkonzerns erwarten? Gar keine. Dann muss sich eine Branche freilich nicht wundern, wenn aus dem großen blinden Fleck plötzlich ein schwarzes Loch wird, welches die Restglaubwürdigkeit insgesamt einsaugt.

Welche Institution ist derzeit eigentlich nicht in Schieflage? An der Spitze der EU-Kommission steht mit Ursula von der Leyen eine Frau, die gut darin war, intransparent Beraterverträge zu vergeben und danach SMS zu löschen; bei den Impfstoffverträgen jetzt das gleiche intransparente Spiel. An der Spitze der EZB: eine wegen Untreue verurteilte Finanztechnokratin. Gegen den Bundeskanzler der Bundesrepublik Olaf Scholz liegt eine prominente Anzeige wegen Begünstigung von Cum-Ex-Deals vor. Die Biontech-Aktie: trotz Dauer-Pandemie im Sinkflug; die Moderna-Bosse haben dagegen schon ordentlich ausgecasht. Die katholische Kirche versinkt im Missbrauchs-Morast. Der Chef der WHO? Bill Gates? Ach, lassen wir das.

Die Vermutung einer Verschwörung – und nichts anderes ist eine Verschwörungstheorie – ist kein Angriff auf die Demokratie. Es ist ein Dienst an der Demokratie. Denn wer Verschwörungen aufdeckt, deckt einen Verrat am Souverän auf. Wer Verschwörungen dagegen deckt, beteiligt sich an einem Verrat am Souverän. Je mehr an Ungereimtheiten in Sachen Corona jetzt auf den Tisch kommen, desto gewaltiger türmt sich auch der Berg an Vorwürfen auf an Institutionen, Gatekeeper, Intellektuelle und sonstige gekürte Autoritäten, welche bei der Aufarbeitung bisher kolossal versagt haben. Erst rutschen Narrative, danach fallen Institutionen. Sind wir für die Zeit danach vorbereitet? Ja, wenn wir von unten nach oben denken und im Licht der Transparenz wieder ein heilsames Desinfektionsmittel sehen statt ein Element der Subversion.

Jens Spahn, ehemaliger deutscher Gesundheitsminister und ebenfalls »Young Global Leader«, meinte mal: »Wir werden in ein paar Monaten einander wahrscheinlich viel verzeihen müssen.«[84] Falsch, lieber Jens Spahn: Um Verzeihung kann man allenfalls bitten, sie aber nicht erzwingen. Doch eine andere Verpflichtung existiert: Gewählte Vertreter werden ihrem Volk wahrscheinlich viel erklären müssen. Die Welle der Aufklärung hat gerade erst begonnen.

Was steht in den geschwärzten Verträgen von Pfizer mit der EU-Kommission?[85]

Die Geheimnistuerei rund um die Verträge mit den Covid-Impfstoffherstellern nährt zu Recht Misstrauen und untergräbt die Demokratie. Was hat man zu verbergen?

Stellen Sie sich eine Pharma-Firma vor, die mal die Rekordsumme von 2,3 Milliarden (ja, Milliarden) Dollar für Fehlinformationen rund um ihre Produkte zahlen musste (mehr dazu auf der Seite des FBI[86]). Stellen Sie sich weiter vor, dass bei fast einem Drittel[87] aller in Amerika von der FDA zugelassenen Medikamente nach der Zulassung Sicherheitsbedenken auftauchen und etwa 4500 Substanzen und Geräte jährlich ihre Zulassung verlieren[88], weil sie sich als unsicher herausstellen. Und jetzt stellen Sie sich schließlich vor, dass ebendiese Firma in Anbetracht von Covid in Windeseile experimentelle Impfstoffe auf den Markt bringt und sich in Schweigen darüber hüllt, was sie mit den Großabnehmern, also den Staaten oder der EU, vereinbart hat.

Verrückt? Nein, so ist die Realität. Die Firma heißt Pfizer und die Chefin der EU-Kommission rückt nicht nur (mal wieder) die SMS nicht heraus, die sie sich mit Pfizer-CEO Albert Bourla schrieb, sondern warf sich ihm bei einer Veranstaltung des Atlantic Council auch noch mit einem Preis um den Hals.[89] All das ist den Medien bisher so egal gewesen, wie, na ja, eben Impfschäden, Impftote, und alles, was sonst eben auch nicht ins Narrativ passt, also zum Beispiel Hakenkreuze und SS-Runen auf Helmen von so manchem Ukraine-Kämpfer.[90] Denn der Pfizer-CEO ist ein Wohltäter, Klaus Schwab ein harmloser Visionär, Selenski der Ober-Hero und Putin natürlich, Hitler. Es kämpfen jetzt also auch Nazis gegen Hitler. Alles ganz logisch. Einfacher war die Welt da draußen noch nie zu verstehen, wenn man einfach nur »Unterstützer der gegenwärtigen Sache ist«. War es je einfacher, ohne Nachdenken und jegliche Differenzierung auf der richtigen Seite zu sein?

Was in den Verträgen steht, geht deshalb Sie, also den Bürger, erst mal gar nichts an. Ihre gewählten Abgeordneten übrigens auch nicht, wie EU-Abgeordnete offenlegten.[91] Und die Medienvertreter fragen sicherheitshalber schon gar nicht mehr nach. Sie als Bürger haben sich einfach für die nächste Spritze anzustellen und artig Danke zu sagen dafür, wie toll die Politik, die Medien und die Virologen sie durch die Pandemie gebracht haben. Immerhin, die kritischen Schauspieler und Regisseure von #allesdichtmachen und #allesaufdentisch bedanken sich stellvertretend für uns alle in der neuesten Aktion #Dankefüralles, mit dem nicht ganz unwichtigen, augenzwinkernden Zusatz: Ab jetzt kommen wir alleine klar.

Pfizer hat jedenfalls so viel Vertrauen ins eigene Vorgehen, dass man lieber 104 Seiten umfassende Geheimverträge abschließt, sonst käme vielleicht noch heraus, dass man etwas Unanständiges tut.[92] Was hat Pfizer denn so dringend zu verbergen? 15,50 Euro beträgt der Preis pro Impfdosis (S. 20), macht bei 200 Millionen Bestellungen also gut 3 Mrd. Euro Steuergeld für eine Spritzenbehandlung, die dem Bürger aufgedrängt wird. Weitere 1,8 Milliarden Dosen hat die EU darüber hinaus bis Ende 2023 reserviert, macht noch mal gut 30 Milliarden Umsatz aus Steuergeldern.[93]

Dafür schließt Pfizer großzügig die Haftung für das eigene Produkt aus (S. 30 ff.) und wälzt das Risiko nahezu vollständig auf die Mitgliedstaaten ab. Die Mitgliedstaaten haben vertraglich in Kauf zu nehmen, dass bisher unbekannte Langzeitwirkungen auftauchen können (S. 48). Gewinne privatisieren und Risiken sozialisieren, das war mal bei der Bankenkrise von 2008 ein gewisser Schocker, jedenfalls ausreichend schlimm, dass ein paar Aktivisten von »Occupy Wallstreet« beschlossen, in einem Park in der Nähe der New Yorker Börse zu zelten. Mit echtem Kapitalismus hatte das übrigens so wenig zu tun, wie das Gebaren der Pharma-Akteure mit Gesundheitsschutz. Aber wenn ich es organisierte Kriminalität nenne, bekomme ich im freiesten Westen aller Zeiten wieder einen Strike auf Facebook oder Linkedin, deshalb lasse ich es natürlich.

In der Zeit des »New Normal« macht eben vieles Sinn: Der Bürger nimmt und bezahlt Impfstoffe, die er zu wollen hat, weil ihm der Staat das so sagt, und trägt auch noch sämtliche Verantwortung. Viel Spaß bei der Anerkennung von Impfschäden, davon wollen sowohl die Impfärzte, die fürstlich dabei verdient haben, als auch die Behörden nämlich nur ungern etwas wissen.

Pfizer selbst will auch im 4. Quartalsbericht von 2021 übrigens nicht ausschließen, dass bei der weit verbreiteten Anwendung ihrer Medikamente neue Informationen zu Effektivität, Sicherheit oder möglichen schweren Nebenwirkungen auftauchen.[94] Das würde die Gewinne natürlich schmälern. Im Jahr 2021 betrug der Pfizer-Umsatz über 80 Milliarden Dollar, fast doppelt so viel wie im Jahr 2020. Zum Vergleich: Das Militärbudget Russlands liegt bei ca. 60 Milliarden Dollar jährlich. Die deutschen Abgeordneten rund um die SPD-Abgeordnete Heike Baehrens und Grünenpolitiker Janosch Dahmen, die eine Impfpflicht für alle Erwachsenen durchdrücken wollen (Antrag 20/899), sind währenddessen der festen Ansicht, dass die Impfstoffe »gut verträglich, sicher und hochwirksam« seien.[95]

Man fragt sich angesichts all dessen, woher manche Menschen eigentlich noch ihr Grundvertrauen in irgendwas hernehmen. Offenbar hat man dem Bürger und den Medien das Duckmäusertum zugleich mit den mRNA-Impfstoffen eingeimpft, aufgelöst in höchst fragwürdigen Nano-Lipiden, aber ach, das hatten wir ja schon mal alles.

Die deutsche Bundesregierung hat jedenfalls schon mal bis 2029 fleißig Impfstoffe nachbestellt und auch die Schweiz hat sich für 2023 eingedeckt. Freedom Day? Ja, der Witz war gut.

III. Der Corona-Komplex

Im November 2020 fuhr ich für mehrere Monate nach Fuerteventura, vergrub ich mich in einem Surfhostel und begann eine Serie von Artikeln zu Corona, die sich dem Thema möglichst breit nähern sollten. Ich wollte tun, was ich immer tue, wenn ich bei einem Thema nicht klar sehe: Ich verschaffe mir einen möglichsten breiten Überblick aus der Vogelperspektive. Oft wird dann der Blick etwas klarer. Mir fehlte außerdem eine bis dahin zusammenhängende Darstellung der Dinge. Reportagen? Dokumentationen? Investigative Stücke? Im Mainstream: Fehlanzeige. Diese Serie wurde mein Versuch, mir selbst einen Reim auf die Dinge zu machen. Sie erschien in folgender Fassung zwischen Dezember 2020 und März 2021.

12. Dezember 2020

Der Corona-Komplex — was passiert hier eigentlich gerade?[1]

Das gesamte Pandemieregime strotzt vor Ungereimtheiten und Widersprüchen. Es ist an der Zeit, dass es in tausend Teile zerspringt.

Im Jahre 207 v. Chr. stand der chinesische Feldherr Xiang Yu mit 20000 Männern einem Heer von 300000 Mann gegenüber. Während der Schlacht um Yulu befahl er nach Überquerung des Flusses, die eigenen Schiffe zu versenken. Er wollte seine Männer vor vollendete Tatsachen stellen. Der Rückweg war jetzt verbaut. Ein Überleben durch Flucht war nicht mehr möglich, nur noch durch Sieg. Das Versenken eigener Schiffe oder Verbrennen von Brücken steht heute sprichwörtlich für die Situation des »Fait accompli«, für die vollendete Tatsache.

Die Geschichte um Sars-CoV-2 hat keinen richtigen Anfang und bisher auch kein richtiges Ende. Aber sie ist eine Geschichte der vollendeten Tatsachen. Plötzlich war ein Virus in der Welt. Und die Bekämpfung des Virus durch die Politik folgt der Strategie Xiang Yus: Es geht nur noch vorwärts, alternativlos und im Eiltempo. Eine Rückkehr zur alten Normalität wird weiter in die Zukunft verlagert, von immer neuen Maßnahmen und Bedingungen abhängig gemacht oder sogar ausdrücklich ausgeschlossen.

Die Schiffe, die hier gerade verbrannt werden, heißen: demokratischer Diskurs, wissenschaftlicher Austausch, das Prinzip des Anhörens der anderen Seite. Seit Beginn der Corona-Krise sind es nicht die Errungenschaften der Moderne, auf die man sich zur Bewältigung der Krise stützt, sondern die überwundenen Reste der Vormoderne. Was zu gelten hat, wird von oben nach unten durchgereicht. »Auctoritas, non veritas facit legem« – es zählt nicht die Wahrheit, sondern die Macht, wie Thomas Hobbes in seinem Buch Leviathan schreibt. Wer Macht hat, hat gerade recht.

Das ergebnisoffene, demokratische Element ist aus der Debatte entfernt. Es wurde ersetzt durch die Geschlossenheit der »offiziellen Wahrheit«, flankiert von einem dezisionistischen Freund-Feind-Denken. Der Kampf gegen das Virus ist zu einem Kampf »Gut gegen Böse« hochstilisiert worden. Gut und vernünftig ist, wer die offizielle Linie der Politik und ihre Maßnahmen zur Virusbekämpfung mitträgt. Wer das nicht tut, hilft dem Virus, also konkret dem »Feind« in der immer wieder gerne bemühten Kriegsrhetorik. Und wer dem Feind hilft, ist natürlich ein Verräter und muss stummgeschaltet, ausgeladen, diffamiert oder sonst wie leise gestellt werden. All das passiert gerade vor unseren Augen.

Es ist dabei egal, wie renommiert die Kritiker sind oder wie zahlreich und hochwertig die kritischen Studien sind, die der aktuellen Politik widersprechen. Wenn jedoch einem Thema die wissenschaftliche und demokratische Diskussionsgrundlage entzogen wird, befinden wir uns auf dem Terrain des Glaubens. »Glauben Sie keinen Gerüchten, sondern nur den offiziellen Mitteilungen«, meinte Angela Merkel in einer Fernsehansprache vom 18. März 2020.[2] Sie fügte an: »Wir sind eine Demokratie. Wir leben nicht von Zwang, sondern von geteiltem Wissen und Mitwirkung.« Dieser Satz wurde seit Krisenbeginn nicht mehr eingelöst. Damit befinden wir uns am Punkt der Entscheidung, dem Moment der Wahrheit.

Die Politik, ein Teil der Wissenschaft und ein Großteil der Medien sind in einen Kampf gezogen, ohne die Möglichkeit des Rückzugs offenzulassen. Viel Vertrauen wurde zerstört. All diejenigen, die das offizielle Covid-Narrativ weiter stützen, sind nun in der misslichen Situation, dass sie selbst diese Pandemie brauchen, um zu überleben. Die Behauptung, dass es sich hier gerade um ein gefährliches Virus handelt und die Maßnahmen zu dessen Bekämpfung richtig sind, muss um jeden Preis halten. Fällt das Narrativ, kollabiert die Glaubwürdigkeit von drei tragenden Institutionen: Politik, Medien und Wissenschaft. Doch kann das Covid-Narrativ halten?

Viele verschiedene Stimmen haben seit Beginn der Krise auf zahlreiche Ungereimtheiten hingewiesen.[3] In der Gesamtschau, die wir im Folgenden hier versuchen, türmen sich die Ungereimtheiten mit der Zeit zu immer neuen, größeren, falschen und schiefen Konstruktionen auf. Diese Situation stellt auch den Bürger vor eine völlig neue Herausforderung. Noch deutlicher als zuvor muss er sich positionieren, sich zur Situation verhalten, sein »Lager« wählen: gehorsam sein oder kritisch sein? Gesicht zeigen oder sich wegducken? Es ist eine Bewährungsprobe für den Bürger, für die Demokratie, letztlich für die freiheitliche Ordnung und für den gesunden Menschenverstand jedes Einzelnen, der sich auf alles, was passiert, einen Reim machen soll.

Doch die normalen Gesetze des Erkennens, Verhandelns, der öffentlichen Sinnvermittlung und Urteilsbildung sind gerade außer Kraft gesetzt. Die Politik hat beschlossen, den Bürger mit den massivsten Grundrechtseingriffen der Geschichte der Bundesrepublik zu konfrontieren, ohne ihn ausreichend an der Entscheidungsfindung zu beteiligen. Sie behandelt die Bevölkerung wie eine willige und lenkbare Herde. Diese soll nun im Eiltempo »verimpft« oder »durchgeimpft« werden, so die Wortwahl von Karl Lauterbach. Die Lage ist ernst.

Wie wir diese Situation überstehen, liegt jetzt an jedem Einzelnen und damit auf den Schultern vieler Menschen, die auf gesunden Menschenverstand und ihre eigene Urteilsfindung vertrauen; die sich organisieren und bereit sind, sich der Realität zu stellen, gerade wenn es eine beunruhigende Realität ist. Rechnen wir nicht mit einem Retter oder einer Retterin. Rechnen wir nicht mit Zufällen, nicht mit befreienden Gerichtsentscheidungen, nicht mit Menschen, die sich uns als universelle Problemlöser andienen. Vertrauen wir auf uns selbst und die Kraft der vielen unabhängigen vernetzten Köpfe: Prüfen wir selbst, denken wir selbst, entscheiden wir selbst.

Wir erheben bei unseren Ausführungen keinen Anspruch auf Vollständigkeit. Wir sind uns bewusst, dass einige Informationen verstörend sein können, bis zum Zusammenbruch des Weltbildes. Doch wir haben uns entschlossen, jetzt möglichst viele Widersprüche und offene Fragen gebündelt zusammenzutragen, weil wir letztlich an den Satz von Ingeborg Bachmann glauben: »Die Wahrheit ist dem Menschen zumutbar.«

Egal in welcher Situation Sie sich befinden: ob Sie das Corona-Thema wie ein verlängertes Sabbatical nehmen; ob Sie unkündbarer Beamter oder arbeitslos gewordener Künstler sind; ob Sie von einem faktischen Berufsverbot betroffen sind oder alles für

Sie so weiter zu laufen scheint wie bisher. Vielleicht profitieren Sie sogar von der aktuellen Situation. Nehmen Sie sich Zeit zu verstehen, was gerade passiert. Denn am Ende sind auch Sie betroffen.

Unsere Ausgangsüberlegung war es, ein kritisches, in den uns relevant erschienenen Teilen möglichst punktgenaues Gesamtbild der aktuellen Situation zu entwerfen und verschiedene Themenblöcke zu analysieren: medizinische, juristische, mediale, massenpsychologische, internationale und wirtschaftliche.

Die gegenwärtige Coronakrise hat dabei mehrere Aufhänger: Aus medizinischer Sicht hängt sie an den durch PCR-Tests gemessenen »Neuinfektionen«. Das rechtliche Regime der Maßnahmen hängt an Begriffen wie »epidemische Lage von einer nationalen Tragweite« oder »Infektion«. Der mediale Aufhänger ist ganz überwiegend das offizielle Narrativ der Politik über die Existenz einer gefährlichen Pandemie. Die Meinungsbildung selbst ist dysfunktional; sie kann sich in einem Klima von Zensur, Panikerzeugung und Konformitätsdrang kaum entfalten.

Am Ende lautet die Frage aller Fragen: Cui bono? Wem nützt das alles? Wer bestimmt das Geschehen mit? Wer hat Interessen und profitiert? Die globale Interessenlage und das Agieren von WEF, China, der Bill & Melinda Gates-Stiftung sowie weiteren Akteuren im Zuge der Pandemie kommen in den Medien so gut wie nicht vor, als handelte es sich bei diesen Themen um gesellschaftliche Tabus.

Wir gliedern unsere Ausführungen thematisch in mehrere Teile: medizinische Ungereimtheiten, das rechtliche Pandemieregime, das Meinungsmanagement und die globale Agenda von WEF, China und Co. Im Idealfall ergibt sich aus der Gesamtschau der Dinge ein Gesamtbild der Lage, das schlüssiger ist als das Bild, das wir jetzt haben.

Die medizinischen Ungereimtheiten[4]

Gibt es gerade ein schlüssiges medizinisches und statistisches Gesamtkonzept?

Am 13. Oktober 1993, morgens um 6:15 Uhr klingelte bei Kary Mullis, einem Biochemiker der Firma Cetus in Kalifornien, das Telefon. Er habe den Chemie-Nobelpreis gewonnen. Mullis freute sich, und da das Telefon danach nicht aufhörte zu klingeln, fuhr er erst einmal mit Freunden zum Wellenreiten, wo er jedoch auch bald von Journalisten aufgesucht wurde. Am nächsten Tag stand in der Zeitung: »Surfer gewinnt Nobelpreis.«

Mullis hatte Jahre zuvor bei einer abendlichen Heimfahrt mit seiner Frau eine alles verändernde Eingebung gehabt. Am Steuer seines alten Honda Civic war ihm einfach gesagt ein chemisches Vervielfältigungsverfahren für Gensequenzen eingefallen. Er hielt an, nahm sich ein Kuvert und einen Stift und rechnete. Seine Idee: Er könnte Gensequenzen in mehreren, mathematisch aufeinander aufbauenden Zyklen vervielfältigen und diese dadurch sichtbarer machen. So, als würde man ein Mikroskop schärfer stellen.

Bisher ging es Forschern nach Aussage von Mullis mit der Entzifferung von Gensequenzen der DNA oder RNA in etwa so, als müssten sie einen Lizenzvertrag auf der Erde entziffern, während sie auf dem Mond stehen. Mit dem Verfahren von Mullis konnte man jetzt heranzoomen. Da jeder Vervielfältigungszyklus bei seinem Verfahren an den vorhergehenden anknüpfte, war die Vervielfältigung der Sequenzen exponentiell. Aus zehn Zyklen entstanden 1024 Kopien, aus 20 dementsprechend 1 Million; aus 30 Zyklen eine Milliarde Kopien der Gensequenz.

Der PCR-Test (Polymerase Chain Reaction) war geboren. Cetus verkaufte das Verfahren später für 300 Millionen Dollar an den Schweizer Pharmariesen Hoffmann-LaRoche. Kary Mullis starb im August 2019.

Der PCR-Test ist in der Corona-Krise zum meist verbreiteten Standard der Messung einer Infektion mit dem Sars-Cov-2-Erreger geworden. Die durch ihn gemessenen positiven Testergebnisse bestimmen unter dem Begriff »Neuinfektionen« seit Monaten das politische und mediale Geschehen.

Werfen wir an dieser Stelle kurz einen Blick auf den chronologischen Ablauf.

Am 18.10.2019 fand in New York das Planspiel »Event 201« statt, organisiert vom Johns Hopkins Center for Health Security, der Bill & Melinda Gates-Stiftung sowie dem WEF. Man simulierte dabei, wie der Ausbruch eines Coronavirus global zu handhaben wäre.[5] Dabei ging es auch um die richtige Informierung der Bevölkerung und die Bekämpfung von Desinformation, zum Beispiel über Social Media.[6] Durch das Planspiel wurde die Notwendigkeit von verstärkter privater-öffentlicher Zusammenarbeit betont (»public-private partnership«).

Am 31.12.2019 informierte die lokale Gesundheitskommission Wuhan über den Ausbruch einer Lungenkrankheit in der Stadt.[7] Zu diesem Zeitpunkt galten sieben Personen als schwer erkrankt; 18 Menschen befanden sich in stabilem Zustand. Die Meldung wurde unter anderem auf Social Media, von Reuters[8] und der Deutschen Welle[9] verbreitet.

Anfang Januar 2020 entwickelte ein Team um Viktor Corman und Christian Drosten einen PCR-Test zum Nachweis des neuartigen Virus, der als diagnostischer Leitfaden sogleich von der WHO übernommen wurde. Der Beitrag wurde am 23.01.2020 in der Fachzeitschrift *Eurosurveillance* veröffentlicht (»Corman-Drosten-Papier«).[10]

Am 30.01.2020 rief die Weltgesundheitsorganisation einen »internationalen Gesundheitsnotstand« aus. Zu diesem Zeitpunkt wurden aus China 170 Tote gemeldet, im restlichen Teil der Welt lag die Anzahl der Toten zu diesem Zeitpunkt bei null.[11]

Das Corman-Drosten-Papier vom 23.01.2020 steht im Zentrum des Covid-Narrativs und bedarf daher in besonderem Maße einer kritischen Würdigung. Schließlich ist es die wissenschaftliche Basis dafür, dass auf der ganzen Welt beispiellose Zwangsmaßnahmen verhängt wurden.

Dies gilt umso mehr, als inzwischen 22 Wissenschaftler rund um den Mikrobiologen Pieter Borger eine Gegenstudie (»Corman-Drosten-Review«[12]) erstellt haben. Sie gehen darin unter anderem davon aus, dass der Test des Teams um Corman und Drosten »unnütz« und »ungeeignet als diagnostisches Werkzeug sei, um den SARS-CoV-2 Virus zu identifizieren und eine Infektion festzustellen«.

Weiter identifizieren die 22 Wissenschaftler zehn »massive Fehler« des Drosten-Papiers, wie fehlerhaftes Testdesign, fehlende Standardisierung und Validierung. Es fehlt zum Beispiel die Erläuterung, was ein positives und was ein negatives Testergebnis definiert, es werden teils Werte weggelassen oder es fehlt an Kontrollmechanismen.[13] Die Forscher verlangen deshalb von *Eurosurveillance*, das Corman-Drosten-Papier zurückzuziehen.[14]

Die Zeitschrift will nun auf die Kritikpunkte der 22 Wissenschaftler eingehen und das Papier erneut prüfen. Unabhängig davon, wie dieses Kontrollverfahren ausgeht, gibt es schon jetzt mehrere objektive Auffälligkeiten an dem Corman-Drosten-Papier und seinem Zustandekommen zu bemängeln.

Das Papier wurde am 21.01.2020 eingereicht, am 22.01.2020 geprüft und am 23.01.2020 veröffentlicht. Das ist ein extrem enges Zeitfenster. Kritiker behaupten deshalb, es habe kein sogenanntes Peer-Review-Verfahren gegeben, also eine Begutachtung des Papiers durch Fachkollegen. Dieser in der Regel zeitaufwändige Prozess ist absoluter wissenschaftlicher Standard und dessen Unterlassen wäre von Seiten der Herausgeber grob fehlerhaft und irreführend.

Auf Anfrage meinerseits bei *Eurosurveillance* wurde per Mail bestätigt, dass ein Peer-Review-Verfahren durch zwei Wissenschaftler stattgefunden hat, und zwar innerhalb von 24 Stunden. Die weitere Nachfrage, wie viele Studien genau sonst noch bei *Eurosurveillance* in etwa 24 Stunden begutachtet wurden, wurde nicht beantwortet.

So wie es scheint, brauchte es für die Begutachtung aller sonstigen Artikel bei *Eurosurveillance* jedoch mindestens 20 Tage. Zwei Autoren der Studie, Christian Drosten und Chantal Reusken, sind »Associate Editors« der Fachzeitschrift, also an das Redaktionsteam angegliedert.[15] Ging das Prüfverfahren deshalb so schnell über die Bühne? Wieso wurde auf diesen Umstand nicht von Anfang an hingewiesen? Es handelt sich um einen Interessenkonflikt. Die Co-Autoren der Studie Olfert Landt und Marco Kaiser sind CEO bzw. wissenschaftlicher Berater der Berliner Firma Tib-Molbiol, welche die Drosten-PCR Test-Kits in der ganzen Welt vertrieb. Auf diesen Interessenskonflikt wurde erst am 29.07.2020 hingewiesen, auch dies ein klares Versäumnis. Drosten und Landt haben schon bei früheren Studien zusammengearbeitet.[16]

Damit enden die Fragen jedoch nicht, sondern sie fangen erst an. Der PCR-Test bietet hier ein schier unerschöpfliches Feld.

Das beginnt schon damit, dass der PCR-Test vom Robert Koch-Institut (RKI) als »Goldstandard für die Diagnostik« bezeichnet wird.[17] Die Hersteller von Tests verweisen jedoch darauf, dass dieser sich nicht für diagnostische Zwecke eigne. Das Labor Creative Diagnostics schreibt ausdrücklich »Dieses Produkt ist nur für Forschungszwecke und nicht für diagnostische Zwecke geeignet.« (»This product is for research use only and is not intended for diagnostic use.«)[18]

Christian Drosten sagt, dass der Test »validiert« sei, in einem NDR-Podcast sprach er von einer »sehr großen Validierungsstudie«.[19] Damit ist wohl die technische Funktionalität des Tests gemeint. Wo ist diese Studie zu finden?

Wie steht es weiter um die rechtliche Zulassung der PCR-Teste? Diese können ja von verschiedenen Laboren entwickelt werden, auch zum Eigenbedarf. Wenn Tests (juristisch gesprochen: In-Vitro-Diagnostika) vertrieben werden, brauchen sie aber eine gesonderte Zulassung (»CE Kennung«) nach dem Medizinproduktegesetz und müssen sogenannten »grundlegenden Anforderungen« entsprechen (dazu gehören unter anderem Spezifizität und Sensitivität, Reproduzierbarkeit der Ergebnisse, Patientensicherheit).

Die Einhaltung letzterer Anforderungen können sich die Hersteller der Tests jedoch derzeit selbst bescheinigen. Die Tests werden nämlich als diagnostische Instrumente »niedrigen Risikos« eingestuft, wie das Paul-Ehrlich-Institut bekannt gibt. Noch. Denn das soll sich ab Mai 2022 mit einer neuen Regulierung ändern. Dann werden diese Tests voraussichtlich in die höchste Risikoklasse gehören. Dies erfordert dann eine Laboruntersuchung der Tests sowie eine unabhängige Überprüfung der Daten durch eine zentrale Kontrollstelle.

Nochmal kurz zusammengefasst: Ein Test, der laut Herstellern gar nicht für diagnostische Zwecke geeignet ist, nach rechtlicher Einordnung aber als diagnostisch klassifiziert und vom RKI als der Goldstandard der Diagnostik gilt, kann mit eigener »Zertifizierung« durch das ihn herstellende Labor derzeit wegen »niedrigen Risikos« vertrieben werden. Darauf basieren die derzeitigen Zahlen. In eineinhalb Jahren aber nicht mehr, denn dann ändert sich die Risikoklasse plötzlich fundamental.

Versteht das noch irgendjemand? Wie kann das sein? Hinter jedem Test stehen auf der Mikro-Ebene dann noch viele weitere Fragen: Wie ist die Qualität der Abstriche? Wie sauber arbeitete das Labor? Wurden die richtigen Gensequenzen untersucht? In wie vielen Testzyklen? Je mehr Testzyklen durchgeführt werden müssen, umso weniger ist das Ergebnis verwertbar (Ct-Wert). Die den Tests zu Grunde liegenden Parameter, wie der Ct-Wert, sind dem RKI jedoch gar nicht bekannt. Was ist über die Fehlerquote der Labore bekannt? Sind die gemessenen Viren vermehrungsfähig oder sind es tote Partikel? Der PCR-Test unterscheidet hier nicht.

Wie viel Aussagekraft haben überhaupt Testergebnisse, die auf nicht einheitlichen Tests beruhen?

Und wie kann das RKI auf dezentraler Datenbasis ohne Vergleichbarkeit der Prozesse per Hochrechnung auf ganz Deutschland zu allgemeingültigen Handlungsempfehlungen kommen?

Kary Mullis selbst hatte vor einer falschen Interpretation der Ergebnisse von PCR-Tests gewarnt. Da im Menschen eine extrem große Anzahl verschiedenster Virensequenzen vorkommen, lasse sich mit dem Test letztlich alles finden, was man finden wolle. Dass die Treffsicherheit von schnellen Antigentests auch nicht unbedingt besser ist, zeigt zudem der Fall von Elon Musk. Dieser hatte sich an einem Tag vier Mal testen lassen: gleiches Gerät, gleicher Test, gleiche Krankenschwester. Ergebnis: zwei Mal positiv, zwei Mal negativ.[20]

Ist das alles statistisch schlüssig? Selbst wenn man jedoch auf dem Standpunkt bleibt, den PCR-Test als Goldstandard anzuerkennen, bleibt zumindest in Deutschland die Frage, ob die präsentierten Zahlen überhaupt aussagekräftig sind, um eine politische Strategie darauf zu begründen. Der Mediziner und Bonner Professor Matthias Schrappe findet in einem Gutachten für den Gesundheitsausschuss des Bundestages vernichtende Worte. Er bemerkt: »*Bereits bei der Frage nach dem grundlegenden Konzept ist die Orientierungslosigkeit der politischen Führung nicht zu übersehen.*«[21]

Dazu wirft er mehrere Fragen auf, die durch eine valide Teststrategie beantwortet werden müssten: Wie hoch ist die Infektiosität? Derzeit gibt es darüber mangels repräsentativer Stichprobentests in der Bevölkerung keine belastbare Aussage. Wie zuverlässig sind die Tests? Damit ist die Abwesenheit von Störfaktoren bei der Messung gemeint. Zitat (Hervorhebung von mir): »*Die nicht-repräsentativen Stichproben, aus denen der jeweilige 7-Tage-Wert besteht (zum Beispiel 40 000 Fälle pro Woche bei 1 Millionen Tests), werden auf die Gesamtbevölkerung (83 Millionen) umgerechnet (ergibt zum Beispiel 50/100 000), ohne Annahmen zur Dunkelziffer in den nicht-getesteten 82 Millionen zu machen. Einfache Berechnungen zeigen jedoch, dass die Häufigkeit in der Gesamtbevölkerung in allererster Linie durch die Dunkelziffer beschrieben wird und die Zahl der bekannten Fälle lediglich einen unsystematisch gewonnenen Wert darstellt, der keinerlei Aussagekraft besitzt.«*

Zu den PCR-Tests (S. 5 des Gutachtens) meint Schrappe schließlich noch: »*Die derzeit verwendeten Testverfahren lassen keine sinnvolle Aussage zur Infektiosität zu und können daher daraus abgeleitete Maßnahmen nicht begründen. Als Mindestforderung ist die Einbeziehung des CT-Wertes zu fordern.*« Äußerst kritisch äußerte sich Schrappe auch in einem Interview mit dem ZDF: »Diese Zahlen sind nichts wert.«[22]

Geht es schließlich um die Tödlichkeit von Covid-19, kollabiert das Narrativ endgültig. Es gibt keine, nicht mal eine saisonale Übersterblichkeit.[23] Zugleich haben wir statistisch quasi gerade eine Ausrottung der Influenza. Im Vergleich zur besonders tödlich verlaufenden Grippesaison 2017/2018 (geschätzt 25 100 Tote[24]) liegt die Anzahl der Toten (»an oder mit« Covid) in Deutschland weit darunter.

Der US-Evidenzforscher John P. A. Ioannidis kommt in einer weltweiten Metastudie, die auf 61 weiteren Studien basiert, zu einer Median-Sterblichkeit von 0,23 Prozent. Für unter 70-Jährige auf eine Median-Sterblichkeit von 0,05 Prozent. Das sind fünf Tote auf 10 000 Infizierte. Soweit die offiziellen Zahlen der WHO.[25] Die Plattform Volksverpetzer in Deutschland meint dagegen zu wissen, dass die Zahlen von Ioannidis Humbug sind.[26] Und der Chef des RKI Lothar H. Wieler behauptete am 22. Oktober 2020 dass die Sterblichkeitsrate rund 2,5 Prozent betragen könnte.[27] Das war eine Woche nachdem die Studie von Ioannidis veröffentlicht wurde. Was erzählt man uns da eigentlich?

Hinzu kommt als weiterer Unsicherheitsfaktor: Kaum jemand ohne Vorerkrankungen stirbt am Virus. In Deutschland wird zudem kaum obduziert, das RKI hatte davon abgeraten.[28] Man weiß also nicht genau, wer »an« oder nur »mit« Covid-19 verstirbt. Ein weiterer Bruch in der Kausalkette.

Welche Schlüsse soll man aus der medizinischen Lage ziehen, die hier noch dazu nicht einmal vollständig wiedergegeben ist? Man müsste ja noch über falsch-positive Tests, über Spezifizität, Sensitivität und Prävalenz, über Masken, Lockdowns, Folgeschäden und Impfungen sprechen. Und es gibt noch weitaus mehr offene Fragen, denen sich andere Autoren widmen. Versuchen wir trotzdem drei Schlüsse.

Erstens, Blackbox: Das Covid-Thema ist wie ein Kaninchenbau, in den man fällt und in dem man sich verliert wie in einem unterirdischen Labyrinth. Es ist wie eine Reise auf unsicherem Terrain, mit widersprüchlichen Wegweisern, trüben Stellen, verengter Sicht, unbekannten Größen, Schätzungen, Dunkelziffern. Es geht im Einzelnen nicht darum, an welcher Stelle die Kausalität bricht, welcher Studie zu trauen ist und welcher nicht; auch nicht darum, welchem Experten zu glauben ist und welchem nicht. Klar ist nur: Wenn schon die Karte verpixelt und das Terrain unsicher ist, sollte man keine Orientierung erwarten.

Es geht nicht um den einen großen Fehler in dem Ganzen, der alles in die Luft fliegen lässt. Es geht um die vielen kleinen und größeren Unklarheiten, die das Gesamtbild so stark eintrüben, dass man sich fragt: Was ist das? Es geht also nicht um den ultimativen Beweis für irgendwas, die »Smoking Gun«. Es geht um den Smoke. Bei diesem Thema ist nahezu jeder Teilkomplex in einen wabrigen Schleier gehüllt. Und aus dem Ungefähren wird versucht, das Konkrete abzuleiten. Jedes Thema ist wie eine Pandorabüchse für neue Widersprüche. Und gerade geht es im Eiltempo um Impfungen, dem »größten Humanexperiment der Geschichte«[29], wie Telepolis schreibt, bei dem auch vieles widersprüchlich und unklar ist.

Zweitens, »Clusterfuck«: Mit dem Begriff Clusterfuck bezeichnet man in der Katastrophenforschung eine Situation, in der alles nur noch schief geht wie in einer Kettenreaktion. Egal bei welchem Themenkomplex man in den Kaninchenbau einsteigt, scheint man entweder im Ungefähren zu versanden oder mit mehr Fragen wieder herauszukommen, als man ursprünglich hatte.

Oder erweckt allein diese Kaskade an Aussagen den Eindruck von Widerspruchsfreiheit und Schlüssigkeit? Ein positiver PCR-Test sagt je nach Labor und Testverfahren nicht eindeutig, ob jemand infiziert ist; er ist nicht zur Diagnose geeignet; wer infiziert ist, ist nicht unbedingt infektiös, gibt also das Virus nicht weiter; nur ein Teil der positiv Getesteten hat überhaupt einen Krankheitsverlauf und am Ende weiß man nicht mal genau, ob jemand an oder nur mit Covid-19 gestorben ist. Es ist eine Katastrophe des gesicherten Wissens.

Drittens, »Kult«: Der medizinische Komplex trägt deutliche Züge des Abgleitens in einen Glaubenskult. Der Urteilsfindungsprozess ist erschwert bis verunmöglicht. Der Weg zu belastbarem Wissen ist steinig und unergiebig. Die medizinische Seite ist zudem ein Spezialthema mit vielen Fachbegriffen und abschreckender Komplexität. Je mehr man sich mit dem Thema beschäftigt, desto weniger Sinn scheint es zudem zu machen. Der Laie, der sich damit befasst (und eigentlich jeder der darüber schreibt) begibt sich in ein unübersichtliches Dickicht. Die mediale Berichterstattung wird der Komplexität des Themas schlicht nicht gerecht und taugt gerade auch nicht als Erkenntnisquelle. Fakten und Erkenntnisse werden je nach Interessenlage mutwillig uminterpretiert, weich und gefügig gemacht (siehe Todesfallzahlen), bis sie passen. Die Faktenlage als Basis für eine Meinungsbildung ist damit zusätzlich vermint. Je weniger die Faktenlage an Sinn ergibt, desto mehr Platz bietet sie für die Aussagen von Autoritäten, Experten, Gatekeepern.

Am Ende ist der Corona-Komplex ein klassischer Kult, bei welchem der Glaube an eine Autorität in Gehorsam münden soll. Es ist ein Kult der vermeintlich Rationalen, tatsächlich aber Wissenschaftsgläubigen um den autoritären Experten im Banner des großen »Pandemie-Wir«. Es ist ein Regime der »offiziellen Wahrheit« an die Stelle des Verfahrens der auszuhandelnden, deliberativen Wahrheit getreten. Die Politik setzt sich selbst die »Corona« auf und macht aus der Pandemie die Krönungsmesse für ein beliebig verlängerbares Verordnungsregime. Es regiert das große, unhinterfragbare »Pandemie-Wir« des absoluten Gesundheitsschutzes als Götze.

26. Dezember 2020

Das rechtliche Pandemieregime passt vorne und hinten nicht[30]

Sind die rechtlichen Maßnahmen auf Basis des medizinischen Geschehens gerechtfertigt?

Gute Gesetze sitzen wie Maßanzüge. Sie regeln eine Situation umfassend, angemessen und faltenfrei, also ohne innere Widersprüche. Am wichtigsten aber: Sie engen nicht ein oder schneiden gar die Luft zum Atmen ab. In Teil 1 des Corona-Komplexes haben wir gesehen, dass die medizinische Situation eine Blackbox ist. Es gibt zahlreiche Unbekannte, Platzhalter, Fragezeichen, trübe Stellen. Das geht von der Konzeption und Durchführung der PCR-Tests über deren statistische Schlüssigkeit bis hin zur Aussagekraft von Infektionsraten und Todesfällen (»an oder mit Covid-19?«). Die medizinische Lage wirkt wie ein von Anfang an falsch geknöpfter Virologen-Kittel, zudem labbrig und voller Flecken.

Das rechtliche Regelwerk muss mit der medizinischen Lage abgestimmt sein, der rechtliche Mantel muss also zum medizinischen Kittel passen. Sonst wird er zur Zwangsjacke. Geht das überhaupt noch, wenn die medizinische Ausgangslage auf so dünnem Eis steht? Alles steht und fällt letztlich mit der tatsächlichen Gefährlichkeit des Sars-CoV-2-Erregers. Stellt sich Letztere als nicht oder nicht ausreichend gegeben dar, fehlt den Maßnahmen die Grundlage. Diese wären verfassungswidrig. Kann also das aktuelle Pandemieregime mit den massivsten Grundrechtseingriffen seit Bestehen der Bundesrepublik halten?

In Bezug auf die deutsche Rechtslage, die im Folgenden untersucht wird, bräuchte es konkret:

eine klare, evidenzbasierte medizinische Ausgangslage, die eine Gefahr für wichtige Rechtsgüter erkennen lässt; dazu gehören das Recht auf Leben und körperliche Unversehrtheit, wozu auch die physische und psychische Gesundheit gehört. Ein darauf aufbauendes, in sich konsistentes rechtliches Regime, das den Willen des Gesetzgebers erkennen lässt, verhältnismäßig auf eine Gefahr reagieren zu wollen. Nachweislich wirksame und geeignete Maßnahmen.

Es braucht also eine zusammenhängende Kausalkette: Eine Gefahr durch ein Virus löst eine epidemische Lage von nationaler Tragweite aus; diese löst wiederum das Pandemieregime mit Maßnahmen aus; Letztere wiederum sind nur rechtmäßig, wenn sie in Abwägung mit den Grundrechten, die sie einschränken, geeignet, erforderlich und zuletzt auch verhältnismäßig sind.

Wie genau wird das Bundesverfassungsgericht hinsehen? Welche Zahlen und Parameter wird es bei der Analyse der (Infektions-)»Gefahr« heranziehen?

Die Wissenschaftsvereinigung Leopoldina hat sich schon mal weit aus dem Fenster gelehnt; sie legt in einer Stellungnahme schlicht die Zahl der »Neuinfektionen« zu Grunde und empfiehlt harte Lockdowns.[31] Das sorgte für interne und externe Kritik.[32] Anwälte fordern Mitglieder der Leopoldina zur Abgabe einer eidesstattlichen Versicherung auf.[33] Nun ja, an der Stellungnahme waren auch Christian Drosten und Lothar Wieler vom RKI beteiligt, diese Stellungnahme kann man also nicht als unabhängig bezeichnen und schon gar nicht, wie es die Kanzlerin tat, unter dem Label »die Wissenschaft sagt uns« unters Volk bringen.

Werfen wir zuerst einen kurzen Blick auf die Chronologie in diesem Jahr. Am 12. März erklärte die WHO den Covid-19-Ausbruch zur »Pandemie«.[34] Die WHO nimmt dabei unter anderem eine Gefahrenbewertung auf wissenschaftlicher Grundlage vor.[35] Am 25. März stellte der Bundestag eine »epidemischen Lage von nationaler Tragweite« fest. Diese ist seitdem in Kraft. Zuerst wurde die Generalklausel des § 28 IfSG als rechtliche Grundlage der Maßnahmen herangezogen. Am 23. Mai 2020 tritt das Zweite Bevölkerungsschutzgesetz in Kraft, wobei die epidemische Lage von nationaler Tragweite beibehalten wird. Ende Oktober wurde ein Lockdown »light« beschlossen, der am 2. November in Kraft getreten ist und unter anderem die Schließung von Geschäften, Gaststätten und Kultureinrichtungen sowie allgemeine Kontaktbeschränkungen vorsieht. 3. November: Die große Koalition aus CDU/CSU und SPD bringt einen Entwurf für ein Drittes Bevölkerungsschutzgesetz auf den Weg. 18. November: Der Gesetzentwurf wird am gleichen Tag im Eiltempo von Bundestag und Bundesrat verabschiedet und vom Bundespräsidenten unterzeichnet. Das nunmehr durch das Dritte Bevölkerungsschutzgesetz revidierte Infektionsschutzgesetz ist Grundlage für die aktuellen Maßnahmen. Seitdem folgte eine Verschärfung und Verlängerung des Lockdowns, ein Shutdown ab dem 15. Dezember sowie die Ankündigung von Impfungen ab dem 21. Dezember. Der Zeitpunkt der Beendigung oder Lockerung der Maßnahmen ist offen. Laut Äußerungen von Bundesgesundheitsminister Jens Spahn sollen die Corona-Regeln trotz Impfungen »bis weit ins nächste Jahr hinein« gelten.[36]

Im Kern der rechtlichen Überlegungen steht der Begriff der Gefahr. Besteht diese und wenn ja, für wen? Und wer wird gerade in Anspruch genommen? Werfen wir einen Blick auf nur zwei wichtige rechtliche Begriffe.

Erstens, die »epidemische Lage von nationaler Tragweite«: Was darunter zu verstehen ist, ergibt sich selbst nicht aus dem Gesetz. Aus der Gesetzgebungsgeschichte lassen sich laut einer Ausarbeitung des Wissenschaftlichen Dienstes des Bundestages vier Kriterien ableiten. Eine solche Lage liegt demnach vor, wenn:

»Eine durch den seuchenrechtlichen Notfall hervorgerufene erhebliche Gefährdung des Funktionierens des Gemeinwesens droht. In einer sich dynamische entwickelnden Ausbruchssituation die Gefahr des Eintritts einer erheblichen Gefährdung der öffentlichen Gesundheit in der gesamten Bundesrepublik besteht, die durch eine sich grenzüberschreitend ausbreitende übertragbare Krankheit gekennzeichnet ist. Dieser Gefährdungslage für die öffentliche Gesundheit nur begrenzt auf Landesebene begegnet werden kann; der Gefahr einer Destabilisierung des gesamten Gesundheitssystems vorgebeugt werden muss.«[37]

Der Gesundheitsrechtler Thorsten Kingreen von der Universität Regensburg hat in einem Gutachten für den Bundestag festgestellt: »*Das rechtliche Problem besteht aber im Kern darin, dass die Feststellung der ›epidemischen Notlage‹ ein verfassungsrechtlich hochgradig problematisches Ausnahmerecht auslöst und ihre dauerhafte Aufrechterhaltung den fatalen Anschein eines verfassungsrechtlich nicht vorgesehenen Ausnahmezustands setzt.*«[38]

Bemerkenswert ist, dass nicht nur auf die Gefährlichkeit des Virus (»erhebliche Gefährdung der öffentlichen Gesundheit«) direkt abgestellt wird, sondern diese sich vielmehr aus der Prognose der Auswirkungen des Pandemiegeschehens auf das Gesundheitssystem und das Gemeinwesen ergibt. Diese Lage könnte nach der jetzigen Definition somit auch in einer schweren Grippesaison ausgerufen werden, welche in der Vergangenheit ja schon zu Engpässen im Gesundheitssektor geführt hatte.

Das heißt aber auch: Man könnte die Lage verhindern, wenn man im Gesundheitssektor Vorkehrungen trifft, welche geeignet sind, einen Kollaps des Gesundheitssystems zu verhindern. Ist das geschehen? Dazu unten mehr.

Zweitens, der Begriff »Infektionen«: Laut § 2 IfSG ist ein »Krankheitserreger« ein vermehrungsfähiges Agens (Virus, Bakterium, Pilz, Parasit) oder ein sonstiges biologisches transmissibles Agens, das bei Menschen eine Infektion oder übertragbare Krankheit verursachen kann. Unter einer »Infektion« im Sinne des Gesetzes versteht man, *»die Aufnahme eines Krankheitserregers und seine nachfolgende Entwicklung oder Vermehrung im menschlichen Organismus«.*

Hier ist ein Bruch in der Kausalität zu sehen. Wenn man auf die »Entwicklung und Vermehrung« des Virus als Bestandteil der Definition der Infektion abstellt, sind PCR-Tests unbrauchbar. Die PCR-Tests sagen nichts über die Infektiosität aus. Man weiß nicht, wie viele der positiven PCR-Tests ein vermehrungsfähiges Virus nachweisen oder auf tote Partikel hinweisen. Die Ct-Werte der einzelnen Labors, die einen Schluss auf die Viruskonzentration ermöglichen, sind dem RKI ebenfalls unbekannt. Auch sonst weiß man wenig über die Entscheidungsfindung des RKI. Das Magazin Multipolar rund um den Investigativjournalisten Paul Schreyer klagt deshalb gegen das RKI vor dem Verwaltungsgericht auf Offenlegung der Entscheidungsgrundlage.[39]

Wir befinden uns in einem pandemischen Ausnahmerecht. *»Wir beklagen zurzeit Grundrechtseingriffe ungeahnten Ausmaßes. Wir müssen aber noch etwas beklagen, nämlich einen ziemlich flächendeckenden Ausfall rechtsstaatlicher Argumentationsstandards«*, so der Rechtswissenschaftler Oliver Lepsius im April diesen Jahres.[40] Gilt dies in Bezug auf das Infektionsschutzgesetz auch für das Handwerk der Gesetzgebung?

Das Infektionsschutzgesetz ist abweichend vom klassischen Gefahr- und Abwehrrecht konstruiert, wie es Verwaltungen oder

Polizei zur Bekämpfung von Gefahren einsetzen. Dieses richtet sich gegen denjenigen, von dem die Gefahr ausgeht. Der alte § 28 IfSG musste allein schon deshalb geändert werden, weil dieser Paragraph Maßnahmen gegen die Gesamtheit der Bevölkerung nicht stützte, sondern sich auf Personen bezog, von denen die Gefahr ausgeht. Es galt eine spezifische Inanspruchnahme des sogenannten »Störers«.

Der neue § 28a sieht nunmehr eine Störerhaftung aller vor.[41] Anstatt Maßnahmen gegen nachweislich infektiöse Personen einzusetzen oder Risikogruppen konkret vor diesen zu schützen, wird die gesamte Bevölkerung quasi zu passiv-potentiellen Störern erklärt. Und das ohne den Nachweis, dass von ihnen tatsächlich eine Gefahr (»Infektiosität«) für das Leben oder die körperliche Unversehrtheit anderer ausgeht. Es ist eine »große Umkehrung« zu sehen. Jeder Mensch ist eine potentielle Gefahrenquelle, krank, unberührbar. Eine Gesellschaft der potentiell Aussätzigen unter Kuratel des Gesetzgebers.

Aus der Sicht des Polizei- und Ordnungsrechts ist das Ganze so, als würde man, wenn ein Mensch mit einer Machete durch die Fußgängerzone läuft und andere Menschen angreift, nicht den Täter unschädlich machen, sondern die potentiellen Opfer, also Passanten, Geschäfte und Imbissstände, zu ihrem eigenen Schutz in Gewahrsam nehmen. Das ist verkehrte Welt. Allein schon in Anbetracht der wirtschaftlichen und gesundheitlichen Folgeschäden der Maßnahmen können diese nicht verhältnismäßig sein.

Doch damit nicht genug. Anstatt klar aufzuzeigen, welche Sanktionen bei welchem Verhalten folgen, werden allein die Maßnahmen aufgezählt (§ 28a IfSG) und Sanktionen an die Nichteinhaltung der Maßnahmen geknüpft (§ 73). Es fehlt an einem klaren »Tatbestand«.

Der Verfassungsrechtler Christoph Möllers schreibt in seinem Gutachten für den Bundestag: »*Die so gewählte Regelungstechnik ist zunächst sehr ungewöhnlich, ohne dass ganz klar würde,*

warum man von dem im Polizeirecht bewährten Schema der Aus-
gestaltung von Standardmaßnahmen abweicht. Denn die bloße
Aufzählung von möglichen Eingriffen stellt gerade keine Regelung
von Standardmaßnahmen dar, die einer eigenen tatbestandlichen
Regelung bedürfen. Vorliegend handelt es sich um Regelbeispiele
für eine weiterhin generalklauselartige Norm, die die Eingriffe im
Ergebnis nicht genauer gesetzlich konturiert, als die alte Regel es
tat.«[42]

Auslöser der Maßnahmen ist die Erreichung bestimmter
Schwellenwerte. Diese Schwellenwerte stellen demnach quasi
den Tatbestand selbst dar. Die gesetzliche Voraussetzung für
Maßnahmen und Sanktionen ist in den Bereich der positiven
PCR-Tests gerutscht. In § 28a Abs. 3 legt das Infektionsschutzgesetz fest, ab wie vielen Neuinfektionen (lies: überwiegend »positive PCR-Tests«) Maßnahmen zu ergreifen sind. Bei bundesweit
50 positiven Tests auf 100 000 Einwohner (0,05 Prozent) in den
letzten sieben Tagen sind bundesweite Schutzmaßnahmen »an-
zustreben«.

Es handelt sich hier um einen starren Schwellenwert, dessen
genaue rechnerische Basis unklar ist und der sich an der Nach-
verfolgungskapazität der Gesundheitsämter ausrichtet, also
erneut am administrativen »Können«. Experten, wie auch der
Mediziner Schrappe, kritisieren, dass diese Zahlen gar nicht un-
terbietbar sind, schon gar nicht im Winter.[43] Er warnt vor einem
»unendlichen Lockdown«. Die Blackbox der PCR-Tests ist also
die Basis für die Blackbox der starren Schwellenwerte, die wiederum den Tatbestand für die Maßnahmen bilden. Das ist keine
evidenzbasierte Regelungstechnik. Das ist eine Mischung aus
Voodoo und Wurstfabrik.

Wo sind Bestimmtheit, Klarheit und Verhältnismäßigkeit
der Maßnahmen? Viele Sachverständige, die sich (in kürzester
Zeit) zur Neufassung des Bevölkerungsschutzgesetzes äußern
sollten, kritisierten die fehlende Bestimmtheit und Klarheit der
Normen. Dies könnte ebenfalls auf eine Verfassungswidrigkeit

des Maßnahmenregimes hindeuten. Hinzu kommt die Frage der Verhältnismäßigkeit, einem tragenden verfassungsrechtlichen Prinzip, das sich aus dem Rechtsstaatsprinzip ableitet.

Wohlgemerkt: Die Maßnahmen stützen sich auf: erstens eine Prognoseentscheidung des Bundestages zur Tragfähigkeit des Gesundheitssystems (Ausrufung der »epidemischen Lage«). Zweitens auf die statistisch nicht vergleichbare Messung des Pandemiegeschehens durch PCR-Tests und die Kapazität der Gesundheitsämter bei der Kontaktnachverfolgung.

Die konkrete Eingriffsintensität in Grundrechte (allgemeine Handlungsfreiheit, Gewerbefreiheit, Religionsfreiheit et cetera) ist damit hoch, das geschützte legitime Ziel (Gesundheit, Gesundheitsinfrastruktur) ist allenfalls undeutlich, interpretationsbedürftig, abstrakt und letztlich prognoseabhängig sowie medizinisch-statistisch unzureichend erfasst. Grob gesagt: Man schießt mit der Schrotflinte in den Nebel und wundert sich über Kollateralschäden. Und mit jeder Verschärfung von Maßnahmen steigen die Anforderungen an die Begründbarkeit, so auch der ehemalige Präsident des Bundesverfassungsgerichtes, Hans-Jürgen Papier. Er meint: »*Nicht die Lockerungen der Corona-Beschränkungen bedürfen einer Rechtfertigung, sondern ihre Aufrechterhaltung oder Wiedereinführung.*«[44]

Höchst fraglich ist auch, ob die Maßnahmen objektiv überhaupt geeignet sind, um den legitimen Zweck, vor allem den Schutz der vulnerablen Bevölkerungsgruppe der über 80-Jährigen, zu erreichen.[45] Zudem gibt es einige Studien, die Fragen aufwerfen, zum Beispiel in Bezug auf Grenzschließungen, Menschenansammlungen und Reisebeschränkungen.[46] Die Geeignetheit von Lockdowns ist seit je umstritten[47]; die negativen Folgen sind inzwischen auch der WHO bewusst.[48] Dass die Maßnahmen insgesamt negative Folgen für die sonstige Gesundheitsversorgung und das psychosoziale Wohlbefinden der Menschen haben, verwundert nicht weiter.[49] Vielmehr verwundert, dass die Politik obsessiv den Gesundheitsschutz vor Covid-19 über den sonstigen Gesundheitsschutz stellt. Wo bleibt die Abwägung von Zweck und Mittel? Ist die sonstige Gesundheit der Bevölkerung nicht gleichwertig schützenswert? Was ist mit den Auswirkungen der gesundheitlichen Folgen für die Gesundheitsinfrastruktur? Besteht hier nicht die Gefahr eines viel größeren Kollapses? OP-Masken bieten laut einer groß angelegten Studie von dänischen Forschern keinen effektiven Schutz vor einem Infekt mit Sars-Cov-2.[50] In der Politik wird nun gerade das Impfgeschehen als neuer Maßstab für die Maßnahmen herangezogen. Auch hierzu sind viele Fragen offen, doch zu einer Einschränkung der Maßnahmen soll auch dieses vorerst nicht führen. Impfungen schützen nicht sicher weder vor Ansteckung noch vor Weitergabe des Virus.

Auffällig, und bisher in der Diskussion nicht ausreichend gewürdigt, ist die Tatsache, dass das rechtliche Pandemieregime auf mehreren starren Größen beruht, die real beeinflussbar sind, also durch die Politik dynamisch so gestaltet werden können, dass eine Notlage vorliegt. So wird auch das rechtliche Pandemieregime letztlich zu einem praktischen Generalschlüssel. Dieser greift je nachdem, wie sich die Politik verhält und nicht nur das Virus alleine. Es gibt mehrere »Regler« im Gesetz, die sich durch die Politik verschieben lassen.

Erstens, der Begriff der »Epidemischen Lage«: Je starrer und labiler die Gesundheitsinfrastruktur ist, desto eher kann die Lage ausgerufen werden. Es ist wie bei dem Pegelstand von Flüssen im Fall einer Überschwemmung. Ab dem Erreichen eines bestimmten Pegelwerts tritt der Fluss über die Ufer. Die Politik bestimmt den Pegelwert für die Überlastung von Krankenhäusern jedoch selbst, sie kann dieses Geschehen selbst mitbestimmen. Das Handeln der Politik wirft dabei zahlreiche Fragen auf, wenn man ein gefährliches Pandemiegeschehen unterstellt: Wie passen Diskussionen über Krankenhausschließungen im Jahr 2020 dazu?[51] Laut der Initiative »Gemeingut in Bürgerhand« wurden im Coronajahr 13 Kliniken geschlossen, für 19 weitere wurde ein dementsprechender Beschluss gefasst.[52] Wie passt dazu, dass real die Zahl der Intensivbetten gesunken ist, während zugleich Förderbeträge an Kliniken für neue Intensivbetten ausgezahlt worden sind?[53] Wie passen 410 000 Kurzarbeitsanträge von Ärzten und Pflegekräften dazu?[54] Wie passt die Stornierung von Aufträgen für Beatmungsgeräte sowie das Verschenken dieser Geräte dazu?[55]

Antwort: Gar nicht. Die Politik wusste seit dem Frühjahr von der Möglichkeit einer zweiten Welle. Die Absenkung der Intensivbettenkapazität sowie die Schließung von Krankenhäusern passen nicht zu einer Pandemieprophylaxe. All das macht keinen Sinn, außer man lässt den Gedanken zu, dass die epidemische Lage von nationaler Tragweite (auch) eine von der Politik herbeigeführte Notlage von nationaler Tragweite ist. Und zwar eine durch Unterlassen vorsätzlich herbeigeführte Notlage.

Das Virus hat die Politik nicht unvorbereitet erwischt, wie manchmal behauptet wird. Es gab seit 2012 Notfallpläne für einen solchen Fall.[56] Epidemien sind keine schwarzen Schwäne, sie sind nicht überraschend.[57] Angesichts der von der Politik behaupteten Gefährlichkeit hätte diese spätestens im Sommer die Bettenkapazität und die Anzahl der Beatmungsgeräte hochfahren müssen.

Zweitens, die Anzahl der Tests: Auch die Anzahl der Tests ist eine politisch steuerbare Größe. Sowohl der WHO als auch dem Gesundheitsminister ist bekannt, dass die Anzahl von falsch-positiven Testen bei geringem Vorkommen des Virus in der Bevölkerung (»Prävalenz«) ansteigt und die positiven Tests sogar übersteigen kann. Spahn selbst sagte im Frühjahr er wolle aus diesem Grund keine millionenfachen Tests.[58] Derzeit sind wir bei mehr als 1,6 Millionen Stück pro Woche.[59] Dass die Tests ohne Stichprobengrößen zudem nicht aussagekräftig sind, steht auf einem anderen Blatt.[60]

Drittens der starre Schwellenwert: Die Erreichung der starren Schwellenwerte von 35 oder 50 Neuinfektionen auf 100 000

Einwohner richtet sich auch nach der Anzahl der Tests, die wiederum die Politik steuert. Da es hier zudem um die Nachverfolgungsfähigkeit der Gesundheitsämter geht, stellt sich die weitere Frage: Wieso wurden die Kapazitäten der Ämter nicht aufgestockt, um einen höheren Schwellenwert zu ermöglichen?

Das rechtliche Pandemieregime wirft zahlreiche Fragen auf. Auf dem Treibsand einer medizinischen Gefahrenlage haben wir ein in Übereile gebautes rechtliches Gebilde, das weder zur tatsächlichen Gefahrenlage passt noch in sich schlüssig und stabil ist und zudem politisch-dynamisch regelbar ist. Das rechtliche Pandemieregime ist aufs Engste mit den medizinischen Ungereimtheiten verwoben und kann von diesen nicht abstrahiert werden. Tatbestand für die Maßnahmen sind letztlich die Anzahl der durch Tests festgestellten »Neuinfektionen«. Zudem lässt sich das Gesamtgeschehen wie mit einem verstellbaren Lichtschalter regeln, also je nach Bedarf herunterdimmen oder aufdrehen. Das ist zum Beispiel durch die Anzahl der Tests und die Ausstattung des Gesundheitssektors möglich.

Je nachdem entsteht eine Lage, mit der sich eine Gefahr für die öffentliche Gesundheit leichter oder schwerer begründen lässt. Und zwar ohne Kontrolle des Bundestages, der inzwischen nicht mehr gefragt ist. Auffällig sind auch die zeitlichen Diskrepanzen: Die Politik hatte monatelang Zeit, ein Gesetz zu erlassen, um den Ausnahmezustand zu beenden. Sie tat es im Hauruck-Verfahren erst Anfang November, kurz nachdem die nächsten Lockdowns beschlossen wurden.

Was jetzt nötig ist, ist die rechtliche Überprüfung dahingehend, ob eine evidenzbasiert festgestellte medizinische Situation die Verhängung des ausnahmerechtlichen Pandemieregimes stützt. Es bedarf also sowohl einer Überprüfung der faktischen Ausgangslage als auch der verfassungsrechtlichen Rechtmäßigkeit. Das Bundesverfassungsgericht darf sich nicht aus der Verantwortung stehlen, die ungenügende Aussagekraft der offiziellen Zahlen zu überprüfen und zu hinterfragen, wenn es ernst genommen werden möchte.

Das bedeutet ganz konkret: Sie können gegen die Maßnahmen klagen, wenn Sie selbst konkret betroffen sind. Verwaltungsgerichte müssen bei Zweifeln an der Rechtsgrundlage von einer Anwendung des Gesetzes ablassen oder können dieses dem Bundesverfassungsgericht zur Überprüfung vorlegen. In einigen Ländern (wie Bayern) besteht zudem die Popularklage für jedermann vor dem ländereigenen Verfassungsgericht. Zudem sind Schadensersatzklagen auf Staatshaftung möglich, auch hierzu sind bereits Klagen in Arbeit.

Die medizinischen und rechtlichen Ungereimtheiten sind offensichtlich. Diese werden aktuell vor allem durch ein aktives angstbasiertes Meinungsmanagement in den Medien und von Seiten der Politik zusammengehalten. Es ist höchste Zeit, die Schweigespirale zu durchbrechen.

8. Januar 2021

Die Pandemie der Panik[61]

Die vielen Ungereimtheiten des »Corona-Komplexes« werden gerade vor allem durch die Klammer der Angstpropaganda zusammengehalten. Doch diese bröckelt.

> »Wer Menschen dazu bringen kann, Absurditäten zu glauben,
> kann sie dazu bringen, Gräueltaten zu begehen«
> – Voltaire

Es gab im letzten Jahr ein paar Jahresrückblicke, aber keinen Propaganda-Jahresrückblick der Informationsabteilung der chinesischen kommunistischen Partei. Dabei könnte man das aus deren Sicht höchst erfolgreiche Jahr 2020 in drei Punkten so zusammenfassen:

Im Januar kollabierten Menschen auf den Straßen Wuhans, sie fielen aus heiterem Himmel einfach um.[62] Von einer neuen Lungenkrankheit war die Rede. Doch der Staat reagierte prompt – mit harten Lockdowns. Und er desinfizierte sogar in militärischer Formation Luft und Straßen.[63] Alles sehr beeindruckend. Im Dezember 2020 wurde dann in Wuhan schon wieder gefeiert.[64] Ohne Maske oder Impfstoff. Aber eben nur in Wuhan. Der Rest der Welt machte sich derweil auf härtere Maßnahmen gefasst.

Propaganda ist Informationspolitik mit Emotion und Symbolik. Sie ist eine Form von Info-Werbung. Und deshalb ist es vielleicht kein Zufall, dass man sich hier etwas an eine TV-Spülmittel-Werbung der neunziger Jahre erinnert fühlt. Falls Sie das Beispiel noch kennen: Die Städte Villariba und Villabajo hatten beide Paella gekocht. Nun folgt der Abwasch der großen fettverkrusteten Pfannen. Doch nur eine Stadt hat das richtige Spülmittel verwendet. Und während Villariba schon feiert, wird in Villabajo noch geschrubbt.[65] So einfach geht Propaganda.

Gerade erleben wir in Sachen Corona die größte Propaganda-Aktion der Welt, von unterschiedlichen medialen, staatlichen, »philanthropischen« und internationalen Akteuren. Propaganda ist ein Angriff auf Rationalität und Logik. Propaganda stellt die Welt auf den Kopf, sie arbeitet mit Angst, Verwirrung und Orientierungslosigkeit. Sie wirkt auf das Denkvermögen wie ein Narkotikum. Man weiß plötzlich nicht mehr, ob man seinen Augen und Ohren noch trauen kann. Das bloße Auftreten von propagandistischen Mitteln ist daher selbst schon ein starkes Indiz dafür, dass gerade etwas nicht stimmt.

Es ist an dieser Stelle wichtig zu verstehen, dass das Gefühl des Zweifels an der Realität das Resultat einer künstlich erzeugten, gewollten Orientierungslosigkeit ist. Der Eindruck von Chaos und Alleingelassensein entsteht, wenn Rationalität und Lüge miteinander in ständiger Auseinandersetzung sind. Propaganda ist eine Verzweiflungstat der Mächtigen. Die vielen medizinischen, rechtlichen, logistischen, politischen, medialen »Ungereimtheiten« lassen sich offenbar nur noch durch ein Netz aus Propaganda zusammenhalten, letztlich also durch Angst. Wie passt zum Beispiel ein angeblich kurz vor der Überlastung stehendes Gesundheitssystem zu lustigen Tanzvideos von Krankenhausangestellten?[66]

Der Technikphilosoph Günther Anders schrieb einmal, dass Unterhaltung Terror sei.[67] Sie schleiche sich auf eine Weise in unseren Geist, dass sie uns ganz entwaffnet. Wenn Unterhaltung Terror ist, dann ist Propaganda die Massenvernichtungswaffe. Sie ist eine Form der psychologischen Kriegsführung der Mächtigen gegen die Bevölkerung. Ziel der Propaganda ist es, aus denkenden Menschen Gläubige zu machen. Eine amorphe, stumpfe, verängstigte Menschenmenge ist in alle Richtungen manövrierbar, wusste schon Gustave le Bon. Und je weniger Orientierung Letztere hat, desto eher ruft sie nach einer Führungsperson. Anders gesagt: Propaganda ist das Unterjochungswerkzeug erster Wahl für Autoritäre, die für ihre Herrschaft auf Gläubige und Gefügige angewiesen sind.

Worauf die Herrschaft gründet, ist dabei zweitrangig, es kann Religion, Ideologie, ja selbst die Wissenschaft sein. Der Mechanismus bleibt der gleiche. »Nicht Diktatoren schaffen Diktaturen, sondern Herden schaffen Diktatoren«, wusste Georges Bernanos. Der Propaganda kann sich nur widersetzen, wer sich einer Vermassung oder Verherdung widersetzt. Wer sich nicht in ein großes »Wir« eingliedert, sondern das unabhängige Denken kultiviert.

Indem Propaganda direkt auf den Geist wirkt, will sie Menschen dazu bringen, gegen ihre Überzeugung oder rationale Überlegung zu handeln. Sie möchte, dass der Geist aufgibt und sich letztlich der propagierten Erzählung, der gefühlten Wahrheit ergibt. Dass auch Demokratien totalitäre Elemente und Meinungsmanagement nicht fremd sind, hatte Alexis de

Tocqueville schon in der ersten Hälfte des 19. Jahrhunderts er-
kannt: »*Nachdem die souveräne Macht auf diese Weise jedes Individuum einzeln in ihre mächtigen Hände genommen und nach ihrem
Belieben geformt hat, breitet sie ihre Arme über die gesamte Gesellschaft aus; sie bedeckt die Oberfläche der Gesellschaft mit einem
Netz kleiner, komplizierter, winziger und gleichförmiger Regeln, das
die originellsten Köpfe und die kraftvollsten Seelen nicht durchbrechen können, um über die Menge hinauszugehen; sie bricht nicht
den Willen, aber sie erweicht ihn, beugt ihn und lenkt ihn; (...) sie
zerstört nicht, sie verhindert die Geburt; sie tyrannisiert nicht, sie
behindert, sie unterdrückt, sie entnervt, sie löscht aus, sie verblö-
det, und schließlich reduziert sie jede Nation darauf, nichts weiter
zu sein als eine Herde von ängstlichen und fleißigen Tieren, deren
Hirte die Regierung ist.*«[68]

Zuletzt wunderte man sich beim Thema Impfung, wie weit
sich manche Medien aus dem Fenster lehnten. Für den *Stern*
war der Impfstoff eine Gabe der Weisen aus dem Morgenland.
Darunter macht man es nicht. Die Botschaft ist klar: Jesus würde
sich impfen lassen! Die Marketing-Abteilung von Biontech/Pfi-
zer dürfte ihr Glück kaum gefasst haben können: Produktwer-
bung auf dem Cover! Doch dann kam noch *Der Spiegel*, der die
Erfinder des Biontech/Pfizer-Impfstoffs sogar zu Helden und
Popstars stilisierte, in unverkennbarer Anlehnung an frühere
Propaganda-Ästhetik.[69]

Es gibt zahlreiche Elemente moderner Propaganda und Meinungsmanipulation, die in der Corona-Thematik gerade wieder auftauchen.[70] Dem Zufall wird dabei nichts überlassen. Die
Impfstrategie zum Beispiel folgt einem Playbook, das auch Hin-
weise für Kommunikationsstrategien enthält.[71] In den USA und
Großbritannien rüsten sich Geheimdienste, um gegen Impfgegner vorzugehen.[72] Die WHO macht sich Gedanken darüber,
wie man Menschen freiwillig dazu bringen kann, sich impfen
zu lassen, indem man die Entscheidungsarchitektur per »Nudging« anpasst, eine Methode der sanften Manipulation.[73]

In der EU wacht ein »Social Observatory for Discrimination on Social Media« nunmehr darüber, dass in Sachen Covid-Information alles seine Richtigkeit hat.[74] Die Abkürzung dieses »EU-Wahrheitsministeriums« lautet übrigens SOMA, wie der Name der Droge in Huxleys Schöne Neue Welt. SOMA, es könnte auch für »Softe Manipulation« stehen. Werfen wir einen Blick auf ein paar Elemente:

Erstens, die Verklammerung: Schon Edward Bernays, der Erfinder der modernen Propaganda, hat es vorgemacht, als er den Frauen das Rauchen schmackhaft machte. Er verknüpfte Emanzipation und Freiheit mit der Zigarette (Slogan: »Fackeln der Freiheit«). Corona erscheint manchen Politikern gerade als »Chance«, um bestimmte Themen leichter durchzubringen. Der Slogan »Build back better« macht in Amerika und Kanada die Runde. Der Leiter des WEF, Klaus Schwab, sowie zahlreiche hochrangige Anhänger der Agenda vom »Great Reset« sprechen gerade von einem »window of opportunity« für eine Post-Covid-Ära, die in den buntesten Farben der Propaganda im *Time*-Magazin wenig überraschend und gebetsmühlenartig als egalitär, inklusiv, nachhaltig und grün dargestellt wird.[75] Machen wir uns auf eine radikale Verklammerung von Corona- und Klimathematik gefasst, nach dem Motto: »Und jetzt alle zusammen für die Gesundheit des Planeten!«

Zweitens, Gefühle vor! Menschen folgen letztlich lieber groben emotionalen Bildern, sogenannten Stereotypen, statt schnöden Fakten, wusste schon Journalist und Propagandist Walter Lippmann (»Die öffentliche Meinung«[76]). Reißerische Schlagzeilen oder eindrückliche Bilder, wie zum Beispiel aus China sind effektiver als Todesfallstatistiken. Propaganda kapert das limbische System, der Verstand rutscht in die Hose.

Drittens, Zensur: Propaganda braucht Zensur, um sich leichter auszubreiten. Eine Corona-Zensur findet auf sozialen Medien und YouTube schon seit längerem statt. Auch Wissenschaftler beklagen sich über Politisierung, Korruption und Unterdrückung von Forschung.[77] Die deutsche Plattform Research-gate hatte einen kritischen Artikel zum Thema Maskenpflicht wieder gelöscht[78], die Nachfrage meinerseits dazu blieb unbeantwortet. Inzwischen ist die Autorin der Studie auch auf Twitter gelöscht. Der wohl prominenteste Investor in Researchgate ist mit 30 Millionen Dollar übrigens Bill Gates.[79]

Viertens, Heldenverehrung: Mit der Kampagne »Besondere Helden« hatte die Bundesregierung schon alle Mitbürger zu Helden erklärt, die sich in Corona-Zeiten einfach nur auf der Couch lümmelten und sich berieseln ließen. Wer es zur Impfung schafft, wird folgerichtig sogar zum »Impfhero« erklärt. Auch sonst werden diejenigen, die sich auf offizieller Linie befinden, zu Corona-Helden gemacht, sei es über Bundesverdienstkreuze, Preise, Beliebtheitsstatistiken oder Wahlen zum »Mann des Jahres«. Wie schon in früheren Werbe-Kampagnen ist auch jetzt die Autoritätsperson des Arztes sehr gefragt.

Fünftens, Die »Impfluenzer«: Was früher ein Propagandist war, ist heute der »Influencer«, der bezahlte Werber. Schon zu Zeiten von Walter Lippmann war der Einsatz von »Yes-Men« oder »Four-Minutes-Men« besonders wirksam. Im ganzen Land hielten prominente Fürsprecher des Krieges »spontane« und mitreißende Appelle bei öffentlichen oder privaten Anlässen. Die Impfluenzer von heute sind zum Beispiel in Deutschland Karl Lauterbach, der in Sachen Biontech/Pfizer vom »perfekten Impfstoff« spricht; *Spiegel Online* Kolumnist Blome forderte Nachteile für alle, die freiwillig auf eine Impfung verzichten.[80] »Möge die gesamte Republik mit dem Finger auf sie zeigen.«; der *Welt*-Kolumnist Alan Posener forderte, dass nur noch Geimpfte Zutritt zu Flugzeugen und Kinos bekommen sollten.[81] Und Bill Gates führt seit geraumer Zeit einen eigenen Blog sowie einen YouTube-Channel. Er ist der »World-Impfluenzer Nummer 1« und wird nicht müde, allen zu erklären, wie Impfungen nun genau funktionieren.[82] Kritische Nachfragen unter Journalisten löst all das nicht aus.

Sechstens, »Fearmongering«: Die wohl wirksamste Propaganda-Technik ist die Angstmache. Zunächst nicht näher benannte externe Experten haben dem Bundesinnenministerium schon im Frühjahr 2020 empfohlen, in der Außenkommunikation in Bezug auf das Virus auf Ur-Ängste, wie die Angst vor Ersticken, zu setzen, um eine Schockwirkung zu erzielen.[83] Effekt der Angstmache ist die erhöhte Sehnsucht nach Disziplin, Ordnung und autoritärer Führung.[84] Angstmache ebnet den Weg zur Machtkonzentration.

Siebtens, »Sichtagitation«: Inzwischen werden wieder große Werbeflächen mit offiziellen Parolen besetzt. Die »Sichtagitation«, wie es in der DDR hieß[85], ist wieder zurück, obwohl diese damals als unwirksam eingeschätzt wurde.

Achtens, Salienz: Saliente Ereignisse sind besonders auffällig und prägen sich dadurch besser ein. Ein Prominenter, der an Covid-19 erkrankt, ist weitaus wirkungsvoller als hunderttausende anonyme Kranke in Indien. Ob Macron, Spahn oder Söder: Politiker erkranken immer medienwirksam, genesen dann aber lautlos, heimlich, manchmal besonders schnell. Oft geht es den Betroffenen dann den (wohlgemerkt symptomarmen) »Umständen entsprechend gut«. Andere berichten von merkwürdigen Symptomen: Dem WHO-nahen Mikrobiologen Peter Piot schmerzten nach eigener Aussage sogar die Haare.[86]

Neuntens, Argumentum ad nauseam: Eines der wichtigsten Elemente jeder Propaganda oder Werbung ist die Wiederholung ihrer Botschaft, möglichst »bis zum Erbrechen«, ad nauseam eben. Tägliche »Neuinfektionszahlen«, Todesfallzahlen und saliente Ereignisse zielen darauf ab, jeden in den Bannstrahl eines Narrativs von überragender Bedeutung zu ziehen. Das Thema Corona ist seit fast einem Jahr so omnipräsent, dass man sich ihm nicht mehr entziehen kann.

Zehntens, Gruppendenken: Die Versammlung Gleichgesinnter führt zur Herausbildung eines Gruppendenkens. Damit sind bestimmte Denkmuster gemeint, die in einer Gruppe als unantastbar zu Grunde gelegt werden. Als bekanntes Beispiel für fatales Gruppendenken und Irrtum von Experten gilt die Idee der Kennedy-Regierung und ihrer hochkarätigen Berater, Kuba anzugreifen. Gruppendenken beruht auf Selbstaffirmation und der Sichtfeldverengung des Bestätigungsfehlers (»Confirmation Bias«) und befördert so kollektive Irrtümer wie den des Angriffs in der Schweinebucht.

Gerade wirkt es, als sei in Sachen Corona die Regierungsansicht mit der veröffentlichten Meinung in den Medien verschmolzen. Regierung und Medien haben sich zu einer kommunikativen Schicksalsgemeinschaft zusammengeschlossen. Das große Narrativ wird nicht in Frage gestellt, Kritik gibt es allenfalls bei kosmetischen Fragen à la: »Wer wird zuerst geimpft und warum ist nicht mehr Impfstoff da?« Selten fragt hingegen jemand: »Braucht es überhaupt eine Impfung gegen eine Krankheit, die bei den meisten symptomfrei verläuft und die über 99 Prozent aller Erkrankten überleben? Und was sind die Risiken des Impfstoffs?«

Gibt es ein Gegenmittel gegen Propaganda? Ja und nein. Das wirksamste Gegenmittel ist wohl, sich dem Fluss der Nachrichten zu entziehen. Doch ist dies nur bedingt hilfreich. Denn dieses Verhalten kann ebenfalls in die Falle des Herdentriebs führen. Wenn Gleichgesinnte und Kritiker nur noch unter ihresgleichen verkehren, errichten sie ebenfalls nur ihr eigenes »Wir« und damit ihr eigenes Meinungssilo. Auch ist es einfacher gesagt als getan, schlicht »keine Angst« mehr zu haben.

Das wohl wirksamste Mittel gegen Propaganda ist trotzdem eine kritische Masse von unabhängigen, denkenden und furchtlosen Menschen, die bereit sind, jede ihrer Überzeugungen in Frage zu stellen, und die sich keiner Ansicht, sei sie noch so abseitig, verschließen.

Es ist zudem unumgänglich, sich mit der Funktionsweise des menschlichen Geistes, vor allem dessen Schwachstellen, zu beschäftigen, die den Menschen anfällig für Manipulation machen. Das Feld der kognitiven Verzerrungen (»Heuristics and Biases«) ist breit und kann zusammen mit einem Überblick über Manipulationstechniken und Softpower-Techniken dazu führen, dass man Manipulationen leichter erkennt. Besonders breitenwirksam hervorgetan hat sich in diesem Bereich zuletzt der Kognitionspsychologe Rainer Mausfeld.[87]

Propaganda zielt auf Spaltung und Zersetzung ab. Die soziale Distanzierung im Außen ist der erste Schritt zu einer geistigen Distanzierung. Dieser kann man entgegenwirken, indem man gerade jetzt auf mehr Vernetzung und geistigen Austausch, auch mit Andersdenkenden, setzt. Aldous Huxley hat schon in den fünfziger Jahren davor gewarnt, dass Methoden der Meinungsmanipulation und Gehirnwäsche in Zukunft immer präsenter sein würden.

Rechnen wir damit, dass Elemente der »Schönen Neuen Welt«, also einem für einige komfortablen Kastenwesen, näher mit Mitteln der Überwachung und Repression zusammenwachsen.[88] Uns erwartet eine Kombination von Huxley und Orwell. Eine Art Covid-1984 auf Soma. Die Standardisierung des Denkens ebnet den Weg zu einer Wissenschaftsdiktatur, die in Vernünftige und Unvernünftige unterscheidet und Letztere ausgrenzt.

Die bisher wichtigste Erkenntnis aus der Analyse der medizinischen und rechtlichen Ungereimtheiten des Pandemieregimes besteht darin, zu erkennen, dass die Pandemiesituation durch die Politik (mit)gesteuert wird. Dies gilt umso mehr für das richtige »Wording«. Die Sprachregelungen können sich auch in naher Zukunft wieder ändern, so wie wir bisher auch von Sprachinsel zu Sprachinsel gesprungen sind. Erst ging es um die Senkung des R-Werts, die Verhinderung des Kollapses des Gesundheitssystems, die Verflachung der Kurve, den »Wellenbrecher-Lockdown«.

Jetzt geht es um Herdenimmunität durch Impfung (die WHO hat diesbezüglich vor kurzem die Definition der Herdenimmunität geändert[89]). Es würde an dieser Stelle nicht mehr verwundern, wenn Impfgegner in Zukunft zu »Pandemie-Terroristen« gestempelt werden und die Spaltung der Bevölkerung in »Vernünftige« und »Unvernünftige« weiter vorangetrieben wird. Die Politik kann den schwarzen Peter der Pandemiebekämpfung so stets an die Bevölkerung zurückgeben und die »unvernünftige Minderheit« (genauer natürlich: Rechte, Esoteriker, Anthroposophen, Antisemiten, oder welche Aufzählung auch immer gerade passt) der Impfgegner für die Verschärfung von Maßnahmen verantwortlich machen und gegen die »Vernünftigen« ausspielen.

Propaganda wirkt durch Sichtbarkeit. Sie ist wie ein übergroßes Verkehrsschild, das in eine bestimmte Richtung verweist. Sie deutet daher vor allem auf etwas, was uns auffallen soll. Andere Dinge erklärt sie hingegen für nebensächlich bis nicht existent. Umso mehr ein Grund, sich zu fragen: Was passiert gerade hinter den Kulissen? Welche Interessen verfolgen WEF, China, mächtige Stiftungen? Lässt sich der Great Reset noch aufhalten? Die Propaganda bewirkt gerade, dass über diese Themen in den Medien so gut wie nichts zu erfahren ist. Der Journalismus hat die Seiten gewechselt: weg von der Wahrheitsfindung, hin zur PR. So wird aus dem sich schon länger andeutenden Winterschlaf endgültig ein Totenbett.

Der Great Reset ist ein technokratischer Putsch[90]

Mächtige globale Player wollen der Welt einen »Neustart« von oben verordnen. Was unverfänglich daher kommt, ist im Kern totalitär und hochgefährlich.

> *»Der Kaiser soll gegen seinen Willen dazu gebracht werden,*
> *das Meer zu überqueren, indem man ihn in ein Haus am*
> *Meer einlädt, das in Wirklichkeit ein Schiff ist.«*
> (Strategem Nr. 1 der Moulüe, Supraplanung)

> *»Viele der Verhaltensweisen, zu denen wir durch*
> *die Gefangenschaft gezwungen waren, werden durch*
> *die Vertrautheit natürlicher werden.«*
> (Schwab/Malleret, *Der große Umbruch*)

Seit einem Jahr ist die Welt einer Pandemie-Politik ausgesetzt, die in ihrer Eingriffsintensität alle demokratischen Dimensionen sprengt. Wie aufgezeigt worden ist, ist der »Corona-Komplex« ein auf medizinisch-diagnostischen Ungereimtheiten und einer statistisch unbrauchbaren Datenlage gegründeter, verfassungsrechtlich zweifelhafter, politischer Dauer-Exzess, der (noch) durch Angstpropaganda und einen fabrizierten medialen »Konsens« zusammengehalten wird. Die Pandemie wurde im letzten Jahr zum Über-Thema, Dauer-Thema und Mono-Thema.

Immer wenn ein solcher Zustand eintritt, stellt sich die Frage: Was geschieht im Hintergrund? Wer profitiert von dieser Situation? Gibt es Ereignisse, von welchen gerade abgelenkt wird? Welche Themen werden verknüpft, welcher Dreh findet sich in der Berichterstattung wieder? Eine abschließende Beurteilung dieser komplexen Gemengelage wird wohl Jahre in Anspruch nehmen. Doch was sich schon jetzt abzeichnet, dürfte das letzte Jahr der Pandemie als bloßes Präludium erscheinen lassen.

Der Great Reset ist eine Agenda des Weltwirtschaftsforums (WEF) zur Umgestaltung der Welt im Zuge der Pandemie.[91] Das WEF ist der Verein der 1000 größten Unternehmen der Welt mit Sitz in der Schweiz, 1971 gegründet und seitdem angeführt von dem deutschstämmigen Ökonomen Klaus Schwab, der bestens mit Entscheidungsträgern aus Wirtschaft, Politik und Gesellschaft vernetzt ist. Bei den jährlichen Treffen in Davos haben die Mächtigen der Welt Gelegenheit, auf informeller Ebene Politikinhalte zu diskutieren und zu koordinieren. Nach Auffassung von Schwab und Co. habe sich durch die Pandemie ein Fenster der Möglichkeiten ergeben, um einen grundlegenden Politik- bzw. Systemwechsel herbeizuführen.

Der Ausbruch der Pandemie dürfte das Weltwirtschaftsforum selbst kaum überrascht haben, jedenfalls waren Schwab und Co. gut vorbereitet: Im Oktober 2019 fand das Planspiel »Event 201« in New York statt, in welchem der Ausbruch eines Coronavirus simuliert wurde.[92] Die Teilnehmer besprachen Reaktionsmöglichkeiten und Kommunikationsstrategien, wie die Bekämpfung von Falschinformationen im Internet mit technologischen Mitteln. Die Simulation wurde unter anderem von der Bill & Melinda Gates-Stiftung sowie dem WEF finanziert. Ende Dezember 2019, also zwei Monate später, machten erste Nachrichten von dem Ausbruch des Sars-Cov2-Virus in China die Runde. Erst am 17. Januar 2020 wurde eine Pressemitteilung über das Stattfinden des Events 201 veröffentlicht. Kurz darauf fingen Medien verstärkt an, vom Ausbruch des Virus zu berichten und – wie die *New York Times* – von einer Gefahr für die Weltwirtschaft zu sprechen, obwohl es zu diesem Zeitpunkt weltweit laut WHO erst 25 Tote gab. Vom 20.–24. Januar fand das Treffen des Weltwirtschaftsforums in Davos statt und die WHO versuchte zunächst erfolglos, am 22. Januar einen »internationalen Gesundheitsnotstand« auszurufen, was am 30. Januar nachgeholt wurde.

Im Mai 2020 riefen zahlreiche Stars, wie Robert de Niro, Cate Blanchett und Madonna, in einem offenen Brief zu einem weltweiten Umdenkprozess im Zuge der Corona-Pandemie auf. Friedensnobelpreisträger und Mikrokredit-Erfinder Mohammed Yunus, der die Initiative unter dem Hashtag #thetimehascome lancierte, sprach davon, dass eine Rückkehr zur Normalität »selbstmörderisch« sei. Es sei jetzt eine Abkehr von Konsumismus und Produktivität einzuleiten, um das Klima zu retten. Diese Aktion wurde in Zusammenarbeit mit dem WEF durchgeführt.[93] Im Juni 2020 kam das Buch *The Great Reset* auf den Markt, begleitet von einer Kampagne mit Prince Charles und zahlreichen Prominenten und Politikern. Immer mehr Entscheidungsträger sprechen seitdem von einem »Great Reset« und einem »build back better«. Ursula von der Leyen sagte wörtlich: »Die Notwendigkeit von globaler Zusammenarbeit und beschleunigtem Wandel werden Antreiber des Great Reset sein. Und ich sehe das als nie dagewesene Chance.«[94]

Im Oktober widmete das Magazin *Time* der WEF-Agenda die Titelgeschichte, die Autoren waren unter anderem Klaus Schwab, die IWF-Präsidentin Kristalina Georgieva und die Ökonomin Mazzucato, eine Vertreterin der Modern Money Theory, welche eine unendliche Verschuldungsmöglichkeit für Staaten vorsieht. Im Januar 2021 fand das Treffen von Davos als Online-Veranstaltung unter dem Motto des »Great Reset« statt. In den Medien wurde diese Agenda entweder gar nicht behandelt oder in die Nähe einer Verschwörungstheorie gerückt.

Im Kern beschreibt der Great Reset eine Umgestaltung des gegenwärtigen kapitalistischen Systems. Schwab schlägt (zugeben: nicht zum ersten Mal) einen Stakeholder-Kapitalismus vor. Unternehmen sollen nicht mehr nur nach Gewinnmaximierung streben, sondern auch danach bewertet werden, wie sozial verantwortungsbewusst sie sind, also wie grün, inklusiv und nachhaltig sie agieren. Die Begriffe »grün, inklusiv und nachhaltig« werden in Publikationen rund um den Great Reset wie ein Mantra wiederholt. Man pflegt eine kommunikative Nähe zum zeitgeistigen Konsens darüber, was als »das Gute« gilt. Denn wer will schon gegen das Gute sein?

Zudem sprechen sich Schwab und Co. für eine Verstärkung von Public-Private-Partnerships aus: Regierungen, große Konzerne und Stiftungen sollen verstärkt an Lösungen für die Welt arbeiten. Die Krise sei nur »gemeinsam« zu meistern. Was die Mittel zur Bewältigung dieser großen Herausforderung angeht, so werde sich der demokratische Westen an eine härtere Gangart gewöhnen müssen. Vorausschauend stellte Schwab schon früher fest, dass die Menschen letztlich auch autoritäre Maßnahmen, wie Bewegungseinschränkungen, Überwachung, Kontaktnachverfolgung et cetera akzeptieren werden. Zudem bestehe dank des technologischen Fortschritts die Möglichkeit eines Zusammenwachsens von Mensch und Maschine. Sein Faible für die Idee des Transhumanismus hatte Schwab bereits in seinem Buch *Die vierte industrielle Revolution* dargelegt.

Das Buch *Der Große Umbruch* liest sich wie der Entwurf für eine Strategie der totalen Digitalisierung aller Lebensbereiche, geschrieben im Duktus des Planungssprechs mit aufdringlich-transformativem Futur I, der ständig die Alternativlosigkeit des Umbruchs und seiner Mittel betont, ja beschwört. Alarmistische Töne von der größten Katastrophe seit dem Zweiten Weltkrieg wechseln sich ab mit Forderungen nach einem neuen Konsumverhalten, neuen sozialen Umgangsformen und mehr Digitalisierung in allen Lebensbereichen.

Ein Beispiel für Maßnahmen, die von Techfirmen und Stiftungen in Zusammenarbeit mit Regierungen vorangebracht wurden und gut in die Welt von morgen aus Sicht des WEF passen, ist die ID2020 oder der Common Pass. Es handelt sich dabei um von privaten Firmen herausgebrachte digitale Reisepässe, in denen weitaus mehr persönliche Daten zusammenlaufen als zum Reisen notwendig wäre; auch die digitalen Impfpässe sind schon länger in Arbeit[95], standen aber dann doch in auffällig »rechtzeitiger« Nähe zum Ausbruch der Pandemie bereit.[96] Treiber des digitalen Impfpasses ist die von Bill Gates gegründete Impfallianz Gavi, mit Sitz und Immunität in der Schweiz.

Diese privaten Lösungen müssen nicht einmal staatlich verpflichtend sein, um eine magische Anziehungskraft zu entwickeln. Die australische Fluggesellschaft Qantas testet bereits den digitalen Impfpass.[97] Wer diesen ablehnt, kann in Zukunft kein Kunde mehr sein. Das gleiche Prinzip lässt sich auf alle anderen Lebensbereiche analog übertragen. Eine Rückkehr in die alte Normalität ist laut Schwab zwar ausgeschlossen, die Wahrnehmung von Rechten wie der Bewegungsfreiheit kann jedoch (nach jetzigem Stand) quasi als Privileg im Austausch gegen einen staatlich aufgenötigten körperlichen Eingriff (Impfung) sowie die Einräumung der Möglichkeit zu Datenspeicherung, Tracking und Überwachung wiedererlangt werden. So in etwa stellt man sich die »schöne neue Welt« vor: als ein Kastensystem der Impfwilligen. Die Erprobung davon ist bereits in Israel zu beobachten, auch die EU-Kommission arbeitet an einem Gesetzeswerk zu »grünen Pässen«.[98]

Nach der Ära des digitalen Kolonialismus scheint nun die Ära der digitalen Refeudalisierung angebrochen zu sein: Staatliche Akteure und große Techfirmen streben im Zuge der Pandemie zunehmend nach einer Form von Totalkontrolle über die Bevölkerung. Der »große Umbruch« ist zugleich ein »großer Zugriff« auf den Einzelnen. Das WEF kann seit jeher mit geneigtem Interesse aus der Politik rechnen. Angela Merkel ist, wie zahlreiche Staats- und Regierungschefs, regelmäßig zu Gast in Davos gewesen. Aus Deutschland sind zudem zum Beispiel Anna-Lena Baerbock und Jens Spahn Mitglieder des hauseigenen »Young Global Leaders Programm«.[99] Weitere Politiker, wie der ehemalige Gesundheitsminister Daniel Bahr und der ehemalige FDP-Vorsitzende, Gesundheitsminister und Wirtschaftsminister Philipp Rösler, werden als »Agenda Contributor« geführt.[100]

Die Zerstörung des Mittelstandes, die Existenzvernichtung kleiner und mittlerer Unternehmen, scheint derweil kein Problem, sondern gebilligte Nebenfolge des aktuellen Programms zu sein. Schon vor Jahren titelte das World Economic Forum: »Willkommen im Jahr 2030. Ich besitze nichts, habe keine Privatsphäre und das Leben war nie besser.«[101]

In Bezug auf Corona geht das WEF von einer K-förmigen Erholung der Wirtschaft aus. »Erholung« bedeutet hier, dass große Unternehmen sich schneller erholen als kleine (oder anders gesagt: Die Großen fressen die Kleinen. Wer hat, dem wird gegeben.). Der Click-and-Meet-Buchhändler um die Ecke wird es gegen Amazon jetzt noch schwerer haben.[102]

Ist Corona folglich der Durchlauferhitzer einer Machtergreifung? Die Pandemie kennt seit Beginn eine unermessliche Anzahl von Opfern der Maßnahmenpolitik – schon jetzt sind die Folgen für den Mittelstand desaströs –, aber auch Profiteure. Die Pandemie ist für manche eine Katastrophe, für andere schlicht ein Katalysator für den Wandel. Sie ist zudem eine Gemengelage an Interessen, ein Anreizsystem zur Machtverteilung sowie die Gelegenheit, eine neue informelle Ebene globaler Entscheidungsfindung in den Händen weniger zu zementieren, deren Vertreter weder gewählt, transparent, ja nicht mal medial nennenswert behelligt, und niemandem rechenschaftspflichtig sind.

Schon jetzt sind deutliche Interessenslagen bei zahlreichen Akteuren erkennbar:

Erstens, private globale Player: Die Pandemie begünstigt zahlreiche globale Player, deren Interessen sich im WEF bündeln. Der Finanz- und Bankensektor (Big Finance) profitiert von den exzessiven Anleihekauf- und Hilfsprogrammen der Notenbanken, wird also gerade mit nie dagewesenen Mengen an Geldliquidität zu niedrigsten oder nicht vorhandenen Zinsen geflutet. 20 Prozent aller je gedruckten Dollars sind allein im letzten Jahr entstanden[103], den Herbst dabei noch nicht eingerechnet. Große Techfirmen (Big Tech, Big Data) erleben Rekordumsätze, während analog operierende Firmen teilweise seit Monaten einem Gewerbeverbot ausgesetzt sind. Ebenfalls profitieren dürften die Sektoren der militärischen Überwachungstechnologie, Sicherheitstechnik[104] und der Drohnentechnologie. Als Letztes kommt noch der Sektor Big Pharma dazu, dessen Interessenslage gerade selbsterklärend ist, wobei neben dem Geschäft der Impfung auch noch das Geschäft der vielen gesundheitlichen Maßnahmen-Folgekosten hinzukommen.

Zweitens, China: Der größte Profiteur der Krise dürfte China sein. Während sich die Welt im Lockdown befindet (eine Erfindung der kommunistischen Partei Chinas), präsentiert China nie dagewesene Wachstumsraten.[105] China möchte sich in den nächsten Jahrzehnten als militärische und ökonomische Supermacht positionieren (Plan 2049), westliche Werte sind da bekanntlich ein Hindernis.[106]

China (gemeint ist dabei stets die Führung der kommunistischen Partei Chinas, KPCh) denkt nicht in Kategorien von zehn oder 20 Jahren, sondern plant Jahrhunderte voraus. China verfügt über den breitesten zeitlichen Planungshorizont der Welt sowie über die ausgefeiltesten Mittel der Umsetzung. Die jahrtausendealte chinesische Kriegskunst sowie die Strategeme der Supraplanung (die im Westen wenig bekannte »Moulüe«) machen deutlich, wie man allein durch listiges Handeln Macht erringen kann, ohne sich militärisch zwangsläufig in Unkosten stürzen zu müssen.[107] Das Ideal ist dabei der Sieg ohne Kampf.

Das eingangs erwähnte Strategem Nummer eins (»*Der Kaiser soll gegen seinen Willen dazu gebracht werden, das Meer zu überqueren, indem man ihn in ein Haus am Meer einlädt, das in Wirklichkeit ein Schiff ist.*«) könnte im Pandemiegeschehen zum Einsatz gekommen sein: Während die Welt glaubt, eine Pandemie zu bekämpfen, bekämpft sie sich selbst: durch Ruin der heimischen Wirtschaft mit exorbitanten Folgekosten und einer daraus folgenden massiven Verschuldung, deren Bekämpfung zu Inflation und wirtschaftlicher Rezession führen kann. Der Kaiser ist hier die Bevölkerung des Westens, die das Haus der Pandemiebekämpfung betritt und sich gekapert auf dem Schiff der fernöstlichen Machtergreifung wiederfindet, übergesetzt auf das Ufer der »Neuen Normalität«. Eingeladen wurde sie von ihren eigenen Politikern unter dem Jubel der Zeitungen und Rundfunkanstalten.

Um es klar zu sagen: Es ist zum gegenwärtigen Zeitpunkt nicht auszuschließen, dass die Pandemie eine Form der hybriden Kriegsführung und Unterwanderung von Seiten Chinas darstellt oder zu dieser Gelegenheit gibt. Die Hauptwaffe ist dabei nicht das Virus selbst, sondern die Maßnahmen zu dessen Bekämpfung. Chinas behinderndes Verhalten bei der offiziellen Überprüfung der Ursprünge des Coronavirus durch Entsandte der WHO sind dabei ebenso auffällig wie die zunehmende Einflussnahme Chinas im Westen durch kulturelle Institutionen, mediales Sponsoring, den Aufkauf von westlichen Unternehmen und Investitionen in Infrastrukturprojekte wie Flugplätze und Häfen, von eigenen Technologien wie 5G ganz zu schweigen. Auch das wäre übrigens ein Strategem, nämlich das Strategem Nummer 25: »*Ohne Veränderung der Fassade des Hauses die Tragbalken stehlen und die Stützpfosten austauschen.*«

Die Einflussnahme auf supranationale Organisationen und ihre Repräsentanten (die Nähe des WHO-Chefs zu China ist unbestritten) kann dabei als Teil der Strategie gelten. In dem Buch *Unrestricted Warfare* aus dem Jahr 1999, geschrieben von den zwei Offizieren der kommunistischen Partei, Qiao Liang und Wang Xiangsui, wird die Einbeziehung supranationaler Akteure in das militärische Vorgehen ganz unverhohlen deutlich gemacht.

Man sieht es am Konflikt, den Australien und Neuseeland gerade mit China haben (beide Länder gelten als Sandkästen Chinas für die Welt); man sieht es am Einfluss Chinas auf die Lockdownpolitik in aller Welt. Und man sieht den Einfluss auf höchster Ebene in Deutschland im sogenannten »Panikpapier«

des BMI, in welchem eine Gruppe von Forschern im Frühjahr 2020 empfohlen hatte, den Deutschen mit drastischen Bildern und Schreckensszenarien, unter anderem über einen qualvollen Erstickungstod durch Covid, Angst zu machen.

Vor kurzem hat die Redakteurin der Wochenzeitschrift »Demokratischer Widerstand«, Aya Velàzquez, den E-Mailverkehr der Expertengruppe mit dem BMI auf Twitter geleakt.[108] In der Expertengruppe waren auch zwei Forscher, der Mao-Anhänger Otto Kolbl[109] und Maximilian Mayer, die sich beide durch eine Nähe zu China auszeichnen und die kurz zuvor einen gemeinsamen Artikel veröffentlicht hatten, dessen Titel bereits vielsagend ist: »Learning from Wuhan – there is no alternative to Covid-19 containment« (*»Von Wuhan lernen – es gibt keine Alternative zur Eindämmung von Covid-19«*[110]). Weitere chinafreundliche Artikel fanden sich im Emailverkehr wieder.

Im Verhältnis zu China erklärt sich wohl teilweise auch Schwedens abweichender Weg. Schweden befindet sich in einem diplomatischen Streit mit China und gilt als prominentestes Beispiel für ein europäisches Land ohne Lockdown-Maßnahmen.

Drittens, der Philanthrokapitalismus: Schließlich tauchen in der Gemengelage von Great Reset, Pandemiebekämpfung und Klimawandel immer wieder die Namen großer Stiftungen auf, die ökonomische und politische Machtinteressen hinter der Maske der Wohltätigkeit verstecken (Philanthrokapitalismus). Am deutlichsten zu sehen ist die allgegenwärtige Aktivität von Bill Gates und der Bill & Melinda Gates-Stiftung, die sich einen nie dagewesenen Einfluss auf das globale Gesundheitssystem gesichert haben. Investitionen in Impfstoffe, in die Impfallianz Gavi, die Impfstoff-Verteilungsorganisation COVAX, das Event 201, sowie großzügige Zahlungen (Grants) an Medienunternehmen, Stiftungen, staatsnahe Institute und Forschungseinrichtungen werfen mehr Fragen auf, als hier behandelt werden können.

Bill Gates bringt zudem gerade medial das Thema Klimaschutz zurück in den Vordergrund. Eine Verquickung des Klimathemas mit der Pandemiebekämpfung fügt sich bestens in die Agenda des Great Reset ein und findet in den Medien zudem interessierte Aufnahme. Zu China pflegt Gates gute Geschäftsbeziehungen, er ist u. a. an der Firma TerraPower beteiligt, die neuartige Atomkraftwerke an China verkaufen will (und natürlich nicht nur dort). Besonders brisant ist die Kooperation von Gates mit der chinesischen Firma BGI. Diese Firma sammelt die DNA von Millionen von Amerikanern aus den PCR-Tests, die im Zuge der Coronapandemie eingeholt wurden.[111] Über Microsoft ist Gates auch an der Entwicklung und Voranbringung von Lösungen zur Kontaktverfolgung interessiert.

Bill Gates einen Profiteur der Coronapandemie zu nennen, wäre eine höfliche Untertreibung. Wann in der Menschheitsgeschichte haben die Zeitläufte zuletzt einem einzelnen Mann und seiner milliardenschweren Stiftung so günstig in die Hände gespielt wie jetzt? Und wann wurde genau in so einem Moment zugleich so wenig kritisch darüber berichtet? Wenn man das Pandemie-Geschehen als Kult bezeichnen will, dann ist Bill Gates so etwas wie der oberste Anführer, ein Guru mit hellseherischen Fähigkeiten, der die Welt zielsicher durch die Krise manövriert und immer genau weiß, was zu tun ist und was passieren wird. Oder um es mit den Worten von Ursula von der Leyen zu sagen: »*Danke, Bill und Melinda Gates für eure Führungsrolle und Hingabe!*«[112]

Wir befinden uns in einer Situation, die im Ganzen schwer zu durchblicken ist, aber deren Ausläufer sich bereits abzeichnen. Mein persönliches Fazit, subjektiv aber begründet, lautet folgendermaßen: Das Bedrohliche am Great Reset ist nicht unbedingt das, was uns davon bereits sichtbar und spürbar umgibt, sondern das, was jetzt im Eiltempo möglich wäre und bereits ausgerollt wird: Es sind die Umrisse einer global agierenden Weltgesundheitsdiktatur, ein korporatistisch agierender, kollektivistisch denkender, überparteilicher Apparat, bestehend aus Agenda-Willigen auf unterschiedlichen Ebenen, die sich vordergründig der Bekämpfung der Pandemie sowie der Umsetzung unverfänglicher Ziele, wie Umweltschutz, Gleichheit und Inklusion verschreiben, dies jedoch unter Brechung des Individuums und Verletzung zivilisatorischer Errungenschaften, wie Grundrechten, tun.

Der Great Reset ist ein Akt der Machtergreifung durch aktive Vergänglichmachung der bisherigen freiheitlichen Lebensform. So wie Produkte eine bestimmte, vom Hersteller festgelegte, künstliche Lebensdauer haben (»künstliche Obsoleszenz«), so haben dies auch Systeme. Dass sich das globale Finanzsystem seit der Krise 2008 nicht wirklich erholt hat, sondern an seine Grenzen stößt, ist offensichtlich. Währungsreformen sind zudem keine Neuerscheinung in der Geschichte.

Der Reset hinter dem Great Reset könnte gerade derjenige des Finanzsystems sein und jener wäre damit eine Art Notoperation am siechenden Finanzsystem. Schwab deutet diese Möglichkeit selbst in einem Interview für die *Zeit* an, wo er Analogien zum Zweiten Weltkrieg zieht, in dessen Nachklang neue Institutionen und Systeme, wie das gegenwärtige, in die Jahre gekommene, Bretton-Woods-System, geschaffen wurden.[113]

Auch hierfür käme eine Pandemie, die zum Beispiel ungeahnte Einschränkungsmöglichkeiten im Zahlungsverkehr eröffnet, nicht ungelegen. Zahlreiche Zentralbanken arbeiten zudem eiligst an der Einführung von digitalem Zentralbankgeld, welches weitere Kontrollmöglichkeiten gegenüber dem Bürger eröffnen würde. Mit der Einführung eines Grundeinkommens wäre die Unterjochung der breiten Massen zudem so einfach wie noch nie: Wer sich unsozial verhält (Chinas Sozialkreditsystem lässt grüßen), bekommt seine Corona-Buße gleich automatisch von seinem Grundeinkommen abgezogen.

Die Machtergreifung, die wir gerade erleben, muss notwendigerweise eine Form der Fremdherrschaft sein. Die Bevölkerung wird zu großplanerischen Agenden, wie dem Great Reset, nicht befragt. Diese Fremdherrschaft begegnet uns einerseits in Form von gebündelten Interessen großer Machtakteure, wie Tech- und Pharmariesen, Investmentfirmen und Stiftungen, andererseits in Form eines, wie ich es nenne, »hybriden Moulüe-Angriff sinomarxistischer Prägung«, der spätestens mit Propaganda-Filmen in sozialen Netzwerken von kollabierenden Personen sichtbar wurde. Auch das wäre übrigens ein Strategem, und zwar Strategem Nummer sechs: »*Im Osten lärmen, im Westen angreifen.*«

Der Great Reset rollt dem Vormachtstreben der kommunistischen Partei Chinas quasi den roten Teppich aus. Diese aggressive Agenda trifft zeitgleich auf eine westliche Welt des relativen Überflusses, der medialen Ablenkung und geschäftig tuenden Apathie. Institutionen sind blutleer und träge geworden, sie kehren sich zunehmend gegen den Bürger, also den Souverän, statt den Verfassungsauftrag zu erfüllen. Wieso wird in Deutschland gefordert, Querdenker und andere demonstrierende Bürger vom Verfassungsschutz beobachten zu lassen, nicht aber Politiker, die den Kollaps der wirtschaftlichen und staatlichen Ordnung unter dem Vorwand in Kauf nehmen, die Bevölkerung vor den Auswirkungen einer mittelschweren Grippe zu schützen?

Damit gerät letztlich die Rolle des ungebrochenen Individuums in den Vordergrund, das vor der Wahrnehmung seiner Freiheit nicht um Erlaubnis fragt, sondern diese Legitimation aus eigener sittlicher Überzeugung wahrnimmt. Solange die Furcht vor Konsequenzen des Ungehorsams größer ist als die Angst vor dem Verlust der Freiheit, wird der Great Reset weitergehen.

IV. Die Weitung der Welt

Es macht wenig Sinn, immer nur in den Abgrund zu schauen, vor allem wenn man schon weiß, was einen dort erwartet. Sonst wiederholt man für sein Publikum nur Altbekanntes und die anderen sind ohnehin nicht zu überzeugen. Und das ist auch nicht meine Aufgabe als Publizist. Ich will anstoßen, aufwecken und dokumentieren. In einem arbeitet es, im anderen nicht.

Immer häufiger mache ich mir deshalb Gedanken für den Bau an der besseren Welt, während ich den Verfall der alten beobachte. Wie können wir an der Situation wachsen, sie meistern? Wie können wir eigenständiger und unabhängiger werden? Was brauchen wir geistig dazu?

10. September 2021

Selbstverteidigung für den Geist[1]

Die aktuelle Krise ist ein Frontalangriff auf die Logik und den gesunden Menschenverstand. Zeit für eine Gegenstrategie.

Hand aufs Herz: Gehen Sie gerne einkaufen? Es ist egal, welchen Supermarkt Sie betreten. Sie betreten stets einen Ort der psychologischen Kriegsführung. Es geht an diesem Ort darum, Ihren Willen umzuformen, ihn weichzukneten, zu beugen und letztlich zu brechen. Das Ziel des Angriffs ist natürlich Ihr Geldbeutel. Der Weg dorthin ist Ihr Geist.

Der Supermarkt ist eine psychologisch vorgestaltete Umgebung. Sie werden viele Regalmeter ablaufen; viele vermeintliche Schnäppchen sehen. Für die billigen Produkte werden Sie sich bücken müssen, die teureren finden Sie auf Augenhöhe. Die Nudelsoße ist selten neben den Nudeln, aber unterwegs kommen Sie – wie praktisch, aber kein Zufall – noch am Weinregal vorbei. Blinkende Preisschilder hier, Ramschtische dort, am Ende die unvermeidliche Quengelware. Sie gehen nicht einfach einkaufen. Sie absolvieren einen Versuchsablauf.

Was nun, wenn die ganze Welt ein wenig wie dieser Supermarkt ist? Und seit der Pandemie noch weitaus mehr? Was, wenn die Pandemiemaßnahmen ein subtiler Dauerangriff auf den Geist sind? Und Sie nicht nur ein Versuchskaninchen bei experimentellen Impfstoffen, was sogar der SPD-Kanzlerkandidat Scholz offen ausspricht. Sondern eben auch bei einem psychologischen Versuch?

Es ist nicht schwer zu erraten, dass das der Fall ist. Seit Beginn der Pandemie gibt es weltweit ein mehr oder weniger einheitliches Playbook. Es gibt Regeln der Verhaltenssteuerung, die darauf angelegt sind, Menschen zu etwas zu bringen, was sie selbst wollen sollen. Es geht seit Beginn der Pandemie beispielsweise überall um das Bespielen einer psychologischen Klaviatur von Angst und Anreiz, von Gruppendruck und Ausgrenzung. Wachsweiche Formulierungen über »Schutz« und »Angebote« wechseln sich mit Nötigung und sichtbarer Gewalt, zum Beispiel bei Demonstrationen, ab.

Die einen werden öffentlich belobigt, erhalten Bundesverdienstkreuze oder die Bezeichnung »besonders wertvoller Mensch«, wenn sie sich impfen lassen. Andere wiederum werden öffentlich beschämt und bloßgestellt, ihre Existenz ruiniert. Sie verschwinden von der Bildfläche. Es werden permanent Exempel statuiert, für alle sichtbar. Die Anreizstruktur ist öffentlich einsehbar.

Wir müssen uns bewusst machen: Das aktuelle Pandemiegeschehen wird überwiegend in den Köpfen ausgetragen. Wer versucht, hinter den Maßnahmen und ständig wechselnden Narrativen eine Logik zu entdecken, fühlt sich schnell an der Nase herumgeführt, verwirrt und irgendwann nur noch erschöpft. Die Pandemiebekämpfung der Regierungen ist ein Angriff auf das logische Denken, den Geist und die Urteilsfähigkeit. Sie ist ein in der Masse angelegtes Experiment der Konditionierung. Die Muster davon sind aus der Verhaltensforschung übernommen und gut erforscht.

Öffnen wir uns deshalb für ein Gedankenexperiment: Die Maßnahmen und wechselnden Narrativen *sollen* keinen Sinn ergeben. Die fehlende Logik ist nicht etwa die Schwachstelle der Pandemiebekämpfungspolitik. Die Schwachstelle ist unser menschlicher Geist, der versucht, sich einen Reim zu machen, während wir uns im Handeln zugleich der Unlogik unterwerfen. Zu erkennen, dass etwas unsinnig ist, aber trotzdem mitzumachen, ist die ultimative Methode der Einübung von Gehorsam.

Erst wenn es keinen Sinn macht, macht es Sinn. Denn der neue »Sinn« ist etwas anderes als der alte »Sinn«. Erinnern wir uns an Voltaire: »*Wer andere Menschen dazu bringen kann, Absurditäten zu glauben, kann sie auch dazu bringen, Gräueltaten zu begehen.*« Gilt das nicht noch mehr, wenn man die Absurditäten sogar aktiv mitmacht? Hannah Arendt fand, dass totalitäres Denken eine Art Geisteskrankheit sei. Im Totalitarismus gehe es schlicht darum, gesunde Hirne in kranke zu verwandeln.

Welche Elemente gehören noch dazu und wie entzieht man sich diesen effektiv?

Erstens, die Schock-Strategie: Nichts bringt die Menschen so sehr in Bewegung wie Schocks und Krisen, so die Journalistin Naomi Klein in ihrem Buch *Schock-Strategie*. In normalen Zeiten mobilisieren neue Moden ein neues Verhalten. Mal ist der Schlag der Hose breit, mal eng, mal ist die Krawatte gestreift, mal kariert. Man kann mitmachen, muss aber natürlich nicht. Externe Schocks wie Kriege, Hyperinflationen, Pandemien et cetera mobilisieren hingegen auf unentrinnbare Weise.

Der Schockzustand lähmt den Verstand, das Reptilienhirn übernimmt und delegiert den Verstand auf eine Autoritätsperson. Dieses Muster funktioniert, selbst wenn sich, wie im jetzigen Pandemiegeschehen, ein unerfülltes Versprechen auf das nächste stapelt. Es funktionierte zu Beginn der Pandemie, als Menschen in Massen der Ansicht waren, dass Nudeln und Klopapier bald knapp würden und zu den für den Menschen existentiellen Produkten gehören. Und es funktioniert in der Impfkampagne, wenn das ungute Gefühl gegenüber Nebenwirkungen mit dem guten Gefühl, einer Art Tugendkollektiv anzugehören, übertüncht wird.

Zweitens, die Pawlowsche Konditionierung: Schon Pawlow wusste, dass die Konditionierung von Tieren, also die Einübung von neuem Verhalten, am besten in einer Laborsituation der Isolation möglich ist. Belohnungen lösen Reflexe aus, bei Hund wie Mensch. Mit jeder Kröte, die der gesunde Menschenverstand schluckt, wird er empfänglicher für die nächstgrößere Kröte. Der Enthüllungsjournalist und Wikileaks-Gründer Julian Assange – derzeit der prominenteste politische Häftling des sogenannten »freien« Westens – fasste es in folgende Worte: »Jedes Mal, wenn wir Zeuge einer Ungerechtigkeit werden und nicht handeln, schulen wir unseren Charakter, in ihrer Gegenwart passiv zu sein, und verlieren dadurch schließlich jede Fähigkeit, uns selbst und diejenigen, die wir lieben, zu verteidigen.«[2]

Drittens, das logische Nirwana: »Logik kann mit Logik konfrontiert werden, Unlogik nicht«, wusste der niederländische Arzt und Psychoanalytiker Joost Meerloo.[3] Wir befinden uns schon seit mehr als einem Jahr nicht mehr auf dem Schauplatz der Logik. Ein logisches Argument zählt derzeit schlicht nicht. Es zählt nur eine ideologisch passgenaue Aussage, egal wie unsinnig sie ist. Die leergelaufene Logik versiegt im Nirwana, sie strampelt sich müde. Es übernimmt dann ein emotionaler Apparat, der jedoch auch oft nur im Leerlauf strampelt, quasi auf einem anderen sinnlosen Kampfplatz tobt: Wut, innere oder äußere Aggression, Verzweiflung, Erschöpfung und Flucht in Ablenkung oder Sucht.

Der Stoiker Epiktet machte einst einen sehr guten Vorschlag. Er empfahl, sich bei allen Dingen, die uns begegnen, zu fragen, ob diese in unserer Macht stehen oder nicht. Erstere rechnet er unserem Tun zu, andere den Umständen. Im Falle letzterer empfahl er, sich nicht mit ihnen zu grämen oder mit deren Unannehmlichkeiten zu hadern. Wer den Fokus also auf das Veränderbare, Gestaltbare legt und sich eine Teflonschicht für das Unveränderbare zulegt, agiert stärker als Subjekt und lässt sich nicht verobjektivieren.

Der erste Schritt muss darin bestehen, den gegenwärtigen Angriff auf den Geist überhaupt zu erkennen. In einem zweiten Schritt gilt es dann, für sich selbst eine Schutzschicht aufzubauen, die einen nicht in der Schleife der toxischen Ablenkung und Negativspirale hält. Dann kann in einem dritten Schritt an konkreten Strategien des Gegenangriffs gearbeitet werden. Es gilt dabei stets, die Kontrolle über den Inhalt der Gedanken in den Händen zu halten, ein eigenes Programm zu verfolgen und sich darüber ehrlich Rechenschaft abzulegen. Wer bei der Frage zögert, womit der heutige Tag eigentlich ausgefüllt war, ist der Schleife der Ablenkung wohl nicht entflohen. Letztlich muss es darum gehen, unempfänglicher zu werden für äußere Einflüsse. Und dann, als Fernziel, letztlich unregierbar zu sein. Dann nähert sich jeder dem Geheimnis des eigenen Lebensentwurfs, der eigenen Individualität. Denn, so Nietzsche: »Dem wird befohlen, wer sich selbst nicht gehorchen kann.«

Wem also bewusst wird, dass er auf dem Feld der Logik noch eine Schlacht zu gewinnen versucht, die sich gar nicht auf dem Feld der Logik abspielt, sondern im Reich der Ideologie zu verorten ist, der könnte folgenden Schluss ziehen: Eine Schlacht, die gedanklich nicht gewonnen werden kann, ist es nicht wert, ausgetragen zu werden. Sie ist Zeitverschwendung. Sie hält zudem ab vom Tun, welches wir in unserer Kontrolle haben. Sie verheddert uns in Gedankenschleifen, die uns in der Passivität halten. Die einzige Möglichkeit, dieses »Spiel« zu gewinnen, ist nicht mitzuspielen. Wer schon nicht Herr über seine Gedanken ist, kann unmöglich zu selbstbestimmten Handlungen finden.

Ein weiteres Problem, welches wir dabei überwinden müssen, ist die Blase der allgemeinen Sediertheit. Wir müssen leider konstatieren, dass wir nicht erst seit der Pandemie in einer extrem apathischen und sedierten Gesellschaft leben. Wir sind seit Jahren auf Passivität und Pseudoaktivismus konditioniert. Wir erleben eine ständige Kultur-Ausdünnung im öffentlichen Raum. Intellektuelle Inhalte, aktivierende Gedanken in den Medien: zunehmend Fehlanzeige. Man muss sie sich suchen, wie ein Goldschürfer. Es ist wie immer: Qualität kommt von Qual. Alles, was von Wert ist, beruht auf einer Holschuld. Die dürre Massenware bekommt man kostenlos nachgeworfen.

Zugleich bespielen wir unseren Dopamin-Haushalt mit permanentem Smartphone-Gaming, wir geben uns dem Eskapismus von Drogen, Internet-Pornographie, Konsum, Völlerei oder falsch verstandenen pseudo-spirituellen Achtsamkeitsübungen hin, die uns den Eindruck vermitteln, wir würden die Welt schon zu einem besseren Ort machen, wenn wir nur ein paar Mal am Tag richtig durchatmen, mal »das innere Kind« heilen und unser drittes Auge wachkiffen.

Der allgegenwärtige »westliche Buddhismus« ist Augenwischerei. Eine Passivitätsschleife. Letztlich: ein Religions-Business. Wie oft sieht man die Buddha-Figur in Wohnungen von Leuten, die zugleich durch das Leben hecheln und blind für die Umstände sind, sich aber sehr achtsam und »Zen« vorkommen? So sind viele heutzutage wahnsinnig individuell, besonders, durchleuchtet, achtsam – und trotzdem letztlich oft schlicht zeitgemäß passiv und unbeteiligt am Lauf der Welt. Der Buddha auf dem Nachtkästchen ist der kleinste gemeinsame Götze. Ein kleiner Blitzableiter für Stress, sonst nichts.

Ich pauschalisiere hier natürlich etwas. Ich kenne jedenfalls nur wenige, die wirklich ins Tun kommen, jedoch umso mehr, die im Dauerzustand des »Morgen geht es los!« verharren, in der dauernden Antizipationsschleife leben. Dieses Verhalten ist im Kern infantil. Es gründet darauf, sich selbst zu verzwergen, sich klein und ohnmächtig zu fühlen, vom Lauf der Welt entfremdet. Es müssen jetzt alle Verhaltensweisen auf den Prüfstand, die uns davon abhalten, notwendige Veränderungen zu bewirken.

Jede Veränderung beginnt mit einem Bewusstsein für die Schwachstellen des Geistes und für das programmierte Gelände, auf dem wir uns befinden. Schon diese Bewusstseins-Veränderung ist Arbeit, ist aktives Tun. Es ist der erste Schritt, den Angriff auf den Geist zu parieren. Es kann auch hilfreich sein, sich einzugestehen, dass die aktuelle Situation eine psychische Belastung ist (passend natürlich zugleich ein Syndrom der Potpourri-Krankheit »Long-Covid«). Erich Fromm meinte mal, dass in einer kranken Gesellschaft derjenige sich glücklich schätzen kann, der noch ein Syndrom hat. Es zeige, dass die Abwehrmechanismen noch funktionieren. Wer nichts mehr spürt, sollte sich mehr Sorgen machen als derjenige, der leidet.

Erst wenn der Dauerangriff pariert ist, die Selbstverteidigungsstrategie greift, kann man zum Gegenschlag ausholen. Denn klar muss auch sein: Gegen ein strategisches Vorgehen braucht es auch stets eine eigene Gegenstrategie. Das Team mit der besten Abwehr schießt selbst noch kein Tor.

Ist es nicht bemerkenswert, dass über wirksame Gegenstrategien aus Sicht des Bürgers gegen einen immer übergriffigeren Staat bisher eher wenig gesprochen wurde? Mir scheint, man starrt zu sehr in den Lichtkegel der aktuellen, besorgniserregenden Entwicklung. Oder habe ich etwas übersehen?

Wenn Widerstand zur Pflicht wird[4]

Die Politik befindet sich im Endkampf um das Covid-Narrativ und dreht jetzt richtig auf. An zivilem Ungehorsam führt jetzt kein Weg mehr vorbei.

Machiavelli empfahl dem strategisch vorgehenden Herrscher, die Grausamkeiten am besten gleich zu Beginn seiner Herrschaft zu begehen. Doch Demokratien kennen noch einen besseren Zeitpunkt. Die bald aus dem Amt scheidende Bundeskanzlerin Merkel könnte die wohl größte Grausamkeit ihrer Amtszeit quasi »geschäftsführend« begehen, in der Zombie-Phase ihrer Herrschaft. Soeben kündigte sie an, für die Ungeimpften werde es bald noch ungemütlicher. Was kann das eigentlich noch heißen: Ausgangssperren und Lockdowns für Ungeimpfte? Die Kennzeichnung Ungeimpfter? Was auch immer es ist, für viele dürfte es die Vollendung der Quasi-Ghettoisierung im Impf-Apartheidstaat sein. In Orwells *1984* war alles außer Arbeiten verboten. Mit 2G am Arbeitsplatz oder einer de facto Impfpflicht durch 3G (bei täglich kostenpflichtigen Tests) ist man von der Vorstellungswelt Orwells nicht mehr weit entfernt.

Wir nähern uns dem Gipfel des Wahnsinns der Pandemiebekämpfungspolitik. Das Corona-Narrativ von der größten Pandemie seit 100 Jahren, für die inzwischen die Gruppe der Ungeimpften verantwortlich gemacht werden soll, bröckelt immer schneller. Jetzt muss offenbar die letzte Klammer das aus Datensalat, Propaganda und Panikmache zusammengeschusterte Narrativ halten: die kollektiv begangene und von der schweigenden Mehrheit geduldete Grausamkeit gegenüber einer Minderheit.

Aus Sicht der Politik ist das allzu verständlich. Ihr fliegt nämlich gerade alles um die Ohren, was noch irgendwas mit Logik zu tun hat.

Fassen wir mal kurz zusammen: Die Fallzahlen und Bele-gungsraten in Intensivstationen sind heute höher als vor einem Jahr. Damals war die Impfquote bei null, heute ist sie bei über 70 Prozent (oder waren es sogar 80 Prozent?, so genau weiß man ja nicht mal das). Gerade dämmert es auch dem Letzten: Entweder funktionieren die Impfungen nicht oder man impft die Bevölkerung gerade in die nächste Welle hinein.[5] Letzteres war mit Blick auf die Zahlen in anderen Ländern (wie Israel) schon vor Monaten absehbar, als die Zahlen nach Massenimp-fungen durch die Decke gingen.[6]

Die »Pandemie der Ungeimpften« ist die neueste Mär-chenerzählung aus der Großkäserei Spahn und wissenschaft-lich widerlegt.[7] Sie ist Regierungspropaganda von der schä-bigsten Sorte und nur der letzte Sargnagel in die Truhe der Restglaubwürdigkeit einer entrückten politischen Klasse. Es ist unfassbar: Man kopiert doch tatsächlich eins zu eins und unverhohlen die Kommunikationsstrategie der Sowjets unter Stalin. Dort war auch nie die Planung der ideologisch über al-len materiellen Dingen schwebenden Politikerkaste für Miss-stände wie Versorgungsengpässe verantwortlich, sondern »Sa-boteure«.

Wie übertrieben die Panik-Zahlen sind und waren, zeigte vor kurzem das Magazin Multipolar bei der Durchforstung von Ab-rechnungsdaten der Krankenkassen. Demnach war nur rund die Hälfte der offiziell wegen Corona behandelten Patienten pri-mär wegen Corona im Krankenhaus. Doch das ist noch nicht alles: »Die Abrechnungsdaten fördern noch weitere brisante Erkenntnisse zutage: So stieg im Vergleich zu 2019 die Zahl der intensivmedizinisch behandelten Fälle abseits von akuten Atemwegserkrankungen – insbesondere Schlaganfälle, Krebs-erkrankungen und Herzinfarkte – nach dem ersten Lockdown ungewöhnlich stark an.[8] Dies deutet auf die Folgen verschobe-ner Behandlungen und verzögerter Vorsorgeuntersuchungen wegen des ersten Lockdowns hin.

Soeben leakte ein Whistleblower in der angesehenen Fachzeitschrift *British Medical Journal* (BMJ), wie dreist Pfizer Covid-Studien verfälschte.[9] Nicht einmal für eine ordnungsgemäße Temperatur bei der Lagerung der verwendeten Vakzine sorgte man demnach.

Man kann es nicht mehr anders nennen: Die Pharmaindustrie hat die Bevölkerung mit Hilfe der Politik und der Medien als Geisel genommen und zu Versuchskaninchen gemacht. Aber was will man von einer pharmahörigen Medienindustrie schon an Kritik erwarten?[10]

Die Pandemie-Erzählung lebte bisher von einem Kern-Kadavergehorsam regierungstreuer »Impfluenzer«. Dass diese Wagenburg jetzt bricht, ist der eigentliche Supergau für die Regierung und wohl der Grund dafür, dass nun der Ton verschärft und das Tempo angezogen wird. Die öffentliche Maßregelung und Quasi-Hinrichtung von Fußballer und »Impfzögerer« Joshua Kimmich sollte ein Warnschuss an weitere prominente Kritiker sein, das Narrativ nicht in Frage zu stellen. Kimmich ist Mitinitiator der Aktion »We kick Corona« und war sogar im Panik-Papier des BMI erwähnt. Der Schuss ging gründlich nach hinten los. Sogar Richard David Precht sprang Kimmich bei, verurteilte die Hetzjagd auf ihn und nannte die mRNA-Impfungen in einem Podcast mit Markus Lanz »Gentechnik«; er verwies, wie Kimmich, auf fehlende Langzeitstudien und sprach sich gegen eine Impfung von Kindern mit den Covid-Vakzinen aus.

Diese Kehrtwende macht stutzig: Precht hatte sich doch zuletzt in seinem Buch *Über die Pflicht* für eine Gehorsamspflicht des Bürgers gegenüber dem Fürsorgestaat ausgesprochen und damit selbst viele vor den Kopf gestoßen. Jetzt wird auch er medial für die Abkehr von der Regierungstreue auf beleidigende Weise gemaßregelt, ja demontiert. Der Journalist Norbert Häring spricht von einer rekordverdächtigen Abrechnung des *Spiegel*.[11] Es ist immer wieder das gleiche Spiel, mit dem gleichen monotonen Vokabular: Wer nicht auf Linie ist, wird diffamiert.

In den Medien rumort es schon seit langem, wenn auch bisher kaum sichtbar nach außen. Der Mitarbeiter des *SWR*, Ole Skambraks, der in seinem Bekenntnis-Text im Multipolar Magazin all seine skeptischen Fragen zusammengefasst hat (»Ich kann nicht mehr«[12]), wurde inzwischen gefeuert. Lange kann die Omertà in den Medien nicht mehr aufrechterhalten werden. Jedem ist spätestens jetzt bewusst, dass man sich einer Maschinerie von systemischer Desinformation zu Lasten des Bürgers angedient hat. Wer unter den Medienmachern und Journalisten seine Restglaubwürdigkeit bewahren will, muss spätestens jetzt Konsequenzen ziehen.

»Wo Unrecht zu Recht wird, wird Widerstand zur Pflicht«, soll Bertolt Brecht gesagt haben. Die Pandemie wird wohl erst aufhören, wenn die Angst vor der totalitären Gesundheitsdiktatur, die schon längst unterschwellig und immer deutlicher Programm ist, größer ist als die Angst vor dem Virus oder die Angst vor persönlichen Nachteilen.

Für Widerstand gegen Unrecht (auch gegen legales Unrecht) braucht es keine Sondererlaubnis. Sobald der Staat anfängt, sich tyrannisch zu verhalten, ist das Band der demokratischen Grundloyalität durchschnitten. Tyrannei ist einfach zu erkennen, meinte zuletzt der rumänische EU-Parlamentarier Cristian Terheş in einer sehenswert-erbosten Rede mit Hinblick auf die geschwärzten Verträge der EU-Kommission mit den Impfstoffherstellern: »Wenn die Regierung alles über dich weiß, ist es Tyrannei. Wenn du alles über die Regierung weißt, ist es Demokratie.« Schauen Sie sich diese denkwürdige Rede aus dem Inneren des Europaparlaments an. Wir sind bereits viel mehr, als wir denken.[13]

Der Staat ist dem Einzelnen nicht übergeordnet, er ergibt sich durch die Summe der Individuen. Sobald er das Individuum brechen will, um sich in Gänze zu erhalten, begeht er Verrat an der Ursprungsidee des Staates. Er bricht den Gesellschaftsvertrag und verrät den einzigen Vertragspartner, den Bürger. Für die obrigkeitshörigen Deutschen haben unsere Verfassungsväter mit Artikel 20 Abs. 4 des Grundgesetzes für diesen Fall des notwendigen Widerstands eine eigene Norm geschaffen, zu der es bisher keinerlei Rechtsprechung gibt. Wäre nicht jetzt der geeignete Zeitpunkt dafür, diese Norm mit Leben zu füllen?

Mit welchem Recht will der Staat von seinen drangsalierten, belogenen und mit experimentellen Impfstoffen übertölpelten Bürgern eigentlich noch Steuern erheben? Mit welchem Recht wollen öffentlich-rechtliche Rundfunkanstalten für ihre Desinformation noch Zwangsgebühren eintreiben? Wäre es nicht jetzt an der Zeit, die Grenzen des gesetzlichen und außergesetzlichen Notstandsrechts des Bürgers gegen den Staat auszutesten? Was muss denn noch alles geschehen?

Intelligenter Widerstand fängt damit an, bei alldem nicht mitzumachen. Und dies deutlich sichtbar zu machen und zu dokumentieren. Die Aktionen #allesdichtmachen und #allesaufdentisch sind nur die medial sichtbarsten Spitze des Eisbergs Widerstand, an welchem diese Politik kollidieren wird. Noch wichtiger sind die zahlreichen Zeichen der Zivilcourage im Alltag. Jeder kann in seinem Rahmen, ob klein oder groß, ein Zeichen setzen, und sei es nur ein Transparent über den Balkon hängen oder eine Kerze ins Fenster stellen. Henry David Thoreau hat in seinem Essay über zivilen Ungehorsam deutlich gemacht, worum es im Kern geht: Die Maschine lässt sich nur stoppen, wenn viele Einzelne genug Reibung erzeugen und sich nicht dem Unrecht andienen, welches sie als solches erkennen und im Grunde verachten.

Eine Wertordnung wird dadurch zur Wertordnung, dass sie etwas kostet und nicht umsonst zu haben ist. Es gibt keine Veränderung der Lage, ohne dass der Einzelne etwas riskiert, ein Opfer bringt oder spürbare Nachteile in Kauf nimmt. Die Magie des Widerstands beginnt zu wirken, wenn der Widerstand sichtbar wird, und sich die Gleichgesinnten erkennen. Die Ersten sind auf diesem Weg vorausgegangen. Schließt euch an.

Wie sieht intelligenter Widerstand aus?[14]

Guter Widerstand ist strategischer Widerstand. Eine kleine Hilfestellung.

Es mag derzeit nicht danach aussehen. Doch Widerstand wirkt. In ganz Deutschland sprießen gerade lokale Gruppierungen aus dem Boden, die sich in kleinen oder größeren Demonstrationen vereinigen: Die Protestwelle ist da. Zugleich versuchen der Staat und die Medien, jede Regierungskritik in die Nähe von Radikalisierung und Terrorismus zu rücken. Wenn der Staat vor unerschrockenen Bürgern Angst bekommt, bahnt sich der demokratische Geist wieder einen Weg.

Natürlich kann man sagen: Was haben die Proteste, Demos, Artikel, Telegram-Gruppen, Videos usw. bisher gebracht? Nach außen wenig, denn die Politik geht nach der Methode der »Sperrklinke« vor. Es geht stets nur in eine Richtung, nie zurück. Der Morast aus Lüge und Täuschung wird immer tiefer, das Tempo zugleich immer schneller. Gut möglich, dass sich der Staat in dieser fiebrigen Hast irgendwann selbst ein Bein stellt. Spätestens, wenn die vielen Geimpften aus dem Impfschutz herausfallen und erkennen, dass sie von Beginn an angelogen wurden, muss es kippen. Auch wenn all das absehbar war: Viele Menschen brauchen wohl den harten Aufprall, die bittere Erfahrung und das Exempel am eigenen Leib, um aufzuwachen.

Widerstand wirkt, aber er wirkt erst mal unsichtbar. Mit effektivem Widerstand ist es in etwa so wie mit dem Öffnen eines Marmeladenglases. Erst wenn dieses durch viele Hände gegangen ist, geht der Deckel plötzlich auf. Der erlösende Knack-Laut ertönt. Danach wirkt es stets logisch, aber davor sah es zwischenzeitlich so aus, als tue sich gar nichts. Der effektivste

Widerstand ist also der, der einfach nie nachlässt und immer weitermacht. Widerstand ist eine Sisyphos-Aufgabe als Langstreckendisziplin.

Die Frage nach dem derzeit richtigen Widerstand ist mehr als berechtigt. Politik und Medien sehnen sich eine Eskalation mit Maßnahmengegnern geradezu herbei. In normalen Zeiten würde man jetzt auch an Generalstreiks, Konsum-Boykotte oder Ähnliches denken. Doch in der jetzigen Lage? In der jetzigen Lage muss man davon ausgehen, dass die Politik an einem grundlegenden Systemwechsel arbeitet. Sie braucht Verzweiflung, Wut und ein Katastrophenszenario, um in vermeintlicher Reaktion darauf die nächsten Einschränkungen einzuführen. Das Gefühl von Hilf- und Alternativlosigkeit in der Bevölkerung ist dafür der beste Begleiter. Im Februar dieses Jahres schrieb ich: »Es gehört einiges an Abgebrühtheit und Aufwand dazu, andere glauben zu lassen, man sei als Regierung etwas verplant und vertrottelt, der jetzige Zustand sei also ›nur‹ Versagen und nicht etwa mutwillige Sabotage. Ich denke Letzteres ist näher an der Wahrheit. Aber vermutlich ist dieser Gedanke für viele zu monströs, um ihn an sich ranzulassen.«[15]

Sabotage und mutwillige Zerstörung durch die Politik sind sicher schwerwiegende Anschuldigungen. Doch nehmen Sie mal ein einfaches Beispiel. Der Wetterdienst kündigt eine Sturmflut an und Sie wohnen im Norden. Was macht die Politik? Sie baut jetzt die Deiche ab. Für die Senkung der Deiche gibt es sogar eine Subvention. Versteht das irgendwer? Es macht keinen Sinn, doch es passiert. Bei Überschwemmung kann die Politik übrigens den Notstand ausrufen, um durchregieren zu können. Preisfrage: Welches Interesse hat die Politik, wenn sie vor allem an Machtgewinn interessiert ist, an der Verhinderung einer Überschwemmung?

Das Gleiche ist in der Pandemie mit den Intensivbetten passiert. Diese wurden abgebaut, statt aufgebaut, staatlich subventioniert auch noch. Die Gefahr der Überlastung des Gesundheitswesens ist Grundlage des epidemischen Ausnahmezustands. Wenn Notlagen zu Machtgewinn führen und alle Politik stets auf Machtgewinn ausgerichtet ist, wird die Politik Notlage eher schaffen, statt sie zu bekämpfen. Egal ob Mutanten, Blackouts, Cyberattacken oder was auch immer. Der Ausweg aus dieser Situation ist so einfach wie schwierig: weniger bis gar keine Politik. Die Entmachtung des Apparats.

Wie drehen wir den Spieß um? Guter Widerstand ist erst mal gewaltfrei. Es ist nachgewiesen, dass gewaltfreier ziviler Ungehorsam deutlich effektiver ist als gewaltsamer. Letzterer spielt dem Staat in die Hände. Gegen Fröhlichkeit, Humor, Liebe, Musik, also alles, was besonders viel mit Menschsein zu tun hat, sind machtversessene Technokraten relativ machtlos. Es sei denn, sie wollen hässliche Bilder produzieren, damit auch noch dem Letzten klar wird, wessen Geistes Kind sie sind.

Guter Widerstand braucht strategisches Denken. Welche Bürger will der Staat gerade am liebsten, um durchregieren zu können? Welchen Zustand wünscht er sich?

Der Staat will: Spaltung, Trennung, Isolation, Angst, Panik, Hilflosigkeit, Verzweiflung, Bedürftigkeit, Verarmung, Abhängigkeit von Hilfen, Orientierungslosigkeit, Verlust von Maßstäben.

Gehen wir davon aus, dass in der Politik nichts dem Zufall überlassen ist. Alles andere wäre naiv. Machtgewinn, Machterhalt und Machtausbau sind definitiv keine Zufallsprodukte. Widerstand ist deshalb schon alles, was diese Ziele konterkariert.

Was also können Sie tun? Entziehen Sie sich der Propaganda, soweit es geht. Bauen Sie analoge Wege der Vernetzung und Brücken zu Andersdenkenden. Gerade auch zu Geimpften. Die Minderheit der Skeptiker kann auch leicht zu einer Mehrheit werden. Bauen Sie die Abhängigkeit vom Staat ab. Intellektuelle Freiheit und finanzielle Freiheit gehen Hand in Hand. Jede Form von Abhängigkeit ist ein Freiheitshemmnis. Wer Staatshilfen kassiert, kann nur schwerlich gegen seine Interessen Widerstand leisten. Und schließlich: Haben Sie ein wenig Geduld und Vertrauen, die Zeit arbeitet für uns.

2. März 2022

Wir Waldgänger[16]

Die kritische Masse der Corona-Waldgänger steht vor dem Ernstfall. Die Politik aber noch mehr. Wie kann der Einzelne in Zeiten existentieller Bedrohung die eigene Freiheit gegen die Welt verteidigen?

Man begegnet ihnen in der Schweiz als »Freiheitstrychler«, als »Freunde der Verfassung« oder als Mitglieder von »Massvoll!«. In Deutschland sind sie »Querdenker« und »Montagsspaziergänger«. Für Medien und Politik sind sie seit Pandemiebeginn einfach nur »Radikale, Extremisten, Rechte und Esoteriker«.

Gesichert ist bei all diesen Etikettierungen wie immer nur wenig – außer vielleicht eines: Maßnahmenkritiker und Covid-Impfgegner sind kein monolithischer Block. Sie stellen einen Querschnitt durch die Gesellschaft dar. Und sie werden mehr, je länger die Pandemie andauert. So mancher würde sich wundern, hinter welcher brav-bürgerlichen Fassade noch eine Freiheitsglut lodert und nur auf etwas Wind wartet, um wieder aufzuflammen.

Und dennoch: In den Kreisen der Maßnahmenkritiker begegnet einem am ehesten ein bestimmter Charakter-Typus. Es sind Menschen, die unter keinen Umständen bereit sind, ihre Freiheit aufzugeben. Es sind Menschen, die so verwachsen mit der Sehnsucht nach Leben, Wahrheit und Persönlichkeitsentfaltung sind, dass sie ihre gesamte Existenz für den Kampf um diese Werte zu opfern bereit wären. Sie bewerten das »So-sein« höher als das »Da-sein«. Sie sind ungeimpft, unerschrocken, ungebrochen. Sie sind die Pariah von heute und zugleich schon Pfeiler einer Ordnung von morgen. Sie sind alte Unbeirrbare. Und neue Titanen auf Kindesbeinen. Sie sind: »Waldgänger«.

Diesem Typus Mensch hat der heute von vielen verfemte, deutsche Schriftsteller Ernst Jünger in einem gut 70 Jahre alten Text ein Denkmal gesetzt. Der Essay *Der Waldgang* ist ein Schlüsseltext auch für unsere Zeit. Ja, im Grunde jeder Zeit, die sich wie unsere auch gerade einer Zeitenwende oder einem Verfallsdatum nähert. Denn der Waldgänger ist eine wiederkehrende Erscheinung jeder Verfallszeit. So wie Hegels Eule der Minerva erst in der Dämmerung ihren Flug beginnt, so ist es der Waldgänger, der sich erst nach Einbruch der Dunkelheit manifestiert. Jünger sah in seiner Zeit einen aktiven Nihilismus am Werk, eine bewusste Umformung der Werte. Die Zeit der »neuen Normalität« wird nach gleichem Muster von oben verkündet, als unausweichliche Notwendigkeit in Form polit-planerischer Weitsicht und Herrschaftswissen. Doch dafür müssen die Planer erst noch an den Waldgängern vorbeikommen.

Der Waldgang ist eine Art Vademecum des Widerständlers. Es ist ein Trost-, Inspirations- und Mutmachbuch. Man kann es auch als Anleitung zum Widerstand lesen, als Handbuch aller, die sich seit dem von Dostojewski so verehrten, anti-zaristischen Publizisten und Kleinbürgerschreck, Nikolai Gawrilowitsch Tschernyschewski, die Frage aller Fragen kritischer Geister stellen: »Was tun?« Der Text stammt ausgerechnet von einem Autor, der im Spiegel des zeitgenössischen Kulturbetriebs wohl den zweifelhaften Ehrentitel des »ältesten weißen Mannes« bekäme. Doch auch wer in Jünger nur einen Militaristen und Reaktionär sehen will, wird sich diesem Text kaum entziehen können. Wahre Worte müssen nicht aus der Feder eines offenen Widerständlers stammen, um bis heute Gültigkeit und Strahlkraft zu besitzen.

Ob wir heute in vordiktatorischen, autoritären oder neo-totalitären Zeiten leben, werden vielleicht erst Historiker ex post richtig einordnen können. In Zeiten, die Waldgänger hervorbringen, ist auf akademische und offizielle Würdenträger, also auf Juristen, Politiker, Journalisten, Kleriker und sonstige offizielle Bannerträger irgendeiner Institution ohnehin kein Verlass mehr. Man kann nun mehr Wahrheit in einem Gedicht, einem Lied oder Wandgraffito finden als in Lehrbüchern des Staatsrechts.

Es ist die Zeit des schleichenden Übergangs der Herrschaft, eines Machtwechsels weg von der Politik und hin zu denen, welchen die Maßstäbe menschlichen Handelns erhalten geblieben sind – weil sie durch keine Übermacht zum Verzicht auf menschliches Handeln gebracht werden konnten. Es ist ein Spiel der Kräfte zwischen der institutionellen Macht und der ideellen, freischwebenden Macht, eine Art Mobile, mit einer Machterosion auf der einen und einem Machtgewinn auf der anderen Seite: »*Wenn alle Institutionen zweifelhaft oder sogar anrüchig werden (...) dann geht die sittliche Verantwortung auf den Einzelnen über oder, besser gesagt, auf den noch ungebrochenen Einzelnen.*«[17]

Bisher mag es nur eine Minderheit sein, welche sich durch diese Zeit herausgefordert fühlt, monströs erscheinende Schlüsse zu ziehen. Haben wir eine Covid-Diktatur, ausgehend von einem Konglomerat demokratisch nicht gewählter Governance-Strukturen, Großkonzernen und Philanthrokapitalisten – mit dem Mainstream-Journalismus als Steigbügelhalter? Fakt ist nur: Nichts mögen die Parteigänger des Covid-Regiments weniger, als wenn man sie des Diktatorischen bezichtigt. Zu gerne wären sie bei den Guten. Dabei gäbe es einen einfachen Weg, diesen Vorwurf aus der Welt zu schaffen: Man könnte sich zur Abwechslung mal aufführen, wie in einem demokratischen Rechtsstaat. Jünger wusste: »*In ihrem Aufstieg leben Diktatoren zum großen Teile davon, dass man ihre Hieroglyphen noch nicht entziffern kann.*«[18]

Der Waldgänger ist immer unzeitgemäß, er muss es denklogisch sein. Doch anders als das Wort vermuten lassen mag, hat diese Figur nichts mit dem Eremiten oder Eskapisten zu tun. Der

Wald ist kein Ort, sondern ein unerbittlicher, freiheitlicher und oppositioneller Gedankenzustand. Der Waldgänger sieht der Gefahr ins Auge und geht in die Angst hinein. Er mag sich tarnen und sollte das vielleicht auch; Jünger plädiert immer wieder dafür, sich davor zu hüten, auf irgendwelchen Listen zu erscheinen.

Hellsichtig betont er dies sogar im medizinischen Kontext, in Konstellationen der Erhebungen und Zählungen, der Untersuchungen und Impfungen. Man hüte sich davor, zu viele Informationen von sich preiszugeben, selbst in der vertraulichen Beziehung zum Arzt. Man bleibe stets gegenüber jeder Autorität skeptisch: »*Der Kranke, und nicht der Arzt, ist Souverän.*« Man wisse zudem nie, in welchem Kontext privateste Informationen wieder auftauchen könnten. In der Rückschau war Jünger vielleicht der erste Gesundheitsdatenparanoiker der Neuzeit. Dabei passen seine warnenden Aussagen von damals wie die Kanüle auf die Impfspritze von heute:

»Verdächtig und im höchsten Maße zur Vorsicht mahnend ist der immer größere Einfluss, den der Staat auf den Gesundheitsbetrieb zu nehmen beginnt, meist unter sozialen Vorwänden. Dazu kommt, dass infolge weitgehender Entbindung des Arztes von der Schweigepflicht bei allen Konsultationen Misstrauen zu empfehlen ist. Man weiss doch nie, in welche Statistik man eingetragen wird, und zwar nicht nur bei den Medizinalstellen. All diese Heilbetriebe mit angestellten und schlecht bezahlten Ärzten, deren Kuren durch die Bürokratie überwacht werden, sind verdächtig und können sich über Nacht beängstigend verwandeln, nicht nur im Kriegsfalle. Dass dann die musterhaft geführten Kartotheken wieder die Unterlagen liefern, auf Grund deren man interniert, kastriert oder liquidiert werden kann, ist zum mindesten nicht unmöglich.«[19]

Jünger vertraut in dunklen Zeiten keiner Institution mehr außer der Herrschaft des Selbst. Er zieht dem Rechtsgläubigen den Zahn der Naivität. Man müsse mit Verfassungsbrüchen am laufenden Band rechnen, mit dem Monstrum des legalen Unrechts, ja mit verfassungsverändernden Mehrheitsentscheidungen sowie mit der Ignoranz der vielen gegenüber diesen Mechanismen. Der Einzelne ist in einem solchen Zustand auf sich selbst zurückgeworfen, er ist auf das wackelige Terrain der Selbstbehauptung und Eigenverantwortung versetzt, auf welchem sich Legitimität nur noch aus höheren Sphären, wie dem Naturrecht und der nach bester Urteilsfindung verantwortbaren Gewissensentscheidung, ergeben kann.

Dies ist wohlgemerkt kein Gebiet der Rechtlosigkeit. Doch es befindet sich eben denklogisch jenseits dessen, was positivistische Normen zu leisten vermögen, auch eine Norm wie der Widerstandsparagraph im deutschen Grundgesetz, Artikel 20 Absatz 4, der durch die Notstandsgesetzgebung 1968 eingeführt worden ist. Zum Waldgänger wird, wer sich durch keine Übermacht ein Gesetz vorschreiben lässt und wer den Willen hat, sich gegen die Totalvereinnahmung zur Wehr zu setzen, egal wie aussichtslos die Lage ist. Dieser Wille ist zugleich auch die Überlebensversicherung des Waldgängers: Ihm ist, im Gegensatz zum Nihilisten, der Glaube an ein höheres Ideal noch nicht abhandengekommen. Einige andere treibt diese »Anomie«, die gefühlte Regellosigkeit, wie der Soziologe Emile Durkheim zum Ende des 19. Jahrhunderts aufzeigte, in den Selbstmord.

Als Jünger im Zweiten Weltkrieg in dem von den Deutschen besetzten Paris Dienst tut, erfährt er aus einem Brief der verstimmten Mutter, dass nun ein neuer Slogan von den Nationalsozialisten auf Plakaten in die Welt gestanzt werde: »Das Volk ist alles – du bist nichts.« In sein Tagebuch notiert er am 28. Februar 1942: *»Das wäre also ein Ganzes, das sich aus Nullen zusammensetzt. Freilich hat man den Eindruck oft. Das Spiel der Nihilisten wird immer durchsichtiger. Der hohe Einsatz zwingt sie, die Karten aufzudecken, und oft verzichten sie sogar auf die Begründungen.«*[20]

Das kollektivistische Gespenst taucht auch heute wieder auf, beginnend mit dem unter allen Umständen gesund zu erhaltenden Volkskörper, der angeblich aus Solidarität notwendigen Massenimpfung, den Schuldzuweisungen an schnell gefundene

Sündenböcke, wie zum Beispiel die Anthroposophen. Doch im Kern, so lässt sich aus den Überlegungen Jüngers ableiten, ist dieser Kollektivismus selbst ein Nichts, eine einzige große, schillernde Seifenblase, zusammengehalten aus Ignoranz, Angst und Autoritarismus.

In dieser Erkenntnis steckt das Hoffnungskapital des Waldgängers. Denn die Mehrheit, auf der dieser Kollektivismus beruht, ist ein fragiles Konstrukt. Es ist ein Kollektiv der Ängstlichen, der Nachahmer, der Übertölpelten und Genötigten. Im Wissen darüber kommen sich Machthaber und Waldgänger besonders nah, sie stehen sich wenige Zentimeter entfernt gegenüber. Wer den Gegner jetzt genau studiert, kann auch heute die Angst und Unsicherheit der Machthaber und ihrer Wasserträger förmlich riechen. Sie wissen, dass ihr berufliches Überleben von der Aufrechterhaltung ihres Narrativs abhängt. Zugleich wissen sie, dass sie alles unterlassen müssen, was die Mehrheitsgesellschaft gegen sie aufbringen könnte. Aus strammen Mitläufern werden für die Fraktion der Waldgänger auch schnell Zweifler und schließlich Konvertiten.

Der Waldgänger ist bei alldem am wenigsten Missionar. Er will nicht die Schafe der Herde warnen. Sondern die Wölfe aufwecken. Prozentual ist es immer die Minderheit, welche die Geschicke der Zeit verändert. Selbst 1 Prozent in einer Millionenstadt sind 10 000 Menschen. Der Waldgänger weiß: Auch der Sturm auf die Bastille begann als Spaziergang. Doch es ist nicht die große Bühne oder die große Stadt, in welcher dieser Kampf ausgetragen wird, sondern das Hinterland. Dort wird der Kampf auch entschieden. »*Den Waldgang kann auch die kleinste Minderheit, ja selbst der Einzelne verwirklichen. Hier liegt die Antwort, die die Freiheit zu geben hat. Und sie behält das letzte Wort.*«[21] Wir sehen uns – im Wald.

An diesem Text fing ich bereits im Frühjahr 2021 an zu arbeiten und er brauchte besonders lange, um reif zu werden. Nach einem Jahr Pandemie fragte ich mich, ob es geschichtliche Muster für unsere Si-

tuation gab. Jünger, der mir als Romanautor zu schwülstig, aber als Essayist vertraut ist, lieferte quasi alle Antworten, nach denen ich suchte. Der Waldgang ist ein Text von enormer Klarheit und viel Realitätssinn. Auf Jünger brachte mich ein YouTube-Vortrag von Parviz Amoghli, der über den Waldgang referierte.[22]

20. März 2022

Entfachen wir jetzt die Flamme der Freiheit![23]

Die Freiheitsidee hatte in Deutschland nie einen einfachen Stand. Es ist jetzt an der Zeit, sie zu reaktivieren. Und zwar ohne die falschen Freunde der Freiheit.

In den 1980er Jahren gab es einen recht beliebten Sportwagen, den Toyota MR2. Er war solide, schnittig, nicht zu teuer und verkaufte sich auch nicht schlecht, außer in Frankreich. Wieso Frankreich? Nun, spricht man »MR2« auf Französisch aus, klingt es nach »emmerdeux« – und der »emmerdeur« (darin steckt »merde«) ist der Langweiler oder die Nervensäge. Macron hatte angekündigt, den Ungeimpften gehörig auf die Nerven gehen zu wollen, und benutzte das Wort »emmerder«. Niemand will einen langweilig-nervigen Sportwagen.

Der Liberalismus ist der Toyota MR2 unter den politischen Ideen. Das Wort »liberal« kann als »gesellschaftsliberal« ein Kompliment und als »neoliberal« ein Schimpfwort sein. Doch ein Produkt mit doppeldeutigem Namen ist ein PR-Desaster. Schon der Publizist Walter Lippmann wusste, dass Menschen nicht nach rationalen Gesichtspunkten oder Fakten entscheiden, sondern nach Stereotypen, letztlich nach Gefühlen. Mit Lippmann gewinnt am Ende die bessere PR.

Ausgehend davon muss man feststellen: Vergessen wir jegliche PR-Strategie für den Liberalismus oder für freiheitliche

Ideen. Schumpeters Idee, dass Politiker wie Unternehmer auf einem Markt um Kunden, also Wähler, buhlen sollen, kommt an ihre Grenzen, wenn die einen von individueller Anstrengung, Selbstentfaltung und Eigeninitiative (neuerdings Unwort des Jahres) reden, während andere Betreuung, Fürsorge und Problemlösung durch Gelddrucken anbieten. Man sollte sich deshalb von der Fixierung auf die beste pädagogische Vermittlung des Liberalismus am besten ganz verabschieden. Das parteipolitische Segment ist ein denkbar schwaches Vehikel für die Idee der Freiheit. Die bittere, aber letztlich heilsame Medizin verkauft sich neben dem Stand mit Zuckerwasser schlicht nicht.

Stattdessen braucht es jetzt eine Veränderung der freiheitlichen Denkweise bei zentralen Kernthemen. Eine fundamentale Weichenstellung. Das Feuer der Freiheit entfacht sich nur in der Praxis, nicht in der Theorie. Ganz nach dem Motto »Die soziale Stimmung schafft gesellschaftliche Fakten« braucht es einen ganzheitlichen Ansatz, einen breiteren und längeren Hebel für die Idee der Freiheit. Denn diese überlebt letztlich nur als gelebte und weitergetragene gesellschaftliche Stimmung. Nur diese Denkweise und die damit verbundene Veränderung der Realität sind letztlich ein Bollwerk gegen autoritäre, sozialistische, nationalistische, pandemische oder technokratische Demagogie. Demagogie schlägt man nicht mit besserer Demagogie, sondern mit der Bloßstellung von Demagogie in Form des Realitätstests.

Politik hingegen ist ein Nachahmungsbetrieb, eine Art »Jagdgesellschaft des Neids«: Oh, die einen haben ein Thema »erlegt«, vielleicht können wir was davon abhaben? Oh, die anderen haben die Gruppe der (füge ein: Arbeiter, Frauen, Klimakinder, Migranten, vulnerablen Gruppen, Pandemieverschreckten et cetera) für sich entdeckt, die sollten wir uns auch holen. Liberale Politik antizipiert Themen nicht nur miserabel und läuft dann der öffentlichen Meinung hinterher. Sie stellt immer erst die Segel, wenn der Wind schon da ist, um dann ins Ungewisse fortgerissen zu werden. Sie betrieb in der Pandemie keine Freiheitspolitik, sondern großspurige Freiheitsfolklore.

Freiheitlich orientierte Menschen stehen dort, wo Erfindungsreichtum zu Hause ist. Sie sind die Architekten der Realität, während Intellektuelle, nach Stalin, nur »Ingenieure der Seele« waren. Der Liberale ist eine Art Homo Faber; er fragt sich, weshalb die Welt so ist, wie sie ist, und wie man sie verbessern könnte. Er will als Unternehmer lieber davon leben, ein Bedürfnis des Mitmenschen zu erfüllen, anstatt von jemandem ausgehalten zu werden, der ihm aufzeigt, dass er es besser kann. Liberale sind die Do-ers, nicht die Talkers. Sie sind Geburtshelfer des Fortschritts. Marx meinte, dass es darauf ankomme, die Welt zu verändern, statt sie nur zu interpretieren; Liberale gehen eher nach dem Motto des futuristischen Visionärs Richard Buckminster Fuller vor: »*Man ändert die Dinge nicht, indem man die Realität bekämpft. Um etwas zu ändern, sollte man eher etwas entwerfen, was das alte überflüssig macht.*«

Die Prinzipien des Liberalismus brauchen keine Werbung, denn sie sind jedem Kind vermittelbar und letztlich die Gesetze jeder lebensbejahenden Entwicklung, verbunden mit einer praktischen Lebensethik der Bescheidenheit: Tu nicht so schlau, du weißt auch nicht alles (Skepsis gegenüber Planung); hab keine Angst vorm Scheitern, aber wenn es passiert, dann steh wieder auf, denn gut Ding' will Weile haben (Versuch und Irrtum); wenn du was willst, musst du etwas dafür tun (there is no free lunch); schau nicht, was jemand sagt, sondern was er tut (skin in the game); wer den Vergleich scheut, hat vielleicht Angst, schlecht dazustehen (Markt als Wahrheitsinstrument für Ideen, Qualität, Preise et cetera).

Es gibt zahlreiche dieser ehernen liberalen Gesetze, die nicht deshalb »ehern« sind, weil sie so alt und so schön museal sind, sondern weil sie den Test der Realität bestanden haben. Nur dadurch haben sie überhaupt eine Daseinsberechtigung und sind Bollwerk gegen schwärmerische Planung, technokratische Phantasien und menschliche Hybris.

Aus diesen Prinzipien entsteht für den Liberalen ein inneres Koordinatensystem der Orientierung, das ständig angepasst werden kann und meistens verlässliche Ergebnisse liefert. Dieses Koordinatensystem macht den Freisinnigen skeptisch gegenüber Traditions- oder Erbautoritäten (im Gegenzug zu Leistungs- oder Vernunftautoritäten), lässt ihn eher auf dezentrale statt auf zentrale Strukturen setzen (bottom up statt top down) und mehr auf den tatsächlichen Fortschritt durch Technologie vertrauen als auf versprochenes Heil durch Prophetie. Das Selbsteigentum an Leben und Lebensentwurf schließlich findet seine natürliche Fortsetzung im Eigentum an den Früchten von Hand und Geist.

Diese Ordnungsprinzipien sind gerade in akuter Gefahr. Der Geist von 1989 ist verflogen. Spätestens seit der Krise 2008 ist der Liberalismus angezählt und gilt als ökonomisch gescheitert, auch wenn die Gründe für die Krise eher in Konsumismus, Korporatismus und Geldsozialismus zu sehen sind als im freien Markt (Lippmanns Stereotype lassen wieder grüßen). Die größte Bevölkerungskohorte sind derzeit die Millennials (ca. 1980 bis 2000 geboren), sie werden Wahlen entscheiden und liebäugeln laut Umfragen zu 70 Prozent mit sozialistischen Ideen (»Millennial Socialism«)[24]. Machen wir uns nichts vor: Auch am Ende der aktuellen Krise wird der Liberalismus als Hauptschuldiger und großer Sündenbock für alles Böse in der Welt dastehen – und kaum jemand noch wagen, ihn zu verteidigen.

Der Autoritarismus ist auf dem Vormarsch: Rechter und linker Populismus stehen im Clinch. Fast alle Parteien sind Teil des Pandemiepanik-Orchesters geworden. Hinzu kommt eine moralisch-korrekt-dirigistische Mitte, welche diese Einheitsfront komplettiert. Egal, welche Richtung zuletzt gewinnt, es wird zu Lasten der Freiheit des Einzelnen ausgehen. Bei dieser Entwicklung hat der Liberale bisher wie bei einem Pingpongspiel nur zwischen links und rechts hin und her geblickt und sich allenfalls das Einstecktuch glattgestrichen. Dabei hat der Liberalismus gerade in Zeiten des Erstarkens der autoritären Kräfte einen »Unique Selling Point«. Er ist die einzige politische Kraft, die das politische Mindset auf der y-Achse (oben/unten) von autoritär hin zu libertär verschieben kann.

Der Libertäre fragt, wie viel Macht noch beim Individuum liegt und wie viel davon als übertragene Macht bereits im Umlauf ist. Auf dieser Achse allein wird in den nächsten Jahren entschieden, ob die Idee der Freiheit überleben wird.

Während autoritäre Kräfte links und rechts bereits in der Vergangenheit unheilvoll zusammengefunden haben (der »Nationale-Sozialismus« ist wohl das frappierendste Beispiel), ist eine produktive Zusammenarbeit links- und rechtslibertärer Kräfte nie wirklich versucht worden oder in Theoriedebatten versandet. Dabei eint diese Lager im Kern mehr als ihre autoritären Antipoden. Manchmal trennt sie sogar nur eine Milchglasscheibe oder eine Begriffsverwirrung: Was die einen als »Missbrauch von Marktmacht« geißeln, kritisieren die anderen als »Korporatismus« oder »Corporate Welfare«; wo die einen die Macht der Hochfinanz kritisieren, sehen die anderen einen Geldsozialismus der Zentralbanken am Werk. Die Ablehnung des Rassismus findet sich bei Gandhi oder Mandela – und Ayn Rand. Links- und Rechtslibertäre eint die Ablehnung von staatlicher Überwachung ebenso wie der geldverschwenderische Militarismus eines politisch-militärischen Komplexes. Für den Wikileaks-Gründer Julian Assange sprechen sich bezeichnenderweise sowohl Noam Chomsky als auch Ron Paul aus. Es kommt nicht von ungefähr, dass der eigentümliche Science-Fiction-Autor Robert Anton Wilson einmal gesagt hat: »*Bring die Cannabisfans und Waffennarren zusammen, und du hast eine Art Mehrheit.*«

Die Herausforderungen der Gegenwart bringen klassisch liberale Kernthemen à la John Locke wie »Leben, Freiheit, Eigentum« wieder verstärkt auf die Tagesordnung. Diese warten nur darauf, mit neuem Leben gefüllt zu werden. Blicken wir deshalb kurz utopisch à la Hayek in die Zukunft. Dort bieten sich mindestens drei Kernthemen für eine breite liberale Brückenkoalition gegen den Autoritarismus an:

Erstens, die Geldfrage: Die Geldfrage betrifft unmittelbar das Eigentumsrecht. Man muss als Liberaler schon die letzten zehn Jahre unter einem Stein geschlafen haben, um zu übersehen, dass sich gerade die wohl größte Machtverschiebung seit etwa 200 Jahren anbahnt. Erstmals könnte mit Bitcoin eine privat geschöpfte Form des Geldes am Geldmonopol der Zentralbanken rütteln. Auch hier ist die größte Kohorte der Bitcoin-Nutzer bei den Millennials zu finden, fast die Hälfte der Bitcoin-Besitzer in den USA definieren sich als libertär, also als liberal im klassischen Sinn.

Mit Negativzinsen, Inflation und der damit verbundenen Enteignung verschiebt sich die Denkweise der Bevölkerung bereits langsam in diese Richtung, zumal Zentralbanken inzwischen mit eigenem Kryptogeld experimentieren.[25] Hayeks Traum von einer Entnationalisierung des Geldes rückt in greifbare Nähe. Der Nobelpreisträger Robert Shiller sieht in Bitcoin ein Beispiel für ein besonders gelungenes ökonomisches Narrativ. Im Bereich der Geldpolitik liegt zudem das größte Versäumnis aller Freiheitsbewegungen. Wozu Kaiser, Kirchenfürsten und Ideologen absetzen, aber dann das Thema Geld in die Hände eines Bankenkartells oder Technokratenvereins legen?

Zweitens, die Freiheit des Denkens, Sprechens, Informierens, Forschens: Das erste Opfer autoritärer Kräfte ist das freie Wort. Die Tendenz zu Denunziationsdebatten, verengten Meinungskorridoren und einer Political Correctness Culture ist nicht zu übersehen und trägt deutliche jakobinische Züge. Wo waren die freiheitlichen Kräfte in Zeiten der Pandemie, als die Cancel Culture in den Corona-Mantel schlüpfte, unabhängige Stimmen zensiert und Kanäle gelöscht wurden? Während autoritäre

Kräfte diese Rechte wie ein Privileg behandeln, haben Liberale die Quasimonopolposition des glaubwürdigen Gralshüters der Standards inne; sie schätzen das Truth-Principle John Stuart Mills und das Konzept des »Marktplatzes der Ideen«. Da diese Freiheiten zugleich Basis der Demokratie sind, bedeutet die Verteidigung dieser Rechte zugleich die Verteidigung der Demokratie und damit der einzigen »Bottom-up«-Regierungsform. Wenn Liberale jedoch als Gralshüter dieser Ideen versagen, braucht es neue Kräfte, die diese Aufgabe übernehmen.

Drittens, Überwachung, Social Scoring und staatliche Übergriffigkeit: Das Prinzip der Transparenz wird gerade wieder mal von den Füßen auf den Kopf gestellt, es betrifft immer mehr den Bürger und immer weniger Machthaber und staatliche Strukturen. Dies zeigte sich in der Pandemie daran, dass der Bürger auf jeden potentiell pandemierelevanten Kontakt gescannt werden konnte, die Verträge der EU-Kommission und der Staaten mit den Impfstoffhersteller jedoch geheim blieben. Die Ausspähung des Bürgers stellt die Frage der Volkssouveränität auf den Kopf. Die Enthüllungen von Edward Snowden (der unter anderem von Ayn Rand beeinflusst war) haben das Ausmaß staatlicher und korporativer Überwachung schonungslos offengelegt. Der Schutz der Privatsphäre im 21. Jahrhundert wird derzeit in rigorosester Form von libertären Cypherpunks, wie Julian Assange, verteidigt, dem bald die Auslieferung in die USA droht, quasi ein Todesurteil. Seit Pandemiebeginn wird dem chinesischen Modell der Überwachung und des Sozialkreditsystems ohne viel liberale Gegenwehr der Teppich ausgerollt.

Der Liberalismus unterliegt wie jede lebendige Idee den Grundsätzen spontaner Ordnung und wird durch seine Akteure gestaltet. Innovation entsteht durch die Kombination von auf den ersten Blick artfremden Ideen. Jeder Fortschritt, jede kreative Idee beruht auf Verknüpfung. Auch das Gehirn ist ein Verknüpfungsorgan. Der liberale Denkapparat zerteilt sich hingegen gerne in abgetrennte Hirnregionen. Vertrauen wir auf eine unorthodoxe Neukombination von Ideen und überlassen wir Sektiererei anderen politischen Denkrichtungen!

Um den Reichtum freiheitlicher Ideen überhaupt ermessen zu können, braucht es ein »Zurück zu den Wurzeln«. Liberale Parteisoldaten wirken oft seltsam entwurzelt und haben kaum Bezug zu tieferen Denklinien der Vergangenheit. Wir sehen es in der Pandemie: Nur gut verwurzelte Bäume halten einem echten Sturm stand. Um die Zukunft gestalten zu können, müssen wir den Mut haben, wieder Ideen und Vorstellungen von vor 200 Jahren mit Konzepten von morgen zu kreuzen. Wenn wir nicht wollen, dass die Idee der Freiheit im Museum endet, müssen wir sie einem lebendigen Umfeld aussetzen. Dann können wir uns in der nächsten Dekade nur selbst überraschen: mit einer Renaissance der Freiheit.

22. September 2021

Die 7 Schichten des Bitcoin[26]

Wer Bitcoin annähernd begreifen will, muss sich diesem Phänomen mehrdimensional nähern. Und kann dabei das intellektuelle Abenteuer seines Lebens erleben.

Als Michael Ende seinen Roman *Momo* schrieb, der weitaus mehr als ein Kinderbuch ist, hatte er viel über alternative Geldsysteme nachgedacht.[27] Der Schriftsteller wusste: Die Frage des Geldsystems ist kulturprägend und kulturverändernd. Geld wird von Menschen gemacht, also liegt es auch in den Händen von Menschen, Geld neu zu denken und zu verändern. Und damit der Welt ein neues Gesicht zu geben.

Genau darum geht es im Kern bei Bitcoin: der Welt ein neues Gesicht zu geben. Und an dieser Schwelle stehen wir gerade. Jetzt.

Was ist eigentlich Bitcoin? Wer gerade erst damit anfängt, sich näher mit Bitcoin zu beschäftigen, dem ist eine besonders bereichernde Erfahrung zu wünschen: nämlich die Erkenntnis, dass der von Bitcoin eröffnete Reichtum nicht materieller, sondern geistiger und intellektueller Natur ist. Bitcoin ist in der Lage, die Grenzen des Denkens zu sprengen, neue Realitätskanäle zu öffnen und einen Weg zur gesellschaftlichen Transformation zu ebnen. Wer hingegen vor allem an den Preiskurven klebt, übersieht im täglichen Auf und Ab womöglich genau diese transformative Kraft.

Was also ist Bitcoin? Eine Kryptowährung? Ja, aber nicht nur, denn Formen des Geldes, die sich einer Verschlüsselungstechnik, bedienen gab es bereits zuvor und gibt es auch heute vielfach parallel zu Bitcoin. Die Währungsfunktion von Bitcoin ist nur eine von vielen Facetten.[28] Sie ist vielleicht nicht mal die spannendste und praktikabelste.

Bitcoin ist vielmehr ein mehrdimensionales Phänomen, wie eine Zwiebel mit mehreren Schichten. Doch auf seine Art und Weise eben einzigartig und bisher in der Gesamtschau nur oft kopiert aber nie erreicht. Kurz gesagt: Es gibt Bitcoin und dann kommt lange erst mal nichts.

Es gibt mindestens zwei Arten, sich Bitcoin zu nähern. Natürlich kann man versuchen Bitcoin zu verstehen, indem man a) das berühmte Whitepaper des anonymen Initiators »Satoshi Nakamato«, eine Art revolutionäre Gebrauchsanweisung für Nerds, liest. Oder aber man folgt b) der äußerst dürftigen Berichterstattung in den Mainstream-Medien, wo man vor allem erfährt, dass der Preis gerade wieder mal gefallen (meistens das) oder eben mal gestiegen ist (das berichtet man irgendwie ungern).

Versuchen wir deshalb eine dritte, etwas weniger verwirrende Alternative: Nähern wir uns dem Bitcoin auf unkonventionelle Art, nämlich anhand von Phänomenen, die wir bereits kennen.

Geld ist wie Sprache und Sprache ist wie Geld.[29] Geld ist ein von unten gewachsenes, nicht von oben verordnetes Kommunikationsmittel über Werte. »Caesar non supra grammaticos«, der Kaiser steht nicht über der Sprache, wusste man schon im alten Rom. Dass Geld auf einer Konvention beruht, zeigte der Ökonom Carl Menger Ende des 19. Jahrhunderts in seinem Buch *The Origin of Money*. Geld kann demnach alles sein, was man per Vereinbarung dazu bestimmt.

Doch in den Köpfen blieb die Vorstellung hängen, dass Geld, weil mit Macht verbunden, eine Art staatliche Marke sein müsse. So wie eine Hymne oder Flagge. Das Geldsystem steht damit für einen blinden Fleck in der Emanzipationsgeschichte des Menschen. Man entledigte sich Kaiser, Kirchen und Ideologien, doch als es um die Frage der Geldproduktion ging, sagte man sich: Da kennen wir uns nicht aus, das überlassen wir mal lieber einem Bankenmonopol und den Regierungen. Mit fatalen Folgen.

Der Preis dieser Scheu: ein aufgeblähter Finanzsektor, fiskalische Exzesse, kostenintensive Kriege, Hyperinflationen, Währungsreformen, schleichende oder abrupte Enteignungen. Auf die Dauer hat keine staatliche Papierwährung überlebt; Regierungen sind die denkbar schlechtesten Währungsverwalter. Fiat-Währungen sind Dinosaurier, die nie sterben durften und immer wieder in geklonter Form am Leben erhalten wurden. Doch Bitcoin ist der nahende Meteorit.

Denn die Frage, die Bitcoin aufwirft, lautet: Was, wenn man Geld vom Staat entkoppeln kann, und zwar so, dass nicht eine einzelne Person diesen Prozess korrumpieren kann? Es wäre ein Akt der Auflehnung, des Ungehorsams gegen das gegenwärtige Geldsystem, sicher. Es wäre auch ein Akt der Aufklärung. Der Ausgang aus der selbstverschuldeten, weil nie hinterfragten, monetären Unmündigkeit. Bitcoin ist eine Kreuzung aus virtueller Numismatik und Esperanto. Aber einem Esperanto, das millionenfach gesprochen wird.

Wie in der Sprache auch, ist eine Kakophonie oder Sprachverwirrung für die Kommunikation hinderlich. Ist ein Standard gefunden, wird er beibehalten. Das Internet läuft immer noch auf dem alten TCP/IP-Protokoll. Ein Wechsel der Standards ist selten. Bitcoin als erster funktionierender Gegenentwurf zum Fiat-Geldsystem ist sein eigener Standard geworden. Bitcoin ist inzwischen wohl zu groß und zu bedeutend, um noch von einem Konkurrenten ernsthaft gefährdet zu werden. Bitcoin ist über den sogenannten Fokalen Punkt oder Schelling-Punkt[30] hinausgekommen.

Bitcoin ist wie ein Organismus, vergleichbar mit einer Lebensform, die besonders resilient ist, sich vermehrt, interagiert, sich nährt und auf lange Lebensdauer angelegt ist, wie ein Pilzgeflecht.[31] Pilze sind eine der ältesten Lebensformen auf unserem Planeten. Und sie sind äußerst resilient, sonst hätten sie nicht eine Milliarde Jahre überlebt. Pilze sind Netzwerke der Kommunikation. Sie spielen eine wichtige Funktion in der Natur bei der Zersetzung von toten Materialien.[32]

Bitcoin ernährt sich von dahinsiechenden, modernden Fiat-Währungen, die letztlich dem Untergang geweiht sind. Mit jedem Teilnehmer wird das Netzwerk stärker, praktikabler, resilienter. Nach dem Metcalfe'schen-Gesetz aus der Netzwerktheorie nimmt der Nutzen eines Kommunikationssystems proportional mit der Anzahl der Teilnehmer zu. Bitcoin wächst rasant.

Das Gute an Technologien ist: Sie verhandeln nicht. Eine Technologie ist entweder besser, dann setzt sie sich durch, oder sie ist es eben nicht. Wenn sie sich aber durchsetzt, dann auf brachiale Weise. Sie lässt das Alte schlicht alt aussehen. Es beginnt ein Exodus, erst spärlich als Experiment weniger, dann durch »early adopter«, schließlich durch die Popularisierung im Mainstream. Der Durchbruch einer Technologie sieht anfangs nach einer kleinen Welle aus und erst am Ende zeigt sich, dass es tatsächlich ein Tsunami ist, der alles Alte unter sich begräbt und keinen Stein mehr auf dem anderen lässt.

Technologie bringt hin und wieder Paradigmenwechsel mit sich. Deshalb lässt sich Bitcoin in der Kategorie »Währung« auch nur unzureichend beschreiben. Das Automobil ließ selbst das schnellste Pferd langsam aussehen. Das Handy ließ Telefonzellen wie Relikte aus der Steinzeit wirken. Bitcoin ist Fiat-Geld in jeder Hinsicht überlegen. Technologische Revolutionen kennen kein Pardon, kein Zurück. Der Lindy-Effekt besagt grob, dass eine Technologie, die zehn Jahre überlebt, auch die nächsten zehn Jahre schafft. Bitcoin wurde 2009 ins Leben gerufen und kommt in Kürze gerade mal in die Pubertät, mit allen Auf und Abs, welche auch die Entwicklung eines Menschen kennt.[33]

In der Technologie spricht man von Gartner-Hype-Zyklen. Die Annahme einer neuen Technologie erfolgt nicht linear, sondern in heftig ausschlagenden Kurven. Bitcoin ist eine technologische Veränderung, deren Akzeptanz mit einem Preisschild versehen ist, die man im Sekundentakt verfolgen kann. Seit Beginn befindet sich Bitcoin in einem konstanten Preisfindungsmodus.

Alle Zentralbankwährungen der Welt sind Fiat-Währungen, also durch keinen Gegenwert gedeckt, außer das Versprechen von Politikern, dass diese stabil und vertrauenswürdig seien. Tatsächlich wird die Geldmenge inflationär erhöht, der Geldwert sinkt ständig, politisch angepeilt ist ein Kaufkraftverlust des Geldes von zwei Prozent pro Jahr. Im Klartext bedeutet das, dass Sie sich für heute erarbeitetes Geld in 20 Jahren 40 Prozent weniger kaufen können. Mindestens. Nennen Sie es eine Form der Enteignung, wenn Sie wollen. Das Geld, das wir nutzen, hat also so etwas wie ein Verfallsdatum. Es wird schlechter. Es hat bezogen auf die Kaufkraft, den Wert, ein Leck.

Bitcoin stopft dieses Leck durch eine gegenteilige Funktion. Bitcoin ist in seiner Menge von Anfang an mathematisch auf 21 Millionen Bitcoin beschränkt. Diese Bitcoins entstehen im Netzwerk durch das Verfahren des Minings oder Schürfens. Dies ist ein energieintensives Verfahren, welches das Netzwerk besonders sicher macht und für welches ein Schürfer eine Belohnung in Form von Bitcoin bekommt. Anfangs waren es 50 Bitcoin alle zehn Minuten für den Schürfer, welcher den kryptographischen Code (Hash) für den nächsten Block richtig errechnete. Gerade sind es nur noch 6,25 Bitcoin. 2024 halbiert sich diese Zahl erneut und immer so weiter. Bitcoin ist also eine deflationäre Vermögensklasse.[34]

Bitcoin ist darauf angelegt, irgendwann ein härteres Geld als Gold zu sein, von dem jährlich auch nur eine gewisse Menge neu geschöpft werden kann. Das macht Bitcoin zudem auch zu einer sehr »unelastischen« Vermögensklasse, was bedeutet: Man kann nicht mehr davon produzieren, wenn die Nachfrage stärker wird, so wie es in begrenztem Umfang bei Gold möglich ist. Da das Angebot gleichbleibt, schlägt sich eine Steigerung der Nachfrage mitunter in explosiven Preiszuwächsen nieder.

Gerade kaufen immer mehr Firmen Bitcoin, um ihre Cash-Reserven kaufkrafterhaltend anzulegen. Die Firma Microstrategy hält mehrere Milliarden Dollar in Bitcoin, Tesla hat vor ein paar Monaten ebenfalls Bitcoin im Wert von eineinhalb Milliarden gekauft. Anfang September hat El Salvador Bitcoin zur staatlichen Währung erklärt und Bitcoin gekauft. Andere Länder wollen folgen. Man muss an dieser Stelle kein Investmentgenie sein, um zu verstehen, dass hier ein »land run« anstehen könnte.

Bitcoin vereint alle Funktionen von Währungen (Recheneinheit, Tauschmittel, Wertaufbewahrungsmittel), konnte aber gegenüber Fiat-Währungen seine Kaufkraft erheblich steigern. Bitcoin ist als Währung verwendbar, auch im Alltag, selbst wenn die Bitcoin-Blockchain nicht primär darauf ausgelegt ist, eine große Anzahl von Transaktionen zu verarbeiten. Dies kann durch kostengünstige, parallele Systeme wie das Lightning-Netzwerk jedoch ausgeglichen werden.

Ob sich Bitcoin auch als Zahlungsmittel im Alltag durchsetzt oder primär ein effektiver Wertspeicher bleibt, der letztlich Gold überlegen ist, ist eine derzeit offene, intensiv diskutierte Frage. Da der Umtausch von Bitcoin in womöglich praktikablere Zahlungsformen, und sei es eine Krypto-Prepaid-Karte, eine Sache von Sekunden ist, ist die Frage, ob Bitcoin als Währung taugt, letztlich irrelevant für die Durchsetzung im Mainstream.

Warum sollte man auch mit einem Vermögensgegenstand bezahlen, der an Wert gewinnt? Laut dem Greshamschen Gesetz, welches auf eine antike Parabel zurückgeht, wird schlechtes Geld ausgegeben und gutes gehortet.[35] Somit ist auch die Volatilität von Bitcoin letztlich eher ein Schreckgespenst für Bitcoin-Gegner. Man kann Bitcoin auch kurz vor dem Kaufakt in eine stabilere Währungsform umtauschen.

Bitcoin ist ein Zahlungsnetzwerk und eine Vermögensklasse. Oder anders ausgedrückt: eine Vermögensklasse, die über einen eigenen, unzensierbaren Vertriebsweg, die Blockchain, verfügt. Gold ist demgegenüber wie ein Zug, der auf die Gleise anderer angewiesen ist, um von A nach B zu kommen. Das Bitcoin-Netzwerk ist damit ein Buchungssystem im Internet, dessen Buchungen nicht rückabgewickelt oder rückwirkend verändert werden können, denn es kommunizieren ausschließlich Nutzer mit Nutzern auf diesem Netzwerk untereinander. Es gibt keinen Wächter der Blockchain, oder irgendeine zentrale Instanz. Die Transaktionen werden in Blöcken zusammengefasst und mit kryptographischen Mitteln aneinandergehängt, so entsteht eine Block-Kette oder Blockchain.

Die Idee des Buchungssystems klingt auf den ersten Blick langweilig. Dabei ist es die wohl am häufigsten übersehene Revolution, die Bitcoin initiiert hat.[36] Denn vor Bitcoin gab es nur zwei weitere Formen der Buchführung: zuerst die einfache Buchführung, bei welcher nur eine Stelle (der König, Herrscher, eine Autorität?) ein Schuldbuch führte und nach Gusto Schuldner ein- oder austragen konnte. Tausende Jahre später folgte die doppelte Buchführung, bei welcher zwei Parteien Buch über Transaktionen führen. Diese stammt aus der Zeit der Renaissance und ermöglichte den Aufstieg Venedigs zur globalen Handelsmacht, an welches die Medici geschickt ihr Bankensystem knüpften.

Bitcoin ist 500 Jahre später nun die Evolution der Buchführung in einer dreifachen Form. Jeder Teilnehmer führt Buch darüber, welche Transaktion von wo nach wo stattfindet, also zum Beispiel von Teilnehmer A zu B. Zudem ist für jedermann die Transaktion im Buchungssystem Blockchain nachvollziehbar, wenn auch nicht unter Klarnamen. Es kommunizieren pseudonymisierte Adressen, die Personen zugeordnet werden können. Ein Blick in die Blockchain genügt und es besteht stets Konsens und Klarheit über die Vermögensverhältnisse im Netzwerk. Das Buchungssystem ist mehr als ein Kontobuch. Es ist auch eine Maschine der Wahrheit.

Und ein Kult. Geld, Glaube und Religion sind Verwandte. Gold wird seit Jahrtausenden verehrt, der Tanz ums goldene Kalb ist womöglich nicht von der nüchternen Seite des Geldes als Alltagsgegenstand zu trennen. Geld hat etwas Messianisches an sich, es errettet und sei es nur von der Last der Schulden, was im Religionskontext nicht weit von der Vergebung der Sünden entfernt ist.

Es geht bei Fragen des Geldes immer auch um die Fragen des echten Wertes. Dadurch bildet sich vielleicht fast zwangsläufig eine »reine Lehre« gegenüber alternativen Doktrinen heraus. Die Geschichte der Alchemie ist dafür ein gutes Beispiel: Eine Figur, in der viele Disziplinen kulminierten, war Isaac Newton. Er war Alchemist und zugleich einer der ersten Wissenschaftler der Moderne. Zeitweise fungierte er sogar als Währungshüter in England, stand der englischen Münzprägeanstalt Mint vor und brachte Geldfälscher aufs Schafott. Auch Bitcoin nutzt die Erzählung vom Heilsversprechen, um sich in den Köpfen als Idee zu verbreiten. Inzwischen gibt es eine gut verzweigte Bitcoin-Propaganda im Netz in Form von Memes und Bildchen.

Diese sieben Elemente, wie will man sie gewichten? Ist Bitcoin ein Tech-Kult mit digitalem Falschgold, eine Neuauflage der Alchemie, wie es viele Zentralbanker oder Kritiker es gerne hätten? Oder tatsächlich eine technologische Weiterentwicklung der Idee des Geldes mit potentiell epochalen Auswirkungen auf das gesamte Finanzsystem? Irgendwo in der Matrix dieser sieben Elemente ist vielleicht die Wahrheit versteckt.

Was Bitcoin sicher nicht ist, ist ein universeller Heilsbringer. Bitcoin ist ein Vehikel der Veränderung, aber es ist auf die Mitwirkung der Teilnehmer des Netzwerkes angewiesen. Wer glaubt, dass sich tiefgreifende Veränderungen in Finanzsystem und Gesellschaft automatisch einstellen, nur weil ein paar Menschen mit Kryptos spekulieren, dürfte sich getäuscht sehen. Sicher ist auch Bitcoin nicht perfekt. Die Ideen hinter Bitcoin jedoch, wie Dezentralität, Konsensfindung, das Anreizsystem für netzwerkfreundliches Verhalten im Mining und vieles mehr, können als positive Vorbilder für andere Themenbereiche dienen, die ebenfalls reformiert werden sollten. Doch Bitcoin ist weder ein Perpetuum mobile für schnellen Reichtum noch eine eierlegende Wollmilchsau.

Wer ein perfektes Investment sucht, das leicht zu bedienen, in jeder Hinsicht moralisch, umweltfreundlich, achtsam und gerecht ist, wird auf dieser Welt wenig finden, was ihn zufriedenstellt, egal ob Ackerland, Gold oder, ach ja, der so umweltfreundliche »Petro-Dollar«. Ja, das Schürfen von Bitcoin ist energieintensiv, inzwischen wird ein Großteil jedoch aus regenerativen Energiequellen gewonnen und Bitcoin ist immer noch weniger energieintensiv als das Bankensystem. Ja, der Preis ist volatil und wird es auch noch lange bleiben, aber das ist wohl immer noch besser, als auf sicher verfallendem staatlichen Geld zu sitzen.

Machen wir uns nichts vor: Bitcoin wird noch einiges an Gegenwehr durch das etablierte Finanzsystem und die Zentralbanken bekommen. Doch der Bitcoin kämpft sich ins Bewusstsein der Menschheit, denn viele Alternativen gibt es nicht für denjenigen, der seine Kaufkraft vor der Massenvernichtungswaffe der Zentralbanken und ihrer Geldmengenausweitung schützen will.

Bitcoin ist eine Idee, deren Zeit gekommen ist. Und eine solche kann, so der Schriftsteller Victor Hugo, nicht einmal eine

Armee aufhalten. Umgekehrt könnte jedoch Bitcoin Armeen aufhalten, denn wenn sich Bitcoin einmal durchgesetzt haben wird, könnten Staaten nicht mehr auf die Gelddruckmaschine setzen, um kostenintensive Kriege zu finanzieren. Das wäre die schönste Funktion, die Bitcoin haben könnte. Fast zu schön, um wahr zu sein.

.

3. April 2022

Die Welt als Wille und Eidgenossenschaft[37]

Egal ob Terror, Corona oder Krieg: Wird die Demokratie an menschengemachten Katastrophen zu Grunde gehen? Es ist Zeit, dass der Souverän aus dem Koma erwacht.

Politik, so darf man heute mit Blick auf die Welt lakonisch feststellen, ist die Kunst, den Bürger mit den »einzig richtigen« Argumenten durch wirtschaftliche Verwertungsketten zu schleusen, ohne dass es den Geschröpften sofort auffällt. Mal im Ernst: Welcher Sektor hat sich in den letzten Jahren eigentlich noch nicht am Bürger gesund gestoßen?

Wir hatten die Nullzinsphase mit historisch hoher Geldproduktion der Geschäftsbanken – wer oben an der geldschöpferischen Nahrungskette stand, schwamm im Geld; der Bürger zahlt jetzt mit hoher Inflation den Preis dafür, eine Enteignung auf Raten. Wir hatten die Pandemie, bei der alleine Pfizer dank Covid etwa 100 Milliarden Umsatz machte. Für Medien gab es Zuckerli, allein für staatliche Impfkampagnen wurden Milliarden an Steuergeld weltweit verbraten nach dem Motto: »Für euch ist es nur ein Piks und für uns viel Geld.« Die großen Techkonzerne haben die Ausdünnung des analogen Geschäfts mit Milliardengewinnen gefeiert, das WEF prophezeit eine K-förmige Erholung. Die Großen übernehmen das Geschäft der Kleinen.

Dem Mittelstand wurde in den letzten zwei Jahren fortwährend das Rückgrat gebrochen. Wo bleibt der Aufschrei?

Nach Big Money, Big Pharma, Big Tech kommt jetzt wie aus dem Nichts Big Military: Schneller als man »Cum-Ex« sagen konnte, hatte Bundeskanzler Olaf Scholz in Deutschland bereits 100 Milliarden für die Bundeswehr zugesagt, um sich gegen Putin zu wappnen. Und danach? Wie wäre es mit Big Energy und Big Food? Das Gas wird knapp, dafür werden die Atomkraftwerke jetzt grün; der Weizen und das Speiseöl werden ebenfalls knapp, was für Afrika ungleich schlimmer ist als für Europa. Und auch hier das gleiche Muster: die große Katastrophe, die große Panik, dann die alternativlose Lösung, die irgendwie schon seit Jahren in der Schublade schlummerte. Und der schlaue Onkel Bill war als Einziger offenbar für alles vorbereitet: erst bei den Covid-Impfstoffen, dann mit seinen neuen Atomkraftwerken, jetzt als größter Besitzer von Farmland in den USA. Wann kommt »Soylent Bill« auf den Markt? Versuchen Sie mal im Internet gerade einen Sack Getreide zu kaufen, viel Spaß!

Die Asymmetrie der heutigen Demokratie: Sie ist so offensichtlich, wie sie offiziell verschleiert wird. Man kann es Korporatismus oder systemische Korruption nennen, im Grunde ist das Muster immer das Gleiche: Mit jedem medialen Angstevent gibt der Einzelne Macht ab. Und er bekommt sie nicht mehr wieder zurück, das verhindert der »Sperrklinken-Effekt«. Macht überträgt sich so weg vom Einzelnen auf immer weniger Einzelne.

Die Gefahr globaler Leibeigenschaft, wie sie erstmals heute möglich ist, ist mit Händen zu greifen. Dass Demokratien totalitär abdriften können, ist in ihnen angelegt. Denn Demokratie ist laut Hannah Arendt nur die Fortsetzung des Verhältnisses von Herrschenden und Beherrschten; dem Beherrschten ist die faktische Kontrolle darüber entzogen, zu bestimmen, wer auf ihn Zugriff haben darf und in welchem Maße. Der amerikanische

Politikwissenschaftler Sheldon Wolin nennt es »Umgekehrten Totalitarismus«. Und in diesem ist die Führerfigur nicht der Architekt des Systems, sondern sein Produkt. Das, was von oben möglich ist, hat man von unten zugelassen.

Doch wo bleibt der Souverän, während auf der Bühne das Stück von der Entmachtung des Souveräns unter Vortäuschung seiner Ermächtigung aufgeführt wird? Er liegt auf der Couch, sediert von den Wiederholungen der verordneten Medien-Mantras. Er vertreibt sich die Zeit mit Bullshit-Debatten: Männer menstruieren jetzt gegen Putin, verkleisterte Haare bei Weißen ist eine Diskriminierung von Schwarzen und die Gesetze der Logik werden plötzlich durch Rationalisierungen in Form von hypothetischen Kausalitäten ersetzt à la: »Ohne meinen zweiten Booster wäre meine Corona-Ansteckung kürzlich bestimmt tödlich verlaufen!«

Wer auf der richtigen Seite steht, dem dämmert zwar erst langsam, dass es Impfnebenwirkungen gibt, aber er darf beweislos erzählen, was Klima mit Corona zu tun hat und Lockdowns mit Umweltschutz, ohne dass es ihm jemand übel nimmt. Der Durchschnitts-Souverän von heute ist ein gebannter Zuschauer, eine Mischung aus cannabinoidem Couchpotato mit Cave-Syndrom, Impfheld in Strumpfhosen und Moralmelker auf Twitter.

Alle reden von der CO_2-Bilanz, dem neuen moralischen Geigerzähler für nuklear verseuchte Gedanken. Niemand redet von der Autoritäts-Bilanz heutiger Gesellschaften. Autoritäre Strukturen leben nur, weil es neben dem Unterdrücker auch den Unterdrückten gibt, der es mit sich machen lässt. Es gibt den schönen Satz des dritten Präsidenten der USA, Thomas Jefferson: »*Der Baum der Freiheit muss von Zeit zu Zeit mit dem Blut der Patrioten und der Tyrannen begossen werden. Dies ist der Freiheit natürlicher Dünger.*«[38]

Man muss gar nicht so martialisch werden wie Jefferson, um sich mal ganz ernsthaft umzuschauen und sich zu fragen: Wie viel Kampfeswillen und Opferbereitschaft sehen wir um uns herum für das, was uns als Gesellschaft lieb und teuer ist? Die Corona-Zeit könnte, im Anblick von Krieg, wie das Planspiel für die Menschheit gewesen sein, sich auf dem großen Schachbrett der Weltpolitik eine Seite auszusuchen und endgültig in der binären Falle von »Freund« und »Feind« zu landen.

Die Menschheit bewegt sich gerade wieder in die gleiche Spirale wie vor 100 Jahren: Inflation, gesellschaftliche Spaltpilze, wirtschaftliche Einbrüche, Krieg. Die Kette der feudalen Strukturen, aus denen sich die Menschheit immer wieder herausarbeiten musste, hört nicht auf. Der Blick hinaus geht nur noch durch die Windows der Geräte. Der Menschenpark sammelt sich in der Matrize des Digitalen. Und findet dort erst recht nicht zueinander. Wo ist die Weiterentwicklung der Gattung Mensch, eine Spezies, die sich heute anders organisiert als vor 100 Jahren?

Man bekommt nur immer das, was man gegeben hat. Der Wert von modernen Verfassungsordnungen ist nur so stark wie der Wille des Souveräns, diese Werte in Zeiten der Prüfung unmissverständlich einzufordern und ihnen zu Majestät zu verhelfen. Diese Aufgabe fällt nun dem Bürger zu. Er wird gewinnen, wenn die Bande mit dem anderen Bürger stärker ist als die die Kraft der Obrigkeit, diese zu trennen. Auf Portalen wie Graswurzle.ch vernetzen sich lokale Gruppierungen bereits rund um verschiedene Themen. Das beste Gegenmittel gegen die Monopolmacht der Wenigen ist die Rückverortung des Machtmonopols auf den, der in der Verfassung dafür als Inhaber vorgesehen ist: der Souverän.

Wenn ich nicht gerade davon träume, wie Karl Lauterbach einmal beim Ministerbesuch eines psychiatrischen Gefängnisses als Patient einbehalten wird, stelle ich mir vor, wie die Welt aussähe, wenn sie niemandem gehören würde und damit in den produktiven Händen aller stünde.

Das, was möglich wäre, wird derzeit nicht vorgedacht. Es gibt gegenüber der zunehmend gelebten Dystopie bisher noch keine

kühne Utopie als Gegenstück. Vielleicht schreibt sie irgendwann wer. Als Titel schlage ich vor: »Die Welt als Wille und Eid-
genossenschaft.«

Nachwort: Und jetzt?

»They come, they come
To build a wall between us
You know they won't win.«
(Crowded House, »Don't dream it's over«)

Ralf Dahrendorf, ein Liberaler, der noch mit allen reden konnte, meinte mal, dass Intellektuelle in normalen Zeiten eigentlich nicht viel machen können, außer vielleicht mal die ein oder andere Debatte anzustoßen. In Krisenzeiten hingegen wird das Wort zur Tat. Die Zeiten des »New Normal« sind Krisenzeiten. Aber das Wort wird erst zur Tat, wenn es auf fruchtbaren Boden fällt. Möge dieses Buch als Einstieg zu einem Gespräch mit einem Andersdenkenden führen, dann hat es für mich schon viel erreicht. Gegen jede Machtergreifung von Wenigen hilft nur eine Ermächtigung der Vielen. Die Aufgabe der Stunde ist: Vernetzung.

Anmerkungen

Einleitung

1. Matuschek, Milosz: https://www.nzz.ch/meinung/kollabierte-kommunikation-was-wenn-am-ende-die-covidioten-recht-haben-ld.1574096?reduced=true (zuletzt aufgerufen am 30.06.2022).

2. Matuschek, Milosz: https://www.nzz.ch/meinung/kolumnen/liebe-millennials-wacht-endlich-auf-ld.1405403?reduced=true (zuletzt aufgerufen am 30.06.2022).

3. Matuschek, Milosz: https://www.nzz.ch/meinung/kolumnen/die-causa-julian-assange-ist-die-westliche-wertegemeinschaft-von-allen-guten-geistern-verlassen-ld.1497486 (zuletzt aufgerufen am 30.06.2022).

4. Matuschek, Milosz: https://www.nzz.ch/feuilleton/julian-assange-freiheitsheld-und-mann-im-ausnahmezustand-ld.1533798?reduced=true (zuletzt aufgerufen am 30.06.2022).

5. https://www.tagesspiegel.de/politik/fuer-mich-so-etwas-wie-westfernsehen-maassen-provoziert-mit-tweet-ueber-medien/24577234.html (zuletzt aufgerufen am 30.06.2022).

I. Verengtes Denken

1. Zuerst veröffentlicht auf: https://idw-europe.org (zuletzt aufgerufen am 30.06.2022).

2. Zuerst veröffentlicht in der *Berliner Zeitung*: Matuschek, Milosz: https://www.berliner-zeitung.de/kultur-vergnuegen/julian-assange-ist-ein-politischer-gefangener-li.110110?pid=true (zuletzt aufgerufen am 30.06.2022).

3. Siehe Assange, Julian: https://cryptome.org/0002/ja-conspiracies.pdf (zuletzt aufgerufen am 30.06.2022).

4. Khatchadourian, Raffi: https://www.newyorker.com/magazine/2010/06/07/no-secrets (zuletzt aufgerufen am 30.06.2022).

5. Siehe https://wikileaks.org/wiki/U.S._Intelligence_planned_to_destroy_WikiLeaks,_18_Mar_2008 (zuletzt aufgerufen am 30.06.2022).

6. Siehe https://www.tareqhaddad.com/wp-content/uploads/2020/09/2020.09.18-Assange-Extradition-Hearings-Statement-of-Dean-Yates.pdf (zuletzt aufgerufen am 30.06.2022).

7. Siehe https://wikileaks.org/gifiles/docs/10/1056763_re-discussion-assange-arrested-.html (zuletzt aufgerufen am 30.06.2022).

8. Siehe https://www.youtube.com/watch?v=gI0N_L0llo8 (zuletzt aufgerufen am 30.06.2022).

9. Siehe ABC-News Australia: https://www.youtube.com/watch?v=siigAameuGg (zuletzt aufgerufen am 30.06.2022).

10. Melzer, Nils: https://schweizermonat.ch/assange/ (zuletzt aufgerufen am 30.06.2022)

11. https://www.lawyersforassange.org/en/open-letter.html (zuletzt aufgerufen am 30.06.2022).

12. Siehe dazu Doherty, Ben; Remeikis, Amy: https://www.theguardian.com/media/2019/dec/17/julian-assanges-extradition-fight-could-turn-on-reports-he-was-spied-on-for-cia (zuletzt aufgerufen am 30.06.2022).

13. Zuerst veröffentlicht auf: https://www.freischwebende-intelligenz.org/p/kommt-die-coviddr-20-oder-ist-sie?s=w (zuletzt aufgerufen am 30.06.2022).

14. Siehe https://theamericanscholar.org/on-political-correctness/ (zuletzt aufgerufen am 30.06.2022).

15. Zugleich bestehen zahlreiche Zweifel an der Effektivität der Masken, wie zum Beispiel eine unveröffentlichte dänische Studie nahelegt: https://www.berlingske.dk/videnskab/professor-stort-dansk-maskestudie-afvist-af-tre-top-tidsskrifter (zuletzt aufgerufen am 30.06.2022). Siehe auch: https://www.rbb24.de/panorama/thema/2020/coronavirus/beitraege_neu/2020/10/massnahmen-eindaemmung-studien.html (zuletzt aufgerufen am 30.06.2022); https://www.acpjournals.org/doi/10.7326/M20-6817 (zuletzt aufgerufen am 30.06.2022).

16. https://www.youtube.com/watch?v=J7Ic_bbRkXQ (zuletzt aufgerufen am 30.06.2022).

17. Gutman, Juliane: https://www.merkur.de/leben/gesundheit/coronavirus-lange-mundschutz-maskenpflicht-virologe-christian-drosten-dauer-prognose-impfstoff-impfung-zr-90050534.html (zuletzt aufgerufen am 30.06.2022).

18. Siehe https://twitter.com/Karl_Lauterbach/status/1319050661691035652?ref_src=twsrc%5Etfw%7Ctwcamp%5Etweetembed%7Ctwterm%5E1319050661691035652%7Ctwgr%5Eshare_3%2Ccontainerclick_0&ref_url=https%3A%2F%2Fwww.welt.de%2Fvermischtes%2Farticle218369132%2FCorona-Aerztepraesident-rudert-nach-Zweifel-an-Alltagsmasken-zurueck.html%20 (zuletzt aufgerufen am 30.06.2022).

19. https://www.aerzteblatt.de/nachrichten/117679/BAeK-Praesident-Reinhardt-bekraeftigt-Nutzen-von-Alltagsmasken (zuletzt aufgerufen am 30.06.2022).

20. https://www.welt.de/regionales/hamburg/article214703836/Auftritt-bei-Corona-Demo-Gruenen-Politiker-aus-Partei-ausgeschlossen.html (zuletzt aufgerufen am 30.06.2022).

21. https://www.ruhrnachrichten.de/regionales/denunziationsportal-stadt-essen-wegen-corona-formular-scharf-in-der-kritik-w1564531-2000113494/ (zuletzt aufgerufen am 30.06.2022).

22. https://www.berlin.de/ba-reinickendorf/aktuelles/pressemitteilungen/2021/9666-aufruf_bewerbungen_-containment-scout.pdf (zuletzt aufgerufen am 30.06.2022).

23. Siehe zum Beispiel Andrick, Michael: https://www.freitag.de/autoren/der-freitag/faktenchecker-so-einfach-ist-es-nicht (zuletzt aufgerufen am 30.06.2022).

24. Dazu Bahners, Patrick: https://www.faz.net/aktuell/feuilleton/debatten/monika-maron-gegen-s-fischer-geruecht-der-rechten-lieferkette-17015005.html (zuletzt aufgerufen am 30.06.2022).

25. The Rockefeller Foundation: https://norberthaering.de/wp-content/uploads/2020/05/Scenarios-for-the-Future-ofTechnology-and-International-Development.pdf (zuletzt aufgerufen am 30.06.2022).

26. https://www.weforum.org/great-reset/ (zuletzt aufgerufen am 30.06.2022).

27. Zopf, Yann: https://www.weforum.org/press/2020/07/klaus-schwab-and-thierry-malleret-release-covid-19-the-great-reset-the-first-policy-book-on-the-covid-crisis-globally/ (zuletzt aufgerufen am 30.06.2022).

28. Georgieva, Kristalina: https://www.imf.org/en/News/Articles/2020/10/15/sp101520-a-new-bretton-woods-moment (zuletzt aufgerufen am 30.06.2022).

29. Kruchem, Thomas: https://www.srf.ch/kultur/gesellschaft-religion/digitale-identitaet-die-blockchain-weiss-alles-kommt-die-totale-ueberwachung (zuletzt aufgerufen am 30.06.2022).

30. https://time.com/collection/great-reset/ (zuletzt aufgerufen am 30.06.2022).

31. https://twitter.com/gaborsteingart/status/1285089398351106048 (zuletzt aufgerufen am 30.06.2022).

32. Zuerst veröffentlicht auf: https://www.freischwebende-intelligenz.org/p/kommt-die-coviddr-20-oder-ist-sie?s=w (zuletzt aufgerufen am 30.06.2022).

33. Harari, Yuval Noah; Interview von Lüpke, Marc; Harms Florian: https://beta.t-online.de/nachrichten/wissen/geschichte/id_88582030/harari-zur-pandemie-corona-hat-das-potential-die-welt-besser-zu-machen-.html (zuletzt aufgerufen am 30.06.2022).

34. Schuster, Jaques: https://www.welt.de/debatte/kommentare/article217805634/Politikerphrasen-zu-Corona-Corona-produziert-auch-eine-Welle-von-Phrasen.html (zuletzt aufgerufen am 30.06.2022).

35. Kruchem, Thomas: https://www.srf.ch/kultur/gesellschaft-religion/digitale-identitaet-die-blockchain-weiss-alles-kommt-die-totale-ueberwachung (zuletzt aufgerufen am 30.06.2022).

36. The Rockefeller Foundation: https://norberthaering.de/wp-content/uploads/2020/05/Scenarios-for-the-Future-ofTechnology-and-International-Development.pdf S. 18 ff. (zuletzt aufgerufen am 30.06.2022).

37. Häring, Norbert: https://norberthaering.de/macht-kontrolle/

lock-step-rockefeller-stiftung/ (zuletzt aufgerufen am 30.06.2022).

38. https://id2020.org/ (zuletzt aufgerufen am 30.06.2022).

39. https://www.prnewswire.com/news-releases/id2020-alliance-launches-digital-id-program-with-government-of-bangladesh-and-gavi-announces-new-partners-at-annual-summit-300921 926.html (zuletzt aufgerufen am 30.06.2022).

40. Gruener, Dakota: https://ethics.harvard.edu/files/center-for-ethics/files/safracenterforethicswhitepaper8_1.pdf (zuletzt aufgerufen am 30.06.2022).

41. https://www3.weforum.org/docs/WEF_The_Known_Traveller_Digital_Identity_Concept.pdf (zuletzt aufgerufen am 30.06.2022).

42. Mehr hierzu: Häring, Norbert: https://norberthaering.de/macht-kontrolle/commonspass/ (zuletzt aufgerufen am 30.06.2022).

43. Schwab, Klaus: *The fourth industrial revolution*, World Economic Forum, S. 92.

44. Schwab, Klaus, Malleret, Thierry: *Der große Umbruch*, Einleitung.

45. https://dipbt.bundestag.de/dip21/btp/19/19186.pdf, S. 23363 (zuletzt aufgerufen am 30.06.2022).

46. Der Beitrag wurde am 17.11.2022 in gekürzter Fassung von *welt.de* publiziert: https://www.welt.de/kultur/article220209690/Bevoelkerungsschutzgesetz-Demokratiedaemmerung.html (zuletzt aufgerufen am 30.06.2022).

47. Zuerst veröffentlicht auf: https://www.freischwebende-intelligenz.org/p/verordnungsdiktatur?s=w (zuletzt aufgerufen am 30.06.2022).

48. Siehe https://www.sueddeutsche.de/kultur/schillerrede-drosten-coronavirus-1.5108272 (zuletzt aufgerufen am 30.06.2022).

49. Text des Bevölkerungsschutzgesetzes: https://dip21.bundestag. de/dip21/btd/19/239/1923944.pdf (zuletzt aufgerufen am 30.06.2022). Die Konsultation des Bundesrates findet sich unter: https://www.bundesrat.de/SharedDocs/pm/2020/023.html (zuletzt aufgerufen am 30.06.2022).

50. Stellungnahme Möllers, Christoph: https://verfassungsblog.

de/parlamentarische-selbstentmaechtigung-im-zeichen-des-virus/ (zuletzt aufgerufen am 30.06.2022).

51. Gesetzesbegründung zum Begriff der epidemischen Notlage: https://www.bundestag.de/resource/blob/691818/69b38fecac 6f97a4acad1c8d3533d135/WD-9-045-20-pdf-data.pdf (zuletzt aufgerufen am 30.06.2022).

52. Rechtsgutachten Kingreen, Thorsten: https://www.bundestag. de/resource/blob/711094/b9a4cf52e94d8add55525142b5c8bd 5c/19_14_0197-2-_Prof-Dr-Kingreen-data.pdf (zuletzt aufgerufen am 30.06.2022).

53. Rechtsgutachten Kießling, Andrea: https://www.bundestag.de/ resource/blob/805488/949a9f10230bb6b7a445ea5d2cdad74c/ 19_14_0246-7-_ESV-Kiessling-3-BevSchG-data.pdf (zuletzt aufgerufen am 30.06.2022).

54. Rechtsgutachten Klafki, Anika: https://www.bundestag.de/re source/blob/805568/07051b199add717e04d7cca843c3de48/ 19_14_0246-9-_ESV-prof-Dr-Klafki-3-BevSchG-data.pdf (zuletzt aufgerufen am 30.06.2022).

55. Zuerst veröffentlicht in der Wochenzeitung *Demokratischer Widerstand*, Nr. 27, 20.11.2020: Matuschek, Milosz: https://demo kratischerwiderstand.de/artikel/155/die-zensurwelle/ (zuletzt aufgerufen am 30.06.2022).

56. https://rp-online.de/panorama/coronavirus/soeder-fuer-staer kere-befassung-des-verfassungsschutzes-mit-querdenkern_aid-54600453 (zuletzt aufgerufen am 30.06.2022).

57. https://www.bundesgesundheitsministerium.de/fileadmin/Da teien/3_Downloads/Gesetze_und_Verordnungen/GuV/B/3._ BevSchG_BGBl.pdf (zuletzt aufgerufen am 30.06.2022).

58. Suchsland, Rüdiger: https://out-takes.de/2020/gedanken-in-der-pandemie-88-darum-gehts-doch-gar-nicht-dass-ein-boeser-wille-da-ist/ (zuletzt aufgerufen am 30.06.2022).

59. Kutzner, Steffen: https://correctiv.org/faktencheck/hinter grund/2020/11/17/warum-sich-das-dritte-infektionsschutzge setz-nicht-mit-einem-ermaechtigungsgesetz-gleichsetzen-laesst/ (zuletzt aufgerufen am 30.06.2022).

60. Reitschuster, Boris https://reitschuster.de/post/ard-wasserwer fer-einsatz-als-beregnung/ (zuletzt aufgerufen am 30.06.2022)..

61. https://twitter.com/Karl_Lauterbach/status/13290483207 36710656 (zuletzt aufgerufen am 30.06.2022).

62. https://apolut.net/youtube-sperrt-kenfm-kanal-komplett/ (zuletzt aufgerufen am 30.06.2022).

63. Matuschek, Milosz: https://www.welt.de/kultur/article22020 9690/Bevoelkerungsschutzgesetz-Demokratiedaemmerung. html (zuletzt aufgerufen am 30.06.2022).

64. Cordsen, Knut: https://www.br.de/kultur/besondere-helden-video-bundesgesundheitsministerium-100.html) (zuletzt aufgerufen am 30.06.2022).

65. https://www.persoenlich.com/kategorie-werbung/wenn-die-geduld-zur-waffe-wird (zuletzt aufgerufen am 30.06.2022).

66. Flores D'Arcais, Paolo: *Die Demokratie beim Wort nehmen. Der Souverän und der Dissident*, Wagenbach Verlag 2004.

67. Grierson, Jamie: https://www.theguardian.com/media/2020/ nov/18/julian-assange-prison-block-locked-down-after-covid-outbreak (zuletzt aufgerufen am 30.06.2022).

68. Klawitter, Nils: https://www.spiegel.de/politik/meister-der-verdrehung-a-9a7357f5-0002-0001-0000-000048046168?con text=issue (zuletzt aufgerufen am 30.06.2022).

69. https://www.spiegel.de/backstage/fragen-und-antworten-zur-foerderung-durch-die-bill-and-melinda-gates-stiftung-a-dac 661f6-210a-4616-b2d2-88917210fed4 (zuletzt aufgerufen am 30.06.2022).

70. International sogar noch tiefer, siehe die Studie von Ioannidis, John: https://tkp.at/2021/03/29/neue-ioannidis-studie-infekti onssterblichkeit-weltweit-etwa-015-prozent/ (zuletzt aufgeru-fen am 30.06.2022).

71. Zuerst veröffentlicht im *Nebelspalter* Matuschek, Milosz: https:// www.nebelspalter.ch/kollabierte-realitaet-was,-wenn-die-ver schwoerungstheoretiker-recht-haben (zuletzt aufgerufen am 30.06.2022).

72. Zuerst veröffentlicht im *Nebelspalter*: Matuschek, Milosz: https://www.nebelspalter.ch/scheindiskussion-um-allesdicht-

machen-die-deutschen-leben-in-der-besten-ddr-aller-zeiten (zuletzt aufgerufen am 30.06.2022).

73. https://twitter.com/dtrickb/status/1385482318542934018 (zuletzt aufgerufen am 30.06.2022).

74. Zuerst veröffentlicht in *Die Weltwoche*: Matuschek, Milosz: https://weltwoche.ch/story/rettet-die-debatte/ (zuletzt aufgerufen am 30.06.2022).

75. https://harpers.org/a-letter-on-justice-and-open-debate/ (zuletzt aufgerufen am 30.06.2022).

76. Petersen, Thomas: https://www.cicero.de/innenpolitik/allensbach-studie-zur-meinungsfreiheit-intoleranz-im-namen-der-toleranz-bleibt-intoleranz (zuletzt aufgerufen am 30.06.2022).

77. https://journalismcourses.org/coursecat/journalism-in-a-pandemic/ (zuletzt aufgerufen am 30.06.2022).

78. Taibbi, Matt: https://taibbi.substack.com/p/meet-the-censored-bret-weinstein? (zuletzt aufgerufen am 30.06.2022).

79. Zuerst veröffentlicht auf: https://www.freischwebende-intelligenz.org/p/im-bannstrahl-der-massenpsychose (zuletzt aufgerufen am 30.06.2022).

80. Kruchem, Thomas: https://www.swr.de/swr2/wissen/who-am-bettelstab-was-gesund-ist-bestimmt-bill-gates-100.html (zuletzt aufgerufen am 30.06.2022).

81. Mausfeld, Rainer: *Angst und Macht*, Westend Verlag 2019..

82. https://www.abgeordnetenwatch.de/recherchen/informationsfreiheit/das-interne-strategiepapier-des-innenministeriums-zur-corona-pandemie (zuletzt aufgerufen am 30.06.2022).

83. https://netzwerkkrista.de/2021/12/11/appell-gegen-entmenschlichung-offene-e-mail-an-den-kasseler-soziologen-prof-dr-heinz-bude/ (zuletzt aufgerufen am 30.06.2022).

84. Zuerst veröffentlicht im *Nebelspalter*: Matuschek, Milosz: https://www.nebelspalter.ch/liebe-journalistenkollegen-sorry,-fuer-was-genau-wollt-ihr-jetzt-mehr-geld (zuletzt aufgerufen am 30.06.2022).

85. https://medien-massnahmenpaket-nein.ch/ (zuletzt aufgerufen am 30.06.2022).

86. https://corona-reframed.de/; https://coronastudies.org/studies_de_all.html. (zuletzt aufgerufen am 30.06.2022).

87. https://tube.source.news/w/63ssPMAsTaiLVbfAumMWdR; https://www.servustv.com/aktuelles/v/aa1uhra88dp5llzqs7cp/ (zuletzt aufgerufen am 30.06.22)

88. Skambraks, Ole: https://multipolar-magazin.de/artikel/ich-kann-nicht-mehr (zuletzt aufgerufen am 30.06.2022).

89. Gut, Philipp: https://www.nebelspalter.ch/geheimes-video-zeigt-ceo-marc-walder-zwang-alle-redaktionen-der-ringier-medien-weltweit-auf-regierungskurs (zuletzt aufgerufen am 30.06.2022).

90. Siehe Sinclair, Upton: *The Brass Check*, Self 1919. http://www.teleread.com/brasscheck.htm (zuletzt aufgerufen am 30.06.2022)

91. Zuerst veröffentlicht im *Nebelspalter*: Matuschek, Milosz: https://www.nebelspalter.ch/in-den-faengen-der-zwangsbekenntnisgemeinschaft (zuletzt aufgerufen am 30.06.2022).

92. https://www.berliner-zeitung.de/gesundheit-oekologie/nach-brandbrief-bkk-provita-vorstand-soll-fristlos-entlassen-worden-sein-li.214733 (zuletzt aufgerufen am 30.06.2022).

93. https://checkpoint.tagesspiegel.de/langmeldung/6WmLcJLFP WeF0vozzyREQv (zuletzt aufgerufen am 30.06.2022).

94. Vgl. von Senger, Harro: *Moulüe – Supraplanung*, Hanser 2018.

II. Verengte Räume

1. Zuerst veröffentlicht in der *Berliner Zeitung*: Matuschek, Milosz: https://www.berliner-zeitung.de/wochenende/brauchen-wir-neue-ausgangssperren-li.154706?pid=true (zuletzt aufgerufen am 30.06.2022).

2. Sigmund, Thomas: https://www.handelsblatt.com/politik/deutschland/regierungserklaerung-angela-merkel-wir-leben-im-grunde-in-einer-neuen-pandemie/27040340.html (zuletzt aufgerufen am 30.06.2022).

3. Zuerst veröffentlicht auf: https://www.freischwebende-intelligenz.org/p/allesaufdentisch-die-gedanken-sind (zuletzt aufgerufen am 30.06.2022).

4. https://www.allesaufdentisch.tv/absage.html (zuletzt aufgerufen am 30.06.2022).

5. Zum Screenshot, siehe https://www.freischwebende-intelligenz.org/p/allesaufdentisch-die-gedanken-sind (zuletzt aufgerufen am 30.06.2022).

6. Minkmar, Nils: https://www.sueddeutsche.de/medien/allesaufdentisch-allesdichtmachen-volker-bruch-corona-impfen-fakenews-youtube-1.5427029?reduced=true (zuletzt aufgerufen am 30.06.2022).

7. Anderl, Sibylle; Hanfeld, Michael; Müller-Jung, Joachim: https://www.faz.net/aktuell/feuilleton/medien/kuenstler-aeussern-kritik-an-corona-politik-mit-allesaufdentisch-17563403.html (zuletzt aufgerufen am 30.06.2022).

8. https://allesaufdentisch.tv/ (zuletzt aufgerufen am 30.06.2022).

9. Zuerst veröffentlicht im *Nebelspalter*: Matuschek, Milosz: https://www.nebelspalter.ch/das%C2%ABimpfangebot%C2%BB-eine-massen-noetigung-mit-risiken-und-todeswirkungen (zuletzt aufgerufen am 30.06.2022).

10. Blome, Nikolaus: https://www.spiegel.de/politik/deutschland/impfpflicht-was-denn-sonst-a-2846adb0-a468-48a9-8397-ba50fbe08a68; Hank, Rainer: https://www.faz.net/aktuell/wirtschaft/hanks-welt/corona-impfung-und-ihre-gegner-kommt-am-ende-eine-impfpflicht-17208111/schon-geimpft-dieser-rentner-17208130.html; Lobo, Sascha: https://www.spiegel.de/netzwelt/netzpolitik/coronavirus-warum-soll-ich-mich-impfen-lassen-kolumne-a-d3dce470-91ab-432e-acc0-51a4db8c1edf; Jürg Halter, siehe Matuschek, Milosz: https://www.freischwebende-intelligenz.org/p/pandemiederimpfluenzer (zuletzt aufgerufen am 30.06.2022).

11. Bellon, Tina: https://www.reuters.com/article/us-johnson-johnson-cancer-lawsuit-idUSKBN1K234U (zuletzt aufgerufen am 30.06.2022).

12. Reitschuster, Boris: https://reitschuster.de/post/in-jedem-land-folgt-die-todeskurve-der-impfkurve/ (zuletzt aufgerufen am 30.06.2022).

13. https://www.pathologie-dgp.de/die-dgp/aktuelles/meldung/

statement-der-dgp-zur-pressekonferenz-todesursache-nach-covid-19-impfung/ (zuletzt aufgerufen am 30.06.2022).

14. https://www.bbc.com/news/world-asia-58405210; https://www.reuters.com/business/healthcare-pharmaceuticals/contami nant-moderna-vaccines-suspected-be-metallic-powder-nhk-2021-08-27/ (zuletzt aufgerufen am 30.06.2022).

15. https://www.aerzteblatt.de/nachrichten/126061/Heidelberger-Pathologe-pocht-auf-mehr-Obduktionen-von-Geimpften; Kileon, Kristin: https://www.mdr.de/wissen/corona-tote-kranken haus-obduktion-100.html (zuletzt aufgerufen am 30.06.2022).

16. Fox, Maggie: https://edition.cnn.com/2021/09/17/health/fda-advisers-booster-five-things/index.html (zuletzt aufgerufen am 30.06.2022).

17. Das Wissen über Nebenwirkungen und Todesfälle steht spätestens seit Februar 2021 zur Verfügung. Wenn entgegen dieses Wissens weitergeimpft wird, lässt dies den Schluss auf bedingten Vorsatz und damit planmässiges Vorgehen zu. https://www.focus.de/gesundheit/news/trotz-impfung-warum-gerade-mehr-menschen-an-corona-sterben-als-letztes-jahr_id_24389329.html; https://phmpt.org/pfizers-documents/; Kirsch, Steve: https://stevekirsch.substack.com/p/according-to-dr-paul-offit-we-should (zuletzt aufgerufen am 30.06.2022).

18. Zuerst veröffentlicht in der *Berliner Zeitung*: Matuschek, Milosz: https://www.berliner-zeitung.de/wochenende/medialer-impf zwang-joshua-kimmich-steht-am-pranger-wie-im-mittelalter-li.191660?pid=true (zuletzt aufgerufen am 30.06.2022).

19. Siehe dazu hier den Text zu Biontech in diesem Buch, S. 130 ff.

20. Zuerst veröffentlicht im *Nebelspalter*: Matuschek, Milosz: https://www.nebelspalter.ch/wehret-den-anfaengen-ach-nein,-doch-nicht (zuletzt aufgerufen am 30.06.2022).

21. Siehe: https://twitter.com/WestwoodParking/status/140979603 1831691270 (Übersetzung von mir; zuletzt aufgerufen am 30.06.2022).

22. https://www.mdr.de/nachrichten/thueringen/mitte-thuerin gen/weimar/erklaerung-gegen-holocaust-verharmlosung-coro na-100.html (zuletzt aufgerufen am 30.06.2022).

23. Zuerst veröffentlicht auf: https://www.freischwebende-intelli genz.org/p/walzewalzt (zuletzt aufgerufen am 30.06.2022).

24. https://twitter.com/hartaberfair/status/1460374642498146304 (zuletzt aufgerufen am 30.06.2022); Hertreiter, Laura; Pollat- schek, Nele: https://www.sueddeutsche.de/kultur/svenja-flas spoehler-hart-aber-fair-impfpflicht-1.5465808?reduced=true (zuletzt aufgerufen am 30.06.2022).

25. Eberhard, Fabian: https://www.blick.ch/ausland/wir-wollen- beziehungen-zur-schweiz-exklusiv-interview-mit-taliban-fueh rer-id16788017.html (zuletzt aufgerufen am 30.06.2022).

26. https://www.welt.de/politik/deutschland/article233333163/ Jens-Spahn-zu-Corona-Wir-impfen-Deutschland-zurueck-in- die-Freiheit.html (zuletzt aufgerufen am 30.06.2022).

27. https://www.berliner-zeitung.de/news/gates-stiftung-unterstu etzt-den-spiegel-mit-weiteren-29-millionen-dollar-li.194183 (zu- letzt aufgerufen am 30.06.2022).

28. So steht auf der Homepage von Sascha Lobo freimütig zu le- sen.

29. Häring, Norbert: https://norberthaering.de/propaganda-zen- sur/spiegel-precht/ (aufgerufen am 30.06.2022); Lobo, Sascha: https://www.spiegel.de/netzwelt/netzpolitik/coronavirus- warum-soll-ich-mich-impfen-lassen-kolumne-a-d3dce470- 91ab-432e-acc0-51a4db8c1edf (aufgerufen am 30.06.2022).

30. https://corona-reframed.de/ (zuletzt aufgerufen am 30.06.2022).

31. Reitschuster, Boris: https://reitschuster.de/post/wie-das-impf- narrativ-kollabiert/ (zuletzt aufgerufen am 30.06.2022).

32. Thacker, Paul D.: https://www.bmj.com/content/375/bmj.n2635. (zuletzt aufgerufen am 30.06.2022).

33. https://www.merkur.de/leben/gesundheit/corona-impfung- herzmuskelentzuendung-risiko-hoeher-vermutet-jugendliche- maenner-mrna-tn-91122543.html (zuletzt aufgerufen am 30.06.2022)

34. Zuerst veröffentlicht im *Nebelspalter*: Matuschek, Milosz: https://www.nebelspalter.ch/lasst-die-anthroposophen-in-ruhe (zuletzt aufgerufen am 30.06.2022).

35. Müller, Felix E.: https://magazin.nzz.ch/hintergrund/impfskep

sis-ist-die-romantik-schuld-ld.1657469?reduced=true (zuletzt aufgerufen am 30.06.2022).

36. Vgl. beispielhaft: Rapp, Tobias: https://www.spiegel.de/kultur/waldorfschule-und-impfgegner-in-steiners-sekte-a-824288 9d-190f-479f-bf6d-a22ccab54013; Holl, Thomas; Soldt, Rüdiger: https://www.faz.net/aktuell/politik/inland/impfgegner-und-anthroposophie-hoehere-einsichten-dank-rudolf-steiner-17665933.html; https://daserste.ndr.de/panorama/archiv/2021/Die-Waldorfbewegung-und-die-Corona-Krise,waldorfbewegung100.html; Nastarowitz, Konstanze; Schiele, Katharina; Walter, Caroline: https://www.welt.de/wissenschaft/plus235551014/Anthroposophie-Der-schlechte-Ruf-der-Steiner-Juenger-in-der-Corona-Krise.html; Gunkel, Christoph: https://www.spiegel.de/geschichte/ein-fehler-der-weltgeschichte-a-1ca07586-0002-0001-0000-000177512595 (zuletzt aufgerufen am 30.06.2022).

37. Vgl. https://www.youtube.com/watch?v=B9IEDD3kzaI&t=24s (zuletzt aufgerufen am 30.06.2022).

38. https://www.reuters.com/article/us-britain-security-gchq-cyber-idUSKBN27O0X9 (zuletzt aufgerufen am 30.06.2022).

39. Greenwald, Glenn: https://theintercept.com/2014/02/24/jtrig-manipulation/ (zuletzt aufgerufen am 30.06.2022).

40. Neuber, Harald: https://www.heise.de/tp/features/US-Geheimdienstmitarbeiter-CIA-wollte-Julian-Assange-ermorden-6203592.html (zuletzt aufgerufen am 30.06.2022).

41. Zuerst veröffentlicht im *Nebelspalter*: Matuschek, Milosz: https://www.nebelspalter.ch/ploetzlich-und-unerwartet-totgeschwiegen (zuletzt aufgerufen am 30.06.2022).

42. Screenshots des öffentlichen Posting sind hier zu finden: https://www.freischwebende-intelligenz.org/p/plotzlich-und-unerwartet-totgeschwiegen (zuletzt aufgerufen am 30.06.2022).

43. https://trauer.werra-rundschau.de/traueranzeige/gunnar-michel (zuletzt aufgerufen am 30.06.2022).

44. https://rumble.com/vrccvb-covid-impfstoffe-warum-sie-nicht-wirken-und-zwingende-beweise-fr-ihre-rolle.html (zuletzt aufgerufen am 30.06.2022).

45. Siehe zum Beispiel: Bau, Matthias: https://correctiv.org/fakten check/2021/09/25/mitglieder-der-pathologiekonferenz-verbrei ten-unbelegte-behauptungen-ueber-covid-19-impfungen-und-todesfaelle/; Dilger, Fabian: https://www.br.de/nachrichten/ deutschland-welt/pathologenkonferenz-beweist-keine-corona-impfschaeden-faktenfuchs,SkV5Nmu (zuletzt aufgerufen am 30.06.2022).

46. Matzenberger, Michael: https://www.derstandard.de/story/ 2000131577990/weniger-covid-opfer-als-letzten-herbst-aber-hoehere-uebersterblichkeit; Kuhbandner, Christof: https:// aktuelle-nachrichten.app/warum-ist-die-uebersterblichkeit-im-impfjahr-2021-hoeher-als-im-pandemiejahr-2020/ (zuletzt auf-gerufen am 30.06.2022).

47. Agorist, Matt: https://thewashingtonstandard.com/military-doc tors-dod-medical-data-shows-300-increase-in-cancer-miscar riages-infertility-after-jab-approved/. In Studien wird ein Zu-sammenhang zwischen Impfung und erhöhtem Risiko für Abgänge hergestellt: https://jackanapes.substack.com/p/still-births-miscarriages-and-abortions#footnote-1. Auch einen Ein-fluss der Impfung auf Spermien scheint es zu geben: https:// onlinelibrary.wiley.com/doi/10.1111/andr.13209; zum auffäl-ligen Geburtenrückgang in Deutschland in 2022: https://www-genesis.destatis.de/genesis//online?operation=table&co de=12612-0002&bypass=true&levelindex=0&levelid=164667961 6262#abreadcrumb (zuletzt aufgerufen am 30.06.2022).

48. Pantazatos, Spiro; Seligmann, Herve: www.researchgate.net/ profile/Spiro-Pantazatos/publication/355581860_COVID_vacci nation_and_age-stratified_all-cause_mortality_risk/links/ 61b02f99c2e267424d0fd474/COVID-vaccination-and-age-stratified-all-cause-mortality-risk.pdf?origin=publication_detail (zuletzt aufgerufen am 30.06.2022).

49. https://twitter.com/karl_lauterbach/status/142632323601 9650564?lang=de (zuletzt aufgerufen am 30.06.2022)

50. S. 30 ff. Appendix https://phmpt.org/wp-content/uploads/2021/ 11/5.3.6-postmarketing-experience.pdf (zuletzt aufgerufen am 30.06.2022).

51. https://www.echelon-inc.com/product/alc-0159/ (zuletzt aufgerufen am 30.06.2022).

52. https://www.ema.europa.eu/en/documents/assessment-report/comirnaty-epar-public-assessment-report_en.pdf; https://www.ema.europa.eu/en/documents/variation-report/comirnaty-h-c-5735-r-0046-epar-assessment-report-renewal_en.pdf (zuletzt aufgerufen am 30.06.2022).

53. https://linkinghub.elsevier.com/retrieve/pii/S2589004221014504. Diese Studie soll wiederum nicht auf den Menschen übertragbar sein: Rohwedder, Wulf: https://www.tagesschau.de/faktenfinder/mrna-impfstoffe-nanolipide-101.html (zuletzt aufgerufen am 30.06.2022).

54. Zuerst veröffentlicht *im Nebelspalter*: Matuschek, Milosz: https://www.nebelspalter.ch/wann-platzt-die-biontech-blase (zuletzt aufgerufen am 30.06.2022).

55. https://www.youtube.com/watch?v=RSfmRBo7YL4&ab_channel=StudioZX (zuletzt aufgerufen am 30.06.2022)

56. Veber, Christian: https://www.achgut.com/artikel/die_boerse_wird_mistrauisch_biontechs_fall (zuletzt aufgerufen am 30.06.2022).

57. Thacker, Paul D: https://www.bmj.com/content/375/bmj.n2635 (zuletzt aufgerufen am 30.06.2022).

58. Kato, Masaya: https://asia.nikkei.com/Spotlight/Coronavirus/China-PCR-test-orders-soared-before-first-confirmed-COVID-case (zuletzt aufgerufen am 30.06.2022).

59. https://investors.biontech.de/node/9571/html, S. 47 (zuletzt aufgerufen am 30.06.2022).

60. Neilson, Susie: https://www.businessinsider.com/pfizer-biontech-vaccine-designed-in-hours-one-weekend-2020-12?r=US&IR=T (zuletzt aufgerufen am 30.06.2022).

61. https://www.berliner-zeitung.de/gesundheit-oekologie/chemiker-an-biontech-diese-antwort-finden-wir-etwas-irritierend-li.209451 (zuletzt aufgerufen am 30.06.2022).

62. https://howbad.info/ (zuletzt aufgerufen am 30.06.2022).

63. https://vaers.hhs.gov/ (zuletzt aufgerufen am 30.06.2022).

64. https://howbad.info/pfizerforeigndeaths.html (zuletzt aufgerufen am 30.06.2022).

65. Zuerst veröffentlicht auf: https://www.freischwebende-intelligenz.org/p/fischstinktvomkopfher (zuletzt aufgerufen am 30.06.2022).

66. Das Buch Wolins ist einen Tag nach der Wahl erstmals auf deutsch erschienen: Wolin, Sheldon S., *Umgekehrter Totalitarismus*, Westend Verlag 2022.

67. https://www.gesetze-im-internet.de/bpr_swahlg/BJNR002300959.html (zuletzt aufgerufen am 30.06.2022).

68. Zuerst veröffentlicht auf: https://www.freischwebende-intelligenz.org/p/verfassungsbruchmitansage (zuletzt aufgerufen am 30.06.2022).

69. https://www.bundestag.de/#url=L2Rva3VtZW50ZS90ZXh0YXJjaGl2L2IwMjIwMjIva3cxMS1wbXBXBmcGZsaWNodC04ODE4MjQ=&mod=mod493054 (zuletzt aufgerufen am 30.06.2022).

70. https://www.bundestag.de/presse/hib/kurzmeldungen-883000 (zuletzt aufgerufen am 30.06.2022).

71. https://twitter.com/spdbt/status/1466320902191255553?lang=de (zuletzt aufgerufen am 30.06.2022).

72. https://twitter.com/bmg_bund/status/1347120866908372992?lang=de (zuletzt aufgerufen am 30.06.2022).

73. In Abweichung von der normalen Bewilligungsdauer für Impfstoffe arbeitet die EMA mit Notfallzulassungen, bei welchen noch nicht alle Tests abgeschlossen sind. Experimentell meint hier, dass die inokulierte Bevölkerung Teil des Testverfahrens, also eines medizinischen Experiments, wird. Zur Notfallzulassung: https://www.ema.europa.eu/en/human-regulatory/marketing-authorisation/conditional-marketing-authorisation (zuletzt aufgerufen am 30.06.2022).

74. https://www.bundestag.de/resource/blob/874446/bb0cd44ee66e471ee08991fa7aa71e24/WD-3-203-21-pdf-data.pdf, S. 8/21 (zuletzt aufgerufen am 30.06.2022).

75. https://7argumente.de/ (zuletzt aufgerufen am 30.06.2022).

76. Debionne, Philippe: https://www.berliner-zeitung.de/news/

wissenschaftler-darum-ist-die-impfpflicht-verfassungswidrig-li.216116 (zuletzt aufgerufen am 30.06.2022).

77. https://phmpt.org/pfizers-documents/ (zuletzt aufgerufen am 30.06.2022).

78. Zuerst veröffentlicht im *Nebelspalter*: Matuschek, Milosz: https://www.nebelspalter.ch/sprechen-wir-doch-mal-ueber-verschwoerungspraxis (zuletzt aufgerufen am 30.06.2022).

79. https://www.youtube.com/watch?v=T76VCKqBKJQ (zuletzt aufgerufen am 30.06.2022).

80. Gyr, Marcel: https://www.nzz.ch/feuilleton/kommt-das-virus-aus-einem-labor-in-wuhan-dem-raetsel-auf-der-spur-ld.1666 314?reduced=true (zuletzt aufgerufen am 30.06.2022).

81. https://en.wikipedia.org/wiki/Young_Global_Leaders (zuletzt aufgerufen am 30.06.2022).

82. https://www.handelszeitung.ch/management/wef-natalie-rickli-ist-young-global-leader (zuletzt aufgerufen am 30.06.2022).

83. https://prisma-reports.com/interview-with-mr-marc-walder-founder-digitalswitzerland-and-ceo-ringier-ag/ (zuletzt aufgerufen am 30.06.2022).

84. https://www.bundesgesundheitsministerium.de/presse/inter views/interviews/focus-110920.html

85. Zuerst veröffentlicht im *Nebelspalter*: Matuschek, Milosz: https://www.nebelspalter.ch/was-steht-in-den-geschwaerzten-vertraegen-von-pfizer-mit-der-eu-kommission (zuletzt aufgerufen am 30.06.2022).

86. https://archives.fbi.gov/archives/news/stories/2009/septem ber/pfizer_settlement_090209 (zuletzt aufgerufen am 30.06.2022).

87. Downing, Nicholas S.; Shah, Nilay D.; Aminawung, Jenerius A.: https://jamanetwork.com/journals/jama/fullarticle/2625319 (zuletzt aufgerufen am 30.06.2022).

88. https://www.drugwatch.com/fda/recalls/ (zuletzt aufgerufen am 30.06.2022).

89. https://www.tagesschau.de/ausland/vonderleyen-sms-101.html (zuletzt aufgerufen am 30.06.2022).

90. Meisner, Matthias: https://www.tagesspiegel.de/gesellschaft/ medien/ukraine-konflikt-im-zdf-hakenkreuz-und-ss-rune-pro test-von-zuschauern/10685462.html (zuletzt aufgerufen am 30.06.2022).

91. https://www.bitchute.com/video/Xhn7PgeZUskK/ (zuletzt aufgerufen am 30.06.2022).

92. https://www.tagesschau.de/ausland/vonderleyen-sms-101.html (zuletzt aufgerufen am 30.06.2022).

93. https://ec.europa.eu/commission/presscorner/detail/de/ip_ 21_2548 (zuletzt aufgerufen am 30.06.2022).

94. https://s28.q4cdn.com/781576035/files/doc_financials/2021/ q4/Q4-2021-PFE-Earnings-Release.pdf, S. 39 (zuletzt aufgerufen am 30.06.2022).

95. https://www.bundestag.de/#url=L2Rva3VtZW50ZS90ZXh0oYX JjaGl2LzIwMjIva3cxMS1kZS1pbXBmmcGZsaWNodC04ODE4 4MjQ=&mod=mod493054 (zuletzt aufgerufen am 30.06.2022).

III. Der Corona-Komplex

1. Zuerst veröffentlicht auf: https://www.freischwebende-intelli genz.org/p/coronakomplex (zuletzt aufgerufen am 30.06.2022).

2. https://www.bundesregierung.de/resource/blob/975232/ 1732182/d4af29ba76f62f61f1320c32d39a7383/fernsehanspra che-von-bundeskanzlerin-angela-merkel-data.pdf (zuletzt aufgerufen am 30.06.2022).

3. Siehe zum Beispiel: https://www.schrappe.com/ms2/akt24. htm; www.corona-ausschuss.de (zuletzt aufgerufen am 30.06.2022).

4. Zuerst veröffentlicht auf: https://www.freischwebende-intelli genz.org/p/ungereimtheiten (zuletzt aufgerufen am 30.06.2022).

5. https://www.centerforhealthsecurity.org/event201/ (zuletzt aufgerufen am 19.06.2022).

6. Häring, Norbert: https://norberthaering.de/propaganda-zen sur/event-201-fake-news/ (zuletzt aufgerufen am 30.06.2022).

7. https://web.archive.org/web/20200109215413/http:/wjw.wu han.gov.cn/front/web/showDetail/2019123108989 (zuletzt aufgerufen am 30.06.2022).

8. https://www.reuters.com/article/us-china-health-pneumonia-idUSKBN1YZ0GP (zuletzt aufgerufen am 30.06.2022).

9. https://www.dw.com/en/china-investigates-sars-like-virus-as-dozens-struck-by-pneumonia/a-51843861 (zuletzt aufgerufen am 30.06.2022).

10. https://www.eurosurveillance.org/content/10.2807/1560-7917.ES.2020.25.3.2000045;jsessionid=LOmJmPTOx1GYUP-16v3V1oeW-.i-0b3d9850f4681504f-ecdclive (zuletzt aufgerufen am 30.06.2022).

11. https://www.who.int/news/item/30-01-2020-statement-on-the-second-meeting-of-the-international-health-regulations-(2005)-emergency-committee-regarding-the-outbreak-of-novel-coronavirus-(2019-ncov) (zuletzt aufgerufen am 30.06.2022).

12. https://cormandrostenreview.com/ (zuletzt aufgerufen am 30.06.2022).

13. Mehr Details dazu: Neuhof, Ansgar: https://www.achgut.com/artikel/corona_politik_grundlegende_pcr_test_studie_auf_treibsand_gebaut (zuletzt aufgerufen am 30.06.2022).

14. https://cormandrostenreview.com/retraction-request-letter-to-eurosurveillance-editorial-board/ (zuletzt aufgerufen am 30.06.2022).

15. https://www.eurosurveillance.org/upload/site-assets/imgs/2020-11_Editorial%20Board%20PDF_final%20with%20cover.pdf (zuletzt aufgerufen am 30.06.2022).

16. Fisch, Erik R., Wernkicke, Jens: https://www.rubikon.news/artikel/der-goldjunge (zuletzt aufgerufen am 30.06.2022).

17. https://www.rki.de/DE/Content/InfAZ/N/Neuartiges_Coronavirus/Vorl_Testung_nCoV.html;jsessionid=AEF09C8BC2A2BFAA965F5CFFF9097650.internet062#doc13490982bodyText4 (zuletzt aufgerufen am 30.06.2022).

18. https://www.creative-diagnostics.com/coronavirus.htm (zuletzt aufgerufen am 30.06.2022).

19. Drosten, Christian; Henning, Korinna: https://www.ndr.de/nachrichten/info/coronaskript132.pdf (zuletzt aufgerufen am 30.06.2022).

20. Siehe: https://twitter.com/elonmusk/status/132712584004016

9472 (zuletzt aufgerufen am 30.06.2022); https://www.welt.de/vermischtes/article220054518/Elon-Musk-Corona-Tests-widersprechen-sich-nach-Deutschland-Besuch.html (zuletzt aufgerufen am 30.06.2022).

21. Schrappe, Matthias: https://www.bundestag.de/resource/blob/801784/787fe252606b0cff7d8c75b007269bfc/19_14_0233-6-_ESV-Matthias-Schrappe_Cov19-Teststrategie-data.pdf (zuletzt aufgerufen am 30.06.2022).

22. Ab Minute 19.35: https://www.youtube.com/watch?v=YIWqHKqdAgg (zuletzt aufgerufen am 30.06.2022).

23. https://www.stablab.stat.uni-muenchen.de/_assets/docs/codag-bericht-4.pdf (zuletzt aufgerufen am 30.06.2022).

24. https://www.aerzteblatt.de/nachrichten/106375/Grippewelle-war-toedlichste-in-30-Jahren (zuletzt aufgerufen am 30.06.2022).

25. Ioannidis, John P. A.: https://apps.who.int/iris/handle/10665/340124 (zuletzt aufgerufen am 30.06.2022).

26. Taeger, Frank: https://www.volksverpetzer.de/corona/stanford-ioannidis-covid/ (zuletzt aufgerufen am 30.06.2022).

27. Grillmann, Barbara: https://www.handelsblatt.com/politik/deutschland/robert-koch-institut-rki-chef-wieler-virus-kann-sich-in-einigen-gebieten-mittlerweile-unkontrolliert-ausbreiten/26298258.html; https://www.youtube.com/watch?v=qjDDSrqBWKw

28. Stang, Michael: https://www.deutschlandfunk.de/rechtsmedizin-und-covid-19-streit-um-vorgaben-fuer-100.html (zuletzt aufgerufen am 30.06.2022).

29. Neuber, Harald: https://www.heise.de/tp/features/Corona-Impfungen-als-groesstes-Humanexperiment-der-modernen-Geschichte-4975719.html (zuletzt aufgerufen am 30.06.2022).

30. Zuerst veröffentlicht auf: https://www.freischwebende-intelligenz.org/p/das-rechtliche-pandemieregime-passt (zuletzt aufgerufen am 30.06.2022).

31. https://www.leopoldina.org/uploads/tx_leopublication/2020_12_08_Stellungnahme_Corona_Feiertage_final.pdf (zuletzt aufgerufen am 30.06.2022).

32. Reitschuster, Boris: https://reitschuster.de/post/widerstand-in-der-leopoldina-gegen-lockdown-papier/; Friedrich, Jörg Phil: https://www.welt.de/kultur/plus222264910/Angela-Merkel-und-das-Leopoldina-Desaster.html (zuletzt aufgerufen am 30.06.2022).

33. Ausic, Susanne: https://www.epochtimes.de/politik/deutsch land/anwaelte-machen-druck-auf-leopoldina-eidesstattliche-versicherung-zu-pcr-tests-gefordert-a3404546.html (zuletzt aufgerufen am 30.06.2022).

34. https://www.euro.who.int/de/health-topics/health-emer gencies/coronavirus-covid-19/news/news/2020/3/who-announces-covid-19-outbreak-a-pandemic (zuletzt aufgerufen am 30.06.2022).

35. https://www.bundestag.de/resource/blob/691818/69b38fecac 6f97a4acad1c8d3533d135/WD-9-045-20-pdf-data.pdf (zuletzt aufgerufen am 30.06.2022).

36. https://www.faz.net/aktuell/politik/inland/spahn-corona-regeln-bestehen-trotz-impfungen-noch-einige-monate-171046 46.html (zuletzt aufgerufen am 30.06.2022).

37. https://www.bundestag.de/resource/blob/691818/69b38fecac 6f97a4acad1c8d3533d135/WD-9-045-20-pdf-data.pdf (zuletzt aufgerufen am 30.06.2022).

38. Kingreen, Thorsten: https://www.bundestag.de/resource/blob/ 711094/b9a4cf52e94d8add55525142b5c8bd5c/19_14_0197-2-_ Prof-Dr-Kingreen-data.pdf (zuletzt aufgerufen am 30.06.2022).

39. Schreyer, Paul: https://multipolar-magazin.de/artikel/multipo lar-klagt-gegen-das-rki (zuletzt aufgerufen am 30.06.2022).

40. Lepsius, Oliver: https://verfassungsblog.de/vom-niedergang-grundrechtlicher-denkkategorien-in-der-corona-pandemie/ (zuletzt aufgerufen am 30.06.2022).

41. Zum Vergleich der Normen: https://www.buzer.de/ge-setz/2148/al115562-0.htm (zuletzt aufgerufen am 30.06.2022).

42. Möllers, Christoph: https://www.bundestag.de/resource/blob/8 05682/90775997933c613cc334fd5065cded6e/19_14_0246-15-_ ESV-Prof-Dr-Moellers-3-BevSchG-data.pdf, S. 4 (zuletzt aufge-rufen am 30.06.2022).

43. Fricke, Anno: https://www.aerztezeitung.de/Politik/Experten-wollen-weg-von-7-Tage-Inzidenz-414947.html; Brey, Michelle: https://www.merkur.de/politik/coronavirus-deutschland-rki-kanzlerin-merkel-lockdown-mediziner-ende-fallzahlen-kritik-ziel-inzidenz-zr-90110279.html (zuletzt aufgerufen am 30.06.2022).

44. Papier, Hans-Jürgen: https://www.bpb.de/shop/zeitschriften/apuz/314341/umgang-mit-der-corona-pandemie/ (zuletzt aufgerufen am 30.06.2022).

45. Siehe auch den bereits zitierten CoDAG-Bericht Nummer vier vom 11.Dezember 2020 der LMU-München, (ab Seite 6): https://www.stablab.stat.uni-muenchen.de/_assets/docs/codag-bericht-4.pdf

46. Zum Beispiel: Brauner, Jan M.; u.a.: https://www.medrxiv.org/content/10.1101/2020.05.28.20116129v3.full.pdf; Haug, Nils; u.a.: https://www.medrxiv.org/content/10.1101/2020.07.06.20147199v1.full.pdf; Roth, Steffen; u.a.: https://www.heise.de/tp/features/COVID-19-WHO-Studie-findet-kaum-Belege-fuer-die-Wirksamkeit-von-Eindaemmungsmassnahmen-4706446.html; Maier-Borst, Haluka: https://www.rbb24.de/panorama/thema/2020/coronavirus/beitraege_neu/2020/10/massnahmen-eindaemmung-studien.html (zuletzt aufgerufen am 30.06.2022).

47. Lloyd, Zenobia: https://www.stanforddaily.com/2020/08/02/qa-michael-levitt-on-why-there-shouldnt-be-a-lockdown-how-hes-been-tracking-coronavirus/ (zuletzt aufgerufen am 30.06.2022).

48. https://www.who.int/news-room/questions-and-answers/item/herd-immunity-lockdowns-and-covid-19 (zuletzt aufgerufen am 30.06.2022).

49. Apfelbacher, Christian; u.a.: https://www.prognos.com/fileadmin/pdf/publikationsdatenbank/20200521_Corona_Papier_Evidenz.pdf; https://www.spiegel.de/wissenschaft/medizin/coronavirus-experten-warnen-vor-bedrohlicher-situation-fuer-krebspatienten-a-09310ccb-a6c8-44e3-9fa6-cf7fc88db8c8 (zuletzt aufgerufen am 30.06.2022).

50. Bundgaard, Henning; u.a.: https://www.acpjournals.org/doi/10.7326/M20-6817 (zuletzt aufgerufen am 30.06.2022).

51. https://www.aerzteblatt.de/nachrichten/116857/Diskussion-um-Krankenhausschliessungen-wird-lauter (zuletzt aufgerufen am 30.06.2022).

52. https://www.gemeingut.org/krankenhausschliessungen/ (zuletzt aufgerufen am 30.06.2022).

53. Baars, C.; u.a.: https://www.tagesschau.de/investigativ/ndr-wdr/intensivbetten-113.html (zuletzt aufgerufen am 30.06.2022).

54. https://www.spiegel.de/wirtschaft/unternehmen/coronavirus-rund-410-000-antraege-auf-kurzarbeit-fuer-kliniken-und-aerzte-a-51dd8fd8-0fd3-4aba-a8dc-8bfa75e0dfc4 (zuletzt aufgerufen am 30.06.2022).

55. Müller, Martin U.: https://www.spiegel.de/wirtschaft/corona-krise-bundesregierung-verschenkt-beatmungsgeraete-ins-ausland-a-00000000-0002-0001-0000-000172863235 (zuletzt aufgerufen am 30.06.2022).

56. https://dipbt.bundestag.de/dip21/btd/17/120/1712051.pdf (zuletzt aufgerufen am 30.06.2022).

57. Avishai, Bernard: https://www.newyorker.com/news/daily-comment/the-pandemic-isnt-a-black-swan-but-a-portent-of-a-more-fragile-global-system (zuletzt aufgerufen am 30.06.2022).

58. https://twitter.com/ard_bab/status/1272227228781285379?lang=de (zuletzt aufgerufen am 30.06.2022).

59. Brandt, Mathias: https://de.statista.com/infografik/23253/anzahl-der-in-deutschland-durchgefuehrten-covid-19-tests/ (zuletzt aufgerufen am 30.06.2022).

60. Siehe dazu die bereits zitierten Ausführungen des Gutachters Schrappe.

61. Zuerst veröffentlicht auf: https://www.freischwebende-intelligenz.org/p/angstpropaganda (zuletzt aufgerufen am 30.06.2022).

62. Pleasance, Chris: https://www.dailymail.co.uk/news/article-7923981/Coronavirus-Disturbing-videos-claim-people-collapsing-Wuhan.html (zuletzt aufgerufen am 30.06.2022).

63. https://twitter.com/125OHD/status/1341004614800465924 (zuletzt aufgerufen am 30.06.2022).

64. https://twitter.com/robinmonotti/status/1339932575545081868 (zuletzt aufgerufen am 30.06.2022).

65. https://www.youtube.com/watch?v=B37JGubAcSU (zuletzt aufgerufen am 30.06.2022).

66. https://twitter.com/Ruebenhorst/status/1343157653812477952 (zuletzt aufgerufen am 30.06.2022).

67. Anders, Günther: »Der sanfte Terror«, Merkur 1964/03 und 04, S. 209 ff.

68. De Tocqueville, Alexis: *Über Demokratie in Amerika*, aufrufbar unter: https://oll.libertyfund.org/title/democracy-in-america-english-edition-vol-2#lf1593-02_label_1207 (zuletzt aufgerufen am 30.06.2022).

69. Screenshots der Cover: https://www.freischwebende-intelligenz.org/p/angstpropaganda (zuletzt aufgerufen am 30.06.2022).

70. https://de.wikipedia.org/wiki/Techniken_der_Propaganda_und_Meinungsmanipulation (zuletzt aufgerufen am 30.06.2022).

71. https://www.cdc.gov/vaccines/imz-managers/downloads/COVID-19-Vaccination-Program-Interim_Playbook.pdf (zuletzt aufgerufen am 30.06.2022).

72. Webb, Whitney: https://unlimitedhangout.com/2020/11/reports/us-uk-intel-agencies-declare-cyber-war-on-independent-media/ (zuletzt aufgerufen am 30.06.2022).

73. https://apps.who.int/iris/rest/bitstreams/1320080/retrieve (zuletzt aufgerufen am 30.06.2022)

74. https://www.disinfobservatory.org/ (zuletzt aufgerufen am 30.06.2022).

75. Schwab, Klaus: https://time.com/collection/great-reset/5900748/klaus-schwab-capitalism/ (zuletzt aufgerufen am 30.06.2022).

76. Lippmann, Walter: *Die öffentliche Meinung*, Westend Verlag 2018.

77. Abbasi, Kamran: https://www.bmj.com/content/bmj/371/bmj.m4425.full.pdf (zuletzt aufgerufen am 30.06.2022).

78. Huber, Colleen; u. a.: https://colleen-huber-nmd.medium.com/masks-false-safety-and-real-dangers-part-2-f88005f63b97 (zuletzt aufgerufen am 30.06.2022).

79. Geron, Tomio: https://www.forbes.com/sites/tomiogeron/2013/06/04/bill-gates-vcs-invest-35m-in-researchgate-to-open-source-science/ (zuletzt aufgerufen am 30.06.2022).

80. Blome, Nikolaus: https://www.spiegel.de/politik/deutschland/impfpflicht-was-denn-sonst-a-2846adb0-a468-48a9-8397-ba50fbe08a68 (zuletzt aufgerufen am 30.06.2022).

81. Posener, Alan: https://www.zeit.de/politik/deutschland/2020-12/corona-impfung-deutschland-impfpass-gastronomie-konzerte-nachweis?utm_referrer=https://www.google.com/ (zuletzt aufgerufen am 30.06.2022).

82. https://www.youtube.com/watch?v=hh6xTguRn9o&t=1s (zuletzt aufgerufen am 30.06.2022).

83. Das Papier findet sich hier: blob:https://fragdenstaat.de/e2b79065-0a2b-4507-be93-f2ac1e7b0c68 (zuletzt aufgerufen am 30.06.2022).

84. https://en.wikipedia.org/wiki/Theory_of_Regal_and_Kungic_Societal_Structures (zuletzt aufgerufen am 30.06.2022).

85. Knabe, Hubertus: https://hubertus-knabe.de/plakate-gegen-corona/ (zuletzt aufgerufen am 30.06.2022).

86. https://www.stern.de/gesundheit/peter-piot-ueber-seine-covid-19-erkrankung---ich-habe-dieses-virus-unterschaetzt--9280598.html (zuletzt aufgerufen am 30.06.2022).

87. Mausfeld, Rainer: *Warum schweigen die Lämmer?*, Westend Verlag 2015; Mausfeld, Rainer: *Angst und Macht*, Westend Verlag 2019.

88. https://www.youtube.com/watch?v=Ylx5BjBXr18&t=2s (zuletzt aufgerufen am 30.06.2022).

89. https://www.who.int/director-general/speeches/detail/who-director-general-s-opening-remarks-at-the-media-briefing-on-covid-19---12-october-2020 (zuletzt aufgerufen am 30.06.2022).

90. Zuerst veröffentlicht auf: https://www.freischwebende-intelligenz.org/p/greatreset (zuletzt aufgerufen am 30.06.2022).

91. https://www.weforum.org/great-reset/ (zuletzt aufgerufen am 30.06.2022).

92. Mehr zum Ablauf bei Schreyer, Paul, *Chronik einer angekündigten Krise. Wie ein Virus unsere Welt verändern konnte*, Westend Verlag 2020.

93. https://web.archive.org/web/20211207012403/ https://www.yu-

nussb.com/blog/2020/5/20/professor-muhammad-yunus-opportunity-covid-19 (zuletzt aufgerufen am 30.06.2022).

94. https://www.youtube.com/watch?v=NfQBr813WhA&t=55s (zuletzt aufgerufen am 30.06.2022)

95. https://www.tagesschau.de/thema/microsoft/ (zuletzt aufgerufen am 30.06.2022).

96. Burt, Chris: https://www.biometricupdate.com/201909/id2020-and-partners-launch-program-to-provide-digital-id-with-vaccines (zuletzt aufgerufen am 30.06.2022).

97. Hatch, Patrick: https://www.smh.com.au/business/companies/qantas-starts-first-vaccine-passport-trial-20210312-p57a5g.html (zuletzt aufgerufen am 30.06.2022).

98. https://twitter.com/vonderleyen/status/1366346729289904128 (zuletzt aufgerufen am 30.06.2022).

99. https://www.younggloballeaders.org/ (zuletzt aufgerufen am 30.06.2022).

100. Hier eine Excel-Datei aller bekannter WEF-Absolventen: https://maloneinstitute.org/wef (zuletzt aufgerufen am 30.06.2022).

101. https://solutions.hamburg/willkommen-in-2030-ich-besitze-nichts-habe-kaum-privatsphaere-und-das-leben-war-noch-nie-besser-gastbeitrag-ibm/ (zuletzt aufgerufen am 30.06.2022).

102. https://twitter.com/wef/status/1346735801783234561 (zuletzt aufgerufen am 30.06.2022).

103. Sanchez, Dana: https://moguldom.com/310861/strategist-almost-20-percent-of-all-u-s-dollars-were-created-in-2020-alone/ (zuletzt aufgerufen am 30.06.2022).

104. https://twitter.com/ChinaDaily/status/1333707423597568001 (zuletzt aufgerufen am 30.06.2022).

105. Schaeffer, Frédéric: https://www.lesechos.fr/monde/chine/la-chine-confirme-son-rebond-economique-1298313 (zuletzt aufgerufen am 30.06.2022).

106. https://www.odi.org/projects/china-2049-initiative (zuletzt aufgerufen am 30.06.2022).

107. https://de.wikipedia.org/wiki/36_Strategeme; Detweiler, Christopher: https://freidok.uni-freiburg.de/data/7726 (zuletzt aufgerufen am 30.06.2022).

108. https://twitter.com/aya_velazquez/status/1371039782206 324736 (zuletzt aufgerufen am 30.06.2022).
109. https://twitter.com/argonerd/status/1364196292273012736/ photo/1 (zuletzt aufgerufen am 30.06.2022).
110. Kolbl, Otto; Mayer, Maximilian: https://www.researchgate.net/ publication/339721905_Learning_from_Wuhan_-_there_is_ no_Alternative_to_the_Containment_of_COVID-19 (zuletzt aufgerufen am 30.06.2022).
111. Wertheim, Jon: https://www.cbsnews.com/news/biodata-dna-china-collection-60-minutes-2021-01-31/ (zuletzt aufgerufen am 30.06.2022).
112. https://twitter.com/vonderleyen/status/1257672436239282178 (zuletzt aufgerufen am 30.06.2022).
113. Gatzke, Marcus; Uken, Marlies: https://www.zeit.de/wirt schaft/2020-09/corona-kapitalismus-rezession-wef-neoliberalis mus-klaus-schwab (zuletzt aufgerufen am 30.06.2022).

IV. Die Weitung der Welt

1. Zuerst veröffentlicht auf: https://www.freischwebende-intelli genz.org/p/selbstverteidigunglong (zuletzt aufgerufen am 30.06.2022).
2. https://progressive.international/wire/2020-09-24-we-demand-the-immediate-release-of-julian-assange/de (zuletzt aufgerufen am 30.06.2022).
3. Meerloo, Joost: *The Rape of the Mind*, World Publishing Company 1956.
4. Zuerst veröffentlicht auf: https://www.freischwebende-intelli genz.org/p/selbstverteidigunglong (zuletzt aufgerufen am 30.06.2022).
5. Stoppel, Kai: https://www.n-tv.de/wissen/Fakten_und_Mythen/ Positiver-Corona-Test-durch-Impfung-moeglich-article223111 08.html (zuletzt aufgerufen am 30.06.2022).
6. Siehe Israel: Estrin, Daniel: https://choice.npr.org/index. html?origin=https://www.npr.org/sections/goatsandso-da/2021/08/20/1029628471/highly-vaccinated-israel-is-seeing-a-dramatic-surge-in-new-covid-cases-heres-why; das Gleiche

nun in Portugal: Head, Michael: https://theconversation.com/coronavirus-why-is-portugal-being-hit-so-hard-154352 (zuletzt aufgerufen am 30.06.2022).

7. Kumar, Akhil; Subramanian, S. V.: 3 https://link.springer.com/article/10.1007/s10654-021-00808-7 (zuletzt aufgerufen am 30.06.2022).

8. Montag, Karsten: https://multipolar-magazin.de/artikel/pandemie-der-ungeimpften (zuletzt aufgerufen am 30.06.2022).

9. Thacker, Paul D.: https://www.bmj.com/content/375/bmj.n2635 (zuletzt aufgerufen am 30.06.2022).

10. https://twitter.com/_whitneywebb/status/1450464402000556039 (zuletzt aufgerufen am 30.06.2022).

11. Evers, Marco: https://www.spiegel.de/wissenschaft/medizin/richard-david-precht-krude-thesen-von-bestsellerautor-wer-ist-dr-wirrkopf-a-41842cd8-1824-41b9-93fe-ddd05df4b9ab; Häring, Norbert: https://norberthaering.de/propaganda-zensur/spiegel-precht/ (zuletzt aufgerufen am 30.06.2022).

12. Schreyer, Paul: https://multipolar-magazin.de/artikel/fall-skambraks-swr (zuletzt aufgerufen am 30.06.2022).

13. https://www.youtube.com/watch?v=Wd9mSLBgG0A (zuletzt aufgerufen am 30.06.2022).

14. Zuerst veröffentlicht auf: https://www.freischwebende-intelligenz.org/p/intelligenterwiderstand (zuletzt aufgerufen am 30.06.2022).

15. https://www.freischwebende-intelligenz.org/p/dezentralerevolution (zuletzt aufgerufen am 30.06.2022).

16. Zuerst veröffentlicht in *Die Weltwoche*: Matuschek, Milosz: https://weltwoche.ch/story/wir-waldgaenger/ (zuletzt aufgerufen am 30.06.2022).

17. Jünger, Ernst: *Der Waldgang*, Klett-Cotta 2008, S. 81.

18. Ebenda, S. 13.

19. Ebenda, S. 69.

20. Jünger, Ernst, Erstes Pariser Tagebuch, in: *Strahlungen I*, Klett-Cotta 2011, S. 324.

21. Jünger, *Der Waldgang*, S. 76.

22. https://www.youtube.com/watch?v=7yNWwyTdcz8&t=934s (zuletzt aufgerufen am 30.06.2022).
23. Zuerst veröffentlicht auf: https://www.freischwebende-intelligenz.org/p/flammederfreiheit (zuletzt aufgerufen am 30.06.2022).
24. Hoffower, Hillary: https://www.businessinsider.com/millennials-would-vote-socialist-bernie-sanders-elizabeth-warren-debt-2019-10?r=US&IR=T (zuletzt aufgerufen am 30.06.2022).
25. https://www.fxstreet.com/cryptocurrencies/news/global-bitcoin-adoption-to-hit-10-by-2030-202206100723); Scheer, Steven: https://www.reuters.com/markets/currencies/bank-israel-bis-hong-kong-cenbank-test-retail-cbdc-feasibility-2022-06-16/ (zuletzt aufgerufen am 30.06.2022).
26. Zuerst veröffentlicht auf: https://www.freischwebende-intelligenz.org/p/die-7-schichten-des-bitcoin (zuletzt aufgerufen am 30.06.2022).
27. https://www.youtube.com/watch?v=6E8he7kLkRM (zuletzt aufgerufen am 30.06.2020).
28. Nakamoto, Satoshi: https://bitcoin.org/bitcoin.pdf (zuletzt aufgerufen am 30.06.2022).
29. Antonopoulos, Andreas M.: https://schweizermonat.ch/das-internet-des-geldes-wird-realitaet/ (zuletzt aufgerufen am 30.06.2022).
30. https://de.wikipedia.org/wiki/Fokaler_Punkt (zuletzt aufgerufen am 30.06.2022).
31. https://dergigi.com/2019/08/07/proof-of-life/ (zuletzt aufgerufen am 30.06.2022).
32. Quittem, Brandon: https://brandonquittem.com/bitcoin-is-the-mycelium-of-money/ (zuletzt aufgerufen am 30.06.2022).
33. Scheider, David: https://www.btc-echo.de/news/bitcoin-und-der-lindy-effekt-was-lange-waehrt-wird-endlich-gut-105811/ (zuletzt aufgerufen am 30.06.2022).
34. https://www.bitcoinblockhalf.com/ (zuletzt aufgerufen am 30.06.2022).
35. https://de.wikipedia.org/wiki/Greshamsches_Gesetz (zuletzt aufgerufen am 30.06.2022).

36. So Jeffries, Daniel: https://medium.com/hackernoon/why-everyone-missed-the-most-important-invention-in-the-last-500-years-c90b0151c169 (zuletzt aufgerufen am 30.06.2022).

37. Zuerst veröffentlich im *Nebelspalter*: Matuschek, Milosz: https://nebelspalter.ch/die-welt-als-wille-und-eidgenossenschaft (zuletzt aufgerufen am 30.06.2022).

38. https://www.monticello.org/site/research-and-collections/tree-liberty-quotation (zuletzt aufgerufen am 30.06.2022).

ISBN: 978-3-946778-35-6
79 Seiten

Freiheit und Wahrheit sind untrennbar

In drei bahnbrechenden Texten formuliert der Pulitzer-Preisträger Walter Lippmann Anfang des 20. Jahrhunderts eine elementare Kritik an den Medien als Bedrohung für die Demokratie und als Gefahr für den Wert der Freiheit im Allgemeinen. Lippmann entwickelt seine zentrale These: Freiheit und Wahrheit sind unverzichtbar miteinander verbunden. Zudem prangert er die Neigung der Medien und der Journalisten an, die Wahrheit zu verzerren, indem sie ihre eigene Agenda und ihre eigenen Ziele fördern, anstatt den wahrheitsgemäßen Austausch von Fakten und den freien Fluss von Ideen zu ermöglichen.

MATHIAS BRÖCKERS

VOM ENDE DER UNIPOLAREN WELT

Warum ich gegen Krieg, aber noch immer »Putinversteher« bin

FIFTYALIVE

ISBN: 978-3-946778-37-0
Ca. 224 Seiten
Auch als E-Book erhältlich

Vom Ende der Weltordnung, wie wir sie kannten

Mit *Wir sind die Guten – Ansichten eines Putinverstehers* schrieb Mathias Bröckers (zusammen mit Paul Schreyer) 2014 über die Hintergründe des Ukraine-Konflikts eines der erfolgreichsten politischen Sachbücher des Jahres. 2019 erschien die aktualisierte und erweiterte Fassung des Bestsellers unter dem Titel *Wir sind immer die Guten*, der die drohende Zuspitzung des Konflikts schon thematisiert, die mit dem militärischen Angriff Russlands im Februar 2022 eskalierte und einen Propaganda-Tsunami auslöste, der alle journalistischen Standards begrub: Die Medien, so Bröckers These, mutierten von Berichterstattern regelrecht zu einer Art Kriegspartei. Bröckers hält mit *Vom Ende der unipolaren Welt* dagegen. Denn wir sind schon wieder »die Guten« und Russland samt Putin »das Ultraböse« schlechthin. Doch mit der Wirklichkeit hat das wenig zu tun. Sicher ist nur, dass die sogenannte »Militäroperation« Russlands das Ende der unipolaren Welt bedeutet; einer von den USA politisch diktierten und militärisch kontrollierten internationalen Ordnung und einer Globalisierung, wie wir sie kannten.

Klaus Jürgen Bering